本书为"古文字与中华文明传承发展工程"资助项目

"故宫博物院藏有铭青铜器整理与研究"（项目号 G1203）的阶段性研究成果

本书出版得到"古文字与中华文明传承发展工程"经费支持

○ 郭玉海 著

心手相追

金石傳拓藝術研究

文物出版社

图书在版编目（CIP）数据

心手相追：金石传拓艺术研究 / 郭玉海著. —— 北京：文物出版社, 2023.3
ISBN 978-7-5010-8015-1

Ⅰ.①心… Ⅱ.①郭… Ⅲ.①金石学—研究—中国 Ⅳ.①K877.24

中国国家版本馆CIP数据核字（2023）第057647号

心手相追 —— 金石传拓艺术研究

著　　者	郭玉海
责任编辑	安艳娇
责任印制	张道奇
责任校对	陈　婧
出版发行	文物出版社
社　　址	北京市东城区东直门内北小街2号楼
邮　　编	100007
网　　址	http://www.wenwu.com
经　　销	新华书店
制版印刷	天津图文方嘉印刷有限公司
开　　本	710mm×1000mm　1/16
印　　张	13.75
版　　次	2023年3月第1版
印　　次	2023年3月第1次印刷
书　　号	ISBN 978-7-5010-8015-1
定　　价	180.00元

目　录

前　言 ⋯⋯⋯⋯⋯⋯⋯⋯⋯⋯⋯⋯⋯⋯⋯⋯⋯⋯⋯⋯⋯⋯⋯ / 006

金石传拓的历史角色与地位 ⋯⋯⋯⋯⋯⋯⋯⋯⋯⋯⋯⋯ / 009

一、传拓工艺的起源与沿革 ⋯⋯⋯⋯⋯⋯⋯⋯⋯⋯⋯ / 010

二、传拓工艺的传承 ⋯⋯⋯⋯⋯⋯⋯⋯⋯⋯⋯⋯⋯⋯ / 014

三、传拓是独立的艺术 ⋯⋯⋯⋯⋯⋯⋯⋯⋯⋯⋯⋯⋯ / 016

四、拓片价值和拓片收藏的本质 ⋯⋯⋯⋯⋯⋯⋯⋯⋯ / 020

精拓本碑帖拓片的工艺特征 ⋯⋯⋯⋯⋯⋯⋯⋯⋯⋯⋯ / 028

一、“精拓”的含义 ⋯⋯⋯⋯⋯⋯⋯⋯⋯⋯⋯⋯⋯⋯ / 029

二、拓片工艺的精粗之辨 ⋯⋯⋯⋯⋯⋯⋯⋯⋯⋯⋯⋯ / 034

三、“精拓”本碑帖拓片的制作工艺要点 ⋯⋯⋯⋯⋯ / 043

四、碑帖拓片的工艺标准 ⋯⋯⋯⋯⋯⋯⋯⋯⋯⋯⋯⋯ / 045

古器物纹饰传拓中的看与做 ⋯⋯⋯⋯⋯⋯⋯⋯⋯⋯⋯ / 047

一、古器物纹饰传拓所遵循的一般原则 ⋯⋯⋯⋯⋯⋯ / 048

二、各类古器物纹饰的特点与传拓用墨实例分析 ⋯⋯ / 052

三、结语 ⋯⋯⋯⋯⋯⋯⋯⋯⋯⋯⋯⋯⋯⋯⋯⋯⋯⋯ / 065

拓片制作中的用墨技巧 ⋯⋯⋯⋯⋯⋯⋯⋯⋯⋯⋯⋯⋯ / 066

甲骨传拓规范刍议 / 077

一、传拓前的准备工作 / 078

二、传拓过程规范 / 079

三、拓片的后期整理 / 082

四、几点思考 / 083

五、结语 / 085

响拓、颖拓、全形拓 / 088

一、响拓 / 089

二、颖拓 / 092

三、全形拓 / 096

四、评价 / 098

五、结语 / 103

取象与存古——晚清全形拓的两种审美视角 / 104

一、肇始 / 105

二、取象 / 107

三、存古 / 108

四、析论 / 110

五、结语 / 111

"名家传拓"与"传拓名家" / 113

一、"名家传拓"与"传拓名家"的界定 / 114

二、"名家传拓" / 115

三、"传拓名家" / 119

四、"名家传拓"与"传拓名家"对传拓工艺发展的影响 / 123

五、结语 / 128

"金石僧"达受 / 130

阳湖李锦鸿与阳湖李墨香 / 134

　　一、阳湖李锦鸿 / 135

　　二、阳湖李墨香 / 136

　　三、李锦鸿非李墨香 / 137

海盐金石家陈克明考 / 139

　　一、生平 / 140

　　二、交游 / 142

　　三、收藏 / 146

　　四、犹子 / 147

　　五、结语 / 150

读敦煌唐代拓片四种 / 152

　　一、敦煌唐拓保存现状 / 153

　　二、文物提看手续比较 / 156

　　三、敦煌之盗的新思考 / 157

　　四、敦煌唐拓的价值与意义 / 160

传拓技艺的传承与弘扬 / 162

　　一、严守传统　力求形似 / 164

　　二、心怀诚敬　抱朴守一 / 165

　　三、广见博闻　聚沙成塔 / 165

　　四、结语 / 166

历代金石传拓人物简表 / 169

　　一、唐以来职业传拓者简表 / 171

　　二、北宋以来非职业传拓者简表 / 181

参考书目 / 202

后　记 / 212

心手相追

金石傳拓藝術研究

前　言

　　故宫博物院的金石传拓专业岗位设置，始于1926年。在机构设置中，古物馆流传课下设有传拓室，其工作场所位于乾清门广场西头军机处对面的军机章京值房，马衡拟订了如下规则：

古物馆流传组传拓室办事细则

　　一　暂定隆宗门内南屋为传拓室。

　　一　工作时间上午自九时至十二时，下午自二时至五时（唯遇必要时得共同斟酌变通之），星期及假期停止工作。

　　一　工作时由聘定或指定之专员等共同监督负责办理。

　　一　应拓各器由集中处所提至传拓室，拓毕仍送回原处。其有尚未毕工须于次日续拓者则局锁于本室特制之柜内，由监督人加封签名以专责成。如有大器、石不便移动者则就其原置处所工作。

　　一　各项材料由书记一人专掌之，置材料簿一册，每日记其收发之数。

　　一　本室置日记一册由书记一人专掌之，凡监拓人、拓工、器名、件数及已成之拓本张数均一一详载无遗。

　　一　已成之拓本须由掌日记人于当日铃盖图记，送交掌材料人存储之。

　　一　存储人置点收簿一册，每日由铃盖图记人将已成拓本详细登载，送交存储人点收并签名于其上。

　　传拓室拓工最初为薛学珍，之后有徒薛平、刘永贵，刘永贵再传郑世

文，皆高手。古物馆传拓室制作的拓片，除资料存留外，一为分赠达官政要及知名学者做感情交流，一为向社会售卖贴补院经费开支，故迄今犹流传颇广。1933年故宫博物院文物南迁，郑世文作为押运人员远赴四川，至抗战胜利后以薪酬过低，于重庆去职，转就北碚税务局，故宫博物院的传拓岗位由是中断。

1947年3月，时任院长马衡为恢复业务工作计，亲自聘请马子云先生至故宫博物院，从事金石传拓、鉴定和研究工作。马子云先生到故宫博物院后，最初在古物馆任职，1951年古物馆改组陈列部，隶属陈列部技术组，1955年改隶铜器研究组，其后又转至书画组。

马子云先生在铜器研究组（金石组前身）时期，授徒业师纪宏章先生，转至书画组后，马子云先生的主要工作为鉴定故宫博物院藏碑帖文物，传拓工作则主要由编制在金石组的业师纪宏章先生完成。

1947年以后的各文献中，"传拓室"这一机构的名称不再出现，"故宫博物院古物馆传拓金石文字之记"的印章踪迹难觅，前述《古物馆流传组传拓室办事细则》更是无人提及。这一巨大变化是由于工作思路的转变决定的。古物南迁前的古物馆传拓室在较大程度上是一个盈利机构，传拓人员被视为佣工杂役，故专设监督、掌料（收贮）、记录（钤印）职员三名，负责管理工作。抗战胜利后的故宫博物院传拓工作，在管理和手续上较古物南迁前的"传拓室"大大简化。一则是因为马子云先生受聘故宫博物院前已经在金石界名闻遐迩，得到了马衡的充分尊重与信任，故受聘身份为职员；再则也是因为此时故宫博物院的传拓工作重点已经放弃逐利，转向了单纯的专业研究领域，故不再设置监督、掌料（收贮）、记录（钤印）等，所有工作环节全部由马子云先生一人承担。

古物南迁前马衡对于传拓工作的态度和管理方法完全仿效陈介祺，所拟规则亦如《簠斋传古别录》之翻版。陈介祺收藏宏富，眼界尤高，然于传拓一事十分苛刻吝啬，纸墨材料斤斤计较，视拓工亦如佣仆，工作时必令专人监视。受其青睐者，王石经、陈佩纲二人而已，然协助陈介祺收藏整理传拓著录的众多助手中，能凭艺术跻身士林者亦唯此二人。

与陈介祺这种对待传拓人员严密防范的管理方法完全不同的另外一种形式，发生在刘喜海和吴大澂身上。刘喜海先后延聘陈克明、陈畯叔侄为西宾，礼敬有加；吴大澂延聘尹伯圜、陈佩纲，待如幕友，任之信之。1947 年以后，马衡对待马子云先生也是这样，放手任事、用人不疑，马子云先生则不负马衡厚望，最终成为国内首屈一指的金石传拓、鉴定集大成者。

谚曰：众人待之，众人报之；国士待之，国士报之。此亦郑世文与马子云先生之谓乎！我生也晚，得于马子云先生座旁侍立不过数遭，然于轶事旧闻，神驰心慕，故传拓之余，黾勉阅读，偶有所得，拉杂记之，成此十余篇，俚词鄙语，非不自知，唯祈铭志技艺、致敬先贤。

金石传拓的历史角色与地位

本文曾发表于《故宫学刊》第四辑，
紫禁城出版社，2008年，原标题为《试
论传拓的历史角色与地位》，收入
本书时有修订。

自北宋刘、吕、欧、赵等开创金石学以来，起源于南北朝时期的传拓工艺与金石学一起相伴发展，在中国传统文化中占有十分重要的地位。

尽管从 20 世纪后半叶开始，文人士大夫阶层消失，传统金石学让位于科学考古发掘研究[1]，加之摄影技术在文物资料采集中被广泛应用，往昔繁盛的拓片收藏似乎已成明日黄花，但是，金石传拓技艺仍在继续传承并展现着其恒久的魅力。这就说明拓片制作不仅仅是对文物简单映像的技术手段，其中还体现了中国传统文化特有的审美视角。

作为一种文化载体的拓片，所凝聚的是历史、传统、文化、工艺和民族审美情趣；在此基础之上的拓片收藏与欣赏，所代表的则是一种传统的生活方式和文化价值观。

一、传拓工艺的起源与沿革

传拓即制作拓片，是一种用宣纸[2]将碑碣石刻或青铜等器物文字、纹饰"复制"下来的传统手工工艺。其基本过程包括：1.上纸。将裁好的生宣纸覆于被传拓的石刻或古器物上，然后以水（清水、白芨水均可）将纸濡湿，再用棕刷用力刷纸，使其紧紧地贴附于石刻或古器物的文字、纹饰上。2.上墨。上纸完毕，待宣纸上的水气晾干，用扑包蘸墨，将墨均匀地拍击在宣纸上，石刻或古器物的文字、纹饰就会因凸起处着墨、凹陷处不着墨而显现出黑白分明的线条，阴刻的碑版就会呈现出黑纸白字来。至此，将宣纸揭下，一幅拓片即制作完成。

1.《中国大百科全书·考古学》"金石学"条："近代考古学在中国诞生以后，仍有一些学者对非科学发掘所得的铭刻资料进行整理研究，但这种研究已逐渐演化为考古学的组成部分，因而金石学作为独立的学问已不复存在。"中国大百科全书总编辑委员会考古学编辑委员会编：《中国大百科全书·考古学》，236 页，中国大百科全书出版社，1986 年。按，旧时金石学，是以文人士大夫收藏、著录、考证为主要特征的"非职业"学术活动；20 世纪 50 年代以后，士大夫阶层消失，考古研究职业化，尤重田野发掘，有"书斋式考古"之称的金石学日益被边缘化。但是，在博物馆、图书馆仍设置有金石组、碑帖组，中国国家图书馆设置有金石拓本组，北京大学图书馆也设置有金石拓本组等，这些机构中的工作人员仍继续使用金石学的研究方法，保持着金石学的学术传统，并未完全"演化为考古学的组成部分"。

2.拓片制作一般选用传统手工制作的生宣纸，以其细腻均匀，且吸水性、延展性强之故。但是不同时期、不同地域、不同传拓者在制作拓片时，用纸并非一成不变，其考究者专门定制，率意者因陋就简，差别极大，后文专有论述。

关于传拓的起源，一般根据《隋书·经籍志》述三字石经"相承传拓之本，犹在秘府"[1] 的记载而认为应在隋代已经产生，甚至更早。卫聚贤在其《中国考古学史》中，更直接推论认为"梁时已会拓碑了"。[2]

目前世界上最早的拓片实物，是藏于法国国家图书馆的唐太宗李世民书《温泉铭》[3] 拓本。《温泉铭》拓本原藏于敦煌藏经洞，1908 年与大批唐代写经一同被法国汉学家保罗·伯希和（Paul Pelliot）盗运出境。[4] 同时发现的唐代拓本还有欧阳询书《化度寺邕禅师舍利塔铭》拓本、柳公权书《金刚经》拓本，以及无名氏书《佛说大悲陀罗尼经》拓本。就拓片质量而言，《温泉铭》色泽温润，字字清朗，而浓墨厚积，犹如黑漆髹成，其工艺之精，较之宋拓、明拓，尤有胜之。根据任何传统工艺从其发明到成熟，都需要经历相当长的一段时间的规律，因此，将传拓工艺的发明时间追溯到南北朝时期，应该是比较贴近事实的。

在唐代，人们有在碑石刻立之后当即传拓墨本作为原碑影像留存，以广播流传的习惯。唐天宝四年（745）石台孝经碑后，刻有国子祭酒李齐古表文："陛下兴其五孝，忝守国庠，率胄子歌其六德，敢扬文教，不胜扑跃之至。谨打石台孝经本，分为上下两卷，谨于光顺门奉献两本以闻。"[5] 另唐元和八年（813）佛顶尊胜陀罗尼碑，末尾刻："大唐元和八年癸巳之岁八月辛巳朔五日乙酉，女弟子那罗延建尊胜碑，打本散施，同愿授持。"（图一）在这里，"打本散施"同建碑一样，同是修功德的行为。敦煌发现的四种唐拓本，两种为佛经，一种是高僧舍利塔铭，《温泉铭》则为唐太宗手书。这四种碑刻的立碑起因，与前述唐天宝四年石台孝经碑和唐元和八年佛顶尊胜陀罗尼碑的情况大体相当，都是出于纪功德、崇信仰的目的，而这四种唐拓本的留存，也正合于唐代对于重要碑石即刻即拓的固

1.《隋书·经籍志》："后汉镌刻七经，著于石碑，皆蔡邕所书。魏正始中，又立三字石经，相承以为七经正字。后魏之末，齐神武执政，自洛阳徙于邺都，行至河阳，值岸崩，遂没于水。其得至邺者，不盈太半。至隋开皇六年（586），又自邺京载入长安，置于秘书内省，议欲补缉，立于国学。寻属隋乱，事遂寝废，营造之司，因用为柱础。贞观初，秘书监臣魏徵，始收聚之，十不存一。其相承传拓之本，犹在秘府，并奏帝刻石，附于此篇，以备小学。"《隋书》，947 页，中华书局，1973 年。

2. 卫聚贤：《中国考古学史》，63 页，商务印书馆，1937 年。

3.《温泉铭》刻于唐贞观二十二年（648），至北宋时期已经亡佚。敦煌藏经洞文献的封存年代为北宋初年（伯希和称为 1035 年），而《温泉铭》残拓本上，存字一笔不损，毫无泐痕，字画分明，宛如初拓，且从其伴出文物来看，皆可确信其为唐初拓本。

4. 参见[法]伯希和：《敦煌藏经洞访书记》。此文是伯希和致法国地理学会会长塞纳尔的信函，该信函长达 75 页，记录了伯希和在藏经洞观看和获取文物的详细过程，1908 年发表于《法兰西远东学院学报》。[法]伯希和等著，耿升译：《伯希和西域探险记》，257—301 页，云南人民出版社，2001 年。

5. [清]王昶：《金石萃编》卷八十七，中国书店，1985 年。

图一 佛顶尊胜陀罗尼碑拓片，清拓，中国国家图书馆藏（顾专634）

有习惯。

唐代传拓古人遗文以为收藏鉴赏，同时藉以学习古人书法，在文献中不乏记载。封演《封氏闻见记》卷八"绎山"条下述及秦始皇纪功刻石道："其文字李斯小篆。后魏太武帝登山，使人排倒之。然而历代摹拓，以为楷则。邑人疲于供命，聚薪其下，因野火焚之。由是残缺，不堪摹写。然犹上官求请，行李登涉，人吏转益劳弊。有县宰取旧文勒于石碑之上，凡成数片，置之县廨，须则拓取。自是山下之人，邑中之吏，得以休息。"[1]也就是说，峄山碑自北魏时期被推倒后，人们对该碑的传拓就一直没有停过。另如李肇《唐国史补》中记载唐德宗在东宫为太子时，曾命人拓得李楷洛碑的拓片，挂在墙壁上欣赏[2]。唐代初年，石鼓被发现，韩愈、韦应物等均有题咏传拓石鼓的诗作。这些诗文都清楚地反映了当时传拓古代碑碣文字的活动。此外，唐代诗人王建《原上新居十三首之十一》："近来年纪到，世事总无心。古碣凭人拓，闲诗任客吟。送经还野苑，移石入幽林。谷

1.[唐]封演：《封氏闻见记》，98–99页，《丛书集成初编》，中华书局，1985年。

2.[唐]李肇：《唐国史补》卷上："德宗在东宫，雅知杨崖州。尝令打李楷洛碑，钉壁以玩。"[唐]李肇：《唐国史补》，《〈唐国史补〉〈因话录〉》，25页，上海古籍出版社，1979年。

口春风恶，梨花盖地深。"[1] 从中亦可看出在当时传拓古碑是一件颇为寻常的事情。

传拓工艺开创之初，基本上都是应用于碑碣刻石，以取其铭刻文字，如隋唐时期的石经拓片、碑刻拓片等。至北宋时期，传拓进一步应用于青铜器上[2]，但目的仍然是取其铭刻文字。传拓及拓片收藏，对于唐代人来说，其主要目的是为了传播影像的碑刻文字，而在宋代人眼中，则更多的是将拓片作为原始文献史料和书法艺术品来加以研究、收藏和玩味[3]。

约清乾隆嘉庆之际，青铜器立体拓法开始出现。陈克明、马起凤是现有文献中记录的最早擅长这一技艺者。其后著名者有陈畯、达受、李锦鸿等。青铜器立体拓片技艺在晚清时期不断完善，到民国年间至于极盛。[4]（图二）

晚清及民国是拓片收藏最为繁荣的时期，也促进了中国传拓行业发展至全盛。这时期大者如碑碣摩崖、造像经幢，小者如铜镜泉货、封泥玺印等文字纹饰拓片，均为收藏家所宝重。社会对各类拓片的大量需求，刺激了传拓工艺及从业人员的发展，一时名手如云，蔚为大观。

图二 鸟形盉全形拓片，马子云先生拓，故宫博物院藏（档案资料）

1.[唐]王建：《原上新居十三首之十一》，《全唐诗》，3395页，中华书局，1960年。

2.王国维《宋代之金石学》："拓墨之法，始于六朝，始用之以拓汉魏石经，继以拓秦刻石，至于唐代，此法大行，宋初遂用之以拓古器文字。皇祐三年（1051），诏以秘阁及太常所藏三代彝鼎，付太乐所参校剂量；又诏墨器窾以赐宰执，此为传拓古器之始。刘敞在长安所得古器，悉以墨本遗欧阳修。甚至上进之器，如政和三年（1113）武昌太平湖所进古钟，及安州所进六器，皆有墨本传世，则当时传拓之盛可知。"王国维：《宋代之金石学》，《国学论丛》1928年第3期。

3.如李清照在《金石录后序》中记述赵明诚做太学生时，"每朔望谒告出，质衣取半千钱，步入相国寺，市碑文、果实归，相对展玩咀嚼，自谓葛天氏之民也。"就十分形象地再现了赵氏夫妇对待拓片由衷欣赏的审美意趣。[北宋]李清照：《金石录后序》，金文明：《金石录校证》，560页，上海书画出版社，1985年。

4.民国时期，立体拓片制作高手辈出，尤以周康元、马子云为代表，他们在继承传统的同时，借鉴使用西方素描的透视方法，所传拓出的立体拓片在构图和用墨明暗变化上，已与素描、摄影十分接近了。

二、传拓工艺的传承

卫聚贤在《中国考古学史》中征引南京栖霞山附近的梁代陵墓群中反刻倒读的碑刻（图三），认为这种做法是为了方便刷印，以"广播宣传其死的功德，或为答谢送仪"[1]，而传拓则是在这种刷印的基础上研究发明而来。[2]

最早对于传拓工艺流程的描述出现在唐代诗人韦应物的《石鼓歌》中。诗中写道："今人濡纸脱其文，既击既扫白黑分。"[3] 这句诗的意思是：传拓石鼓的工匠用水把纸濡湿，用来拓取石鼓上的文字，他们使用击打的方法以使纸张粘牢，用墨卷不停地擦扫而使拓片上的文字黑白分明。"扫"是唐代流行的"擦拓法"的动作，这种拓法陕西等地至今仍在使用。[4]

韦应物《石鼓歌》中的这两句虽然简短，但内容却丰富传神，从中可以清楚地看到，唐代制作拓片所采用的上纸、上墨工艺流程，与今天并无多少差别。

长期以来，与众多的传统工艺一样，传拓技艺一直靠口手相传加以延续，直至晚清陈介祺作《簠斋传古别录》，才第一次对传拓工艺流程进行了系统专门的文字记录。至于那些传承这门工艺技术的工匠，则因他们在封建时代处于为世人轻视的地位，而大多湮没于历史长河之中。在今天，人们从金石学家的拓片题跋著录当中，能够找到的最早的传拓名手，大约只有生于清康熙时期的陕西合阳人褚峻了。

清人叶昌炽《语石》中有一段关于传拓名手的记载，材料较为集中：

> 书估如宋睦亲坊陈氏、金平水刘氏，皆千古矣。即石工安民，亦与党人碑不朽。惟碑估传者绝少。毕秋帆抚陕时，有合阳车某，以精拓擅场，至

1. 卫聚贤：《中国考古学史》，64 页，商务印书馆，1937 年。
2. 一直为学界引用较多的例子，一是梁天监二年（503）梁文帝萧顺建陵前竖立的两块神道碑，碑上铭文为"太祖文皇帝之神道"，左碑为正字顺读，右碑为反字倒读。二是梁普通四年（523）的萧景神道石柱，柱额铭文为反刻阴文"梁故侍中中抚将军开府仪同三司吴平忠侯萧公之神道"。研究印刷术的学者一般认为这种"反字倒读"是刻版印刷的肇始。不过，巫鸿对这种反字倒读的石碑则有另外一种解读，认为这种刻法是为了给死者的灵魂观看的，灵魂从墓穴的方向来，从碑的另一面透视碑文，就是正的文字。参见[美]巫鸿：《透明之石——中古艺术中的反观与二元图像》，[美]巫鸿著，郑岩等译：《礼仪中的美术——巫鸿中国古代美术史文编》，672 页，生活·读书·新知三联书店，2005 年。
3. 全文为："周宣大猎兮岐之阳，刻石表功兮炜煌煌。石如鼓形数止十，风雨缺讹胎藓涩。今人濡纸脱其文，既击既扫白黑分。忽开满卷不可识，惊潜动蛰走云云。喘逶迤，相纠错，乃是宣王之臣史籀作。一书遗此天地间，精意长存意昊冥。秦家祖龙还刻石，碣石之罘李斯迹。世人好古犹共传，持来比此殊悬隔。"[唐]韦应物：《石鼓歌》，《全唐诗》，2002 页，中华书局，1960 年。
4. 周佩珠：《传拓技艺概说》，67 页，人民美术出版社，2004 年。

图三　萧景神道石阙拓片，清拓，中国国家图书馆藏（顾专 130）

今关中犹重车拓本。赵撝叔补《寰宇访碑录》，搜访石本，皆得之江阴拓工
方可中。撝叔之识可中也，因山阴布衣沈霞西，犹牛空山之于褚千峰也。
千峰与聂剑光虽文士，亦以毡椎镌刻，糊口四方。余在京十年，识冀州李
云从，其人少不羁，喜声色，所得打碑钱，皆以付夜合资，黄子寿师辑
《畿辅通志》，缪筱珊前辈修《顺天府志》，所得打本皆出其手。荒岩断涧，
古刹幽宫，裹粮遐访，无所不至。夜无投宿处，拾土块为枕。饥寒风雪，
甘之如饴，亦一奇人也。合阳碑估多党姓，前十年厂肆有老党者，亦陕产，
其肆中时有异本，余及见时已老矣。沈子培比部尝称之。筱珊在南中，得
江宁聂某，善搜访，耐劳苦，不减李云从。余所得江上皖南诸碑，皆其所
拓，戏呼为南聂北李云。[1]

　　在清代，金石研究及拓片收藏蔚然成风，传拓已不再仅仅是工匠们的工作，
一些读书人也开始不避艰辛，投身其中，享受亲手传拓的乐趣。如陕西合阳褚
峻，自谓“生而好古，然好之而无力”，于是“周游四海九州……摹拓殆遍……

1.[清]叶昌炽撰，柯昌泗评，陈公柔、张明善点校：《〈语石〉〈语石异同评〉》，565 页，中华书局，1994 年。

捃摭垂三十年，凡得碑碣千余种"[1]，著《金石经眼录》一书（后与牛运震合著为《金石图说》）。南屏净慈寺僧人达受也独钟此道，每游历名山大川，必穷索昔人遗迹，凡碑碣摩崖，无不剔苔藓、除泥垢、攀缘手拓而后快，尤以传拓青铜器立体器形闻名四海，被阮元赞为"金石僧"[2]。曾任翰林院编修的潍县陈介祺一生致力收藏、研究古物，凡铜器、玺印、石刻、造像、铜镜、古陶砖瓦等无所不精，尤重视研究传拓之法，时人称其"拓法为古今第一"[3]。

由于世人重视拓片的质量和版本，一些传拓者的名字也因其作品流传下来，如褚峻、车永昭、达受、陈介祺、魏韵林、李锦鸿、王石经、陈佩纲、张青玙、莫远湖、刘守业、李景春、方可中、李云从、聂明山、黄士林、王和群、李寿山、郭玉堂、彭寿祺、李月溪、曾祐生、张彦生、周康元、马子云、傅大卣、黄怀觉、万育仁等，都是其中的佼佼者。

晚清民国间，青铜器铭文、器形拓片别开生面，传拓者在作品上钤盖印鉴成为一时之尚。《北京图书馆藏青铜器铭文拓本选编》《北京图书馆藏青铜器全形拓片集》《北京大学图书馆藏历代金石拓本菁华》等书中所载立体拓片传拓者题名、钤章有二十余人，他们是：达受、奕志、汪鋆、方濬益、毛凤清、戴彦生、孙戬云、熙臣、张德森、黄少穆、李云龙、丁绍堂、刘蔚林、程赓飏、刘瑞源、萧子飞、柯昌泗、王秀仁、周康元、萧寿田、马子云。这些人当中，既有专业的传拓艺人，也有著名的学者和收藏家。他们的名字和印鉴，在当时标示着各自独到的品质，在今天则是后人得以了解他们审美意趣、追寻他们徜徉艺林的雪泥鸿爪之痕。

三、传拓是独立的艺术

在现代考古学占据文物研究领域主导地位的今天，对于传拓，人们更多地倾向于将它作为文物影像复制的一种手段加以关注，并且常常会将传拓与印刷、摄影放在一起进行比较，指点优劣。然而，尽管传拓的成品——拓片于外在形式

1.[清]褚峻《金石图说》序，[清]牛运震集说，[清]褚峻摹图：《金石图说》，清光绪二十二年（1896）刘世珩聚学轩编补刊刻。

2.[清]达受《山野纪事诗·诗灯结契》序："仪征相国知余有金石之嗜，属陈云伯大令命摄器全图寄维扬，相国即赠一诗云：'旧向西湖访秀能，万峰深处有诗灯；那知行脚天台者，又号南屏金石僧。'一时传为佳话。云伯欲建诗灯阁，绘图征诗，和者甚众。"[清]达受：《小绿天庵遗诗》，海宁姚氏古朴山房铅印本，1920年。

3.[清]叶昌炽撰，柯昌泗评，陈公柔、张明善点校：《〈语石〉〈语石异同评〉》，552页，中华书局，1994年。

上具备文物（碑碣、古器物）的纸本复制品和真迹影像的双重特质，似乎兼有印刷品和照片的某些功能，但是千百年来，无论从技术层面还是文化层面来讲，传拓都是一门独立的艺术。

首先，传拓不同于印刷术。尽管有研究者认为传拓直接开启了印刷术[1]，但是传拓与印刷无论制作工艺还是成品功用，都有着截然的差别。东汉、曹魏刻立熹平石经（图四）、正始石经（图五），其目的是要给天下读书人一个儒家经典的标准范本，因此当时传拓的石经拓本显

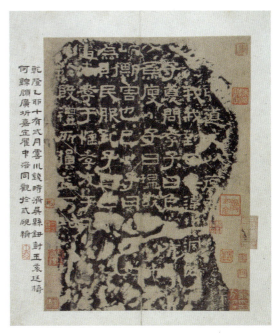

图四　熹平石经残字拓片，宋拓，故宫博物院藏（新 176126）

然起到了印刷品的作用。但是，当真正意义的印刷术在隋末唐初出现后，传拓工艺并没有被刻版印刷所取代，而是以其独特的方式继续保持了蓬勃的生机。我们今天看到的唐代碑碣文字，同时以拓片和图书的形式保存、流布，就说明了两者在当时人眼中的不同。在碑石文字即刻即拓的唐人时代，通过传拓制作出来的拓片传播的是碑刻文字图案的影像，而在金石学流行的时代，通过传拓制作出来的拓片则成为一种新的与法书、绘画并驾齐驱的纸墨艺术。

其次，传拓与摄影没有可比性。拓片与照片之间，虽有对同一器物进行映像解读的相交点，但本质上它们却都是各自独立的艺术形式，不可能相互替代。从技术层面讲，传拓是依靠手工与文物紧密接触而获得的直接映像，摄影则是使用照相机通过光学镜头而读取的间接映像；从文化层面讲，拓片收藏的本质内容是旧时代文人的一种生活方式和文化传统，摄影则是在近代从西方传入的一种新的

---

1. 参见华人德：《中国书法史·两汉卷》，江苏教育出版社，1999 年；周佩珠：《传拓技艺概说》，人民美术出版社，2004 年。

图五　三体石经残字拓片，民国拓，故宫博物院藏（新 157153）

以机械为依托的技术和艺术手段。将传拓与摄影相提并论，不仅歪曲了传拓，也歪曲了摄影。[1]

与其他传统民间艺术一样，传拓是一项纯手工的技艺，且绝大多数拓片作品都是由社会地位低下的工匠来完成的。但是，一方面由于拓片具有高度抽象的文化内涵，另一方面也由于搜访传拓费时费力、价格相对昂贵，因此它的消费群体远不如其他民间艺术作品（如年画、风筝、泥人等）那样广泛，其购买者一般只限于文人士大夫阶层。这使得传拓具有了浓厚的文化色彩。昔日传拓工匠们供奉孔夫子为自己的行业崇拜神[2]，也说明了他们对文化、对文人阶层的主动认同。

始自北宋的金石学为传拓工艺的传承带来了巨大的生存空间。拓片以其具有既承载历史文献，同时又保存书法艺术的双重功能，从北宋起，就一直作为传统金石学的物质载体而备受重视。这是因为，无论是热衷研究考证历史的学者，还是醉心欣赏书法的文人，都可以在拓片上找到自己的契合点。清代小学鼎盛，同时文人士大夫阶层也为了摆脱"馆阁体"对于书法艺术的束缚，莫不热心于搜访古碑刻文字拓片，以求直面古人[3]，拓片制作行业也由是空前发达兴盛。在金石学鼎盛的年代，拓片制作及收藏不仅是一种产业，更代表着一种特有的文化时尚。

然而，自20世纪后半叶起，金石学式微，加之摄影广泛应用，传拓工艺逐渐为人忽视。目前，除了对旧拓善本碑帖的收藏外，传拓正在失去往昔那种制作独立艺术品的地位，日益沦为文物出版物中照片的附载和补充。新的拓片制作在现代考古中的应用已不再是目的，而仅仅是为了文物研究、出版而进行资料采集的一种手段。人们在谈到拓片的重要性时，往往只是强调拓片的"清晰度高于照片"，却失去了从前金石学家对待拓片的那种珍视与渴求的心态。

朱剑心1940年著《金石学》一书时，已经意识到了影印技术将要对传拓带来的冲击，他在论及现代影印与传统摹刻的差别时写道："影本风行，适足为

---

1. 晚清西风东渐，摄影术虽仍原始、复杂，难以操作，而陈介祺就已经敏锐地看到它在记录、传播古器物、古书画影像上的重要价值，并屡屡向友人推介。传拓与摄影在对古刻石、古器物的表现上各有长短，若仅以"清晰"与否论之，则不免堕入形而下了。
2. 参见徐国馨：《古城西安的碑帖拓裱业》，《文史资料选编》第十九辑，112-121页，北京出版社，1984年。
3. 康有为《广艺舟双楫》卷一："乾嘉之后，小学最盛，谈者莫不藉金石以为考经证史之资，专门搜辑，著述之人既多，出土之碑亦盛，于是山岩屋壁，荒野穷郊，或指从耕父之锄，或搜自官厨之石，洗濯而发其光采，摹拓以广其流传。若津孙氏，侯官林氏，偃师武氏，青浦王氏，皆辑成巨帙，遍布海内。其余为《金石存》《金石契》《金石图》《金石志》《金石索》《金石聚》《金石续编》《金石补编》等书，殆难悉数。故今南北诸碑，多嘉道以后新出土者，即吾今所见碑，亦多《金石萃编》所未见者。出土之日多可证矣。出碑既多，考证亦盛，于是碑学蔚为大国。"康有为：《广艺舟双楫》，9-10页，上海广智书局，1916年。

临池仿效之资，虽精美胜旧，然与前人之苦心孤诣，亦迥不相侔。”[1] 这段话触及了金石传拓和拓片价值的本质，即拓片收藏的原件无可替代性。不是说影本（照相印刷）不好，而是强调金石学家对拓片的情有独钟。“前人之苦心孤诣”，所享受到的，不仅仅是对拓本的拥有，更有搜寻、收藏拓本的艰难曲折过程（图六）。[2]

四、拓片价值和拓片收藏的本质

关于拓片的价值，前人曾总结出了“善拓”的大致四个标准：1. 必须是拓自原碑原石；2. 同一种碑帖拓本中较早的拓本；3. 具有重要的历史文化价值（特别是书法价值）；4. 名人题跋。[3] 我认为，这四点评判标准可以简化为两个方面，即：器物价值和工艺价值。拓片首先是因为自身的珍贵，才会有所谓的名人题跋、历代著录，才会有它的有绪的流传脉络。流传有绪的善本拓片和与其相伴的历代题跋在审美上互为表里，相得益彰。

所谓器物价值，是指拓片对象的文献价值、艺术价值，这是一个随不同时代和不同审美取向而变化的变量，难以统一标准定其高下。譬如，今天的考古学者通常重视的是拓片文字内容所负载的历史信息，而在从前，收藏家乃至金石学家，在收藏拓片的时候，则首先看重的是文字的书法，其次才是文字的内容[4]。

所谓工艺价值，是指拓片所反映出的其在制作过程中的工艺水平，包括拓片选用的纸张、浓淡不同的墨色、拓出的文字纹饰的神韵，以及装裱形式等，不同的拓手制作出的作品有着截然的高下之判。

1. 朱剑心：《金石学》，37－38 页，文物出版社，1981 年。

2. 朱翼盦《欧斋石墨题跋》中载有志锐被谪往乌里雅苏台任参赞大臣时致盛昱书札，讲述其收得《阙特勤碑》拓本过程，十分传神：“阙特勤碑距古和林城尚五六百里，地名哲里梦。碑已倾覆于地，集蒙人扶起之，大费厥事。喜碑文尚少损坏，距乌里雅苏台二千余里，派一人足三阅月始归来，惟天寒风劲，纸墨俱不合式，拓得数本，尚有不真者，检较真者一本寄奉清斋，以供珍赏，可谓不负委任矣，当何以嘉之？见沈子培已召见，必截取外任矣。与之信一年不复，此拓怒而不与，晤时望告之。弟短衣射猎，与蒙人为伍，毡房吃羊，均来得及，应当在塞外受罪者也。……闻南山昨夜有鹿鸣，今将猎之，书此信后，掷笔即据鞍，壮哉！公羡之否？此间已见大雪，深八寸，连日猎得野味甚多，惜不能有二三朋友共酌，太觉孤寂耳。”朱翼盦：《欧斋石墨题跋》，285 页，紫禁城出版社，2006 年。

3. 施安昌：《欧斋石墨题跋・前言》，朱翼盦：《欧斋石墨题跋》，紫禁城出版社，2006 年。

4. 叶昌炽《语石》：“吾人搜访著录，究以书为主，文为宾。文以考异订讹、抱残守阙为主，不必苛绳其字句。若明之弇山尚书辈，每得一碑，惟评骘其文之美恶，则嫌于买椟还珠矣。”［清］叶昌炽撰，柯昌泗评，陈公柔、张明善点校：《〈语石〉〈语石异同评〉》，396 页，中华书局，1994 年。

　　然而，简单的器物价值和工艺价值取舍，只可评判拓片的外在价值，而尤难对其内在价值进行量化的套用。拓片的外在价值是一种狭义的价值标准，它是对某一具体拓片物质表象的衡量与描述；拓片的内在价值则是对所有拓片的广义的价值判断，是收藏、研究者赋予拓片的一种普遍的形而上的文化印记。

　　拓片的内在价值在于，它既是古人书法铭刻的纸本复制品、是青铜器器形的立体映像，或是传拓者对文物纹饰的"诠释"，同时，拓片在它诞生之时起，就已经成为一件独立的艺术品，而与原器物（碑碣、古器物）各擅其场[1]，并在历代收藏过程中，形成了自己独特的韵味。拓片之美在客观上一方面所表现的是古代碑刻、器物的书法、雕刻、造型之美，另一方面所表现的则是传拓的工艺之美。每一张拓片都凝结着千百年来传拓工匠对于传统工艺的传承，对于纸张、墨色特性的稔熟与控制，对于所拓文字、纹饰的解读与表现。拓片之美在主观上凝结的是历代文人墨客以及众多收藏家特有的欣赏角度。历代碑碣磨泐后斑驳陆离的石花、青铜器起伏蜿蜒的锈迹、因年代久远而泛黄的宣纸、温润细腻的墨色，这些虽于文字历史研究无补，但在精神上却都构成了观者的独特审美体验。

　　拓片的内在价值，究其本质，乃是由其历代欣赏者在遵循他们所承继的文化、美术史观和审美取向来看待拓片时所主观赋予的，这种价值和审美取向作用、引导着拓片收藏的取舍，并成为这一文化传统赖以存在的基础。

　　在旧时代文人和金石学家的眼中，拓片收藏与欣赏是人们文化生活中的一种大雅行为，且尤为重视那些年代久远、字迹古拙的碑碣铭刻。远者如战国时期的秦王石鼓猎碣，受到世人推崇，自不必述，即如六朝的《瘗鹤铭》摩崖残字（图七），尽管风雨剥蚀，岁久磨泐，字画斑驳缺损，文字难以卒读，然以其笔势飞动、浑厚圆润而为历代书家视为重宝，被称为"大字之祖"，自北宋黄庭坚以下历代名家均对其赞誉备至[2]。而清乾隆内府镌刻的《三希堂法帖》（图八），虽刻工细腻，传拓精善，石版光洁如镜，墨本浓黑漆亮，但却因过

1.一个美国研究者是这样看待"武梁祠"拓片的："古董商将拓本携往他乡出售，不但使中国的收藏家，甚至远在日本、欧洲和美国的中国艺术爱好者也有机会获得拓片，欣赏和考证武氏祠画像。这些纸本'文件'便于研究，而且它们似乎具备了自己的生命。原来的石刻反倒鲜被注意，事实上成为制作石板画的版面，从上面一张张印刷品被无穷无尽地'揭下'。"[美]费慰梅（Wilma Canon Fairbank）:《武梁祠——中国古代画像艺术的思想性·序》，[美]巫鸿，柳扬、岑河译:《武梁祠——中国古代画像艺术的思想性》，生活·读书·新知三联书店，2006年。

2.北宋黄庭坚《论书》:"古人有言：大字无过《瘗鹤铭》，小字莫学痴冻蝇。随人学人成旧人，自成一家始逼真。"南宋曹士冕《法帖谱系》:"焦山《瘗鹤铭》笔法之妙，为书家冠冕。"清包世臣《艺舟双楫》:"南朝遗迹惟《鹤铭》《石阙》二种，萧散骏逸，殊途同归。"清刘熙载《艺概》:"《瘗鹤铭》剥蚀已甚，然存字虽少，其举止历落，气体宏逸，令人味之不尽。"参见罗勇来:《瘗鹤铭研究》，百家出版社，2006年。

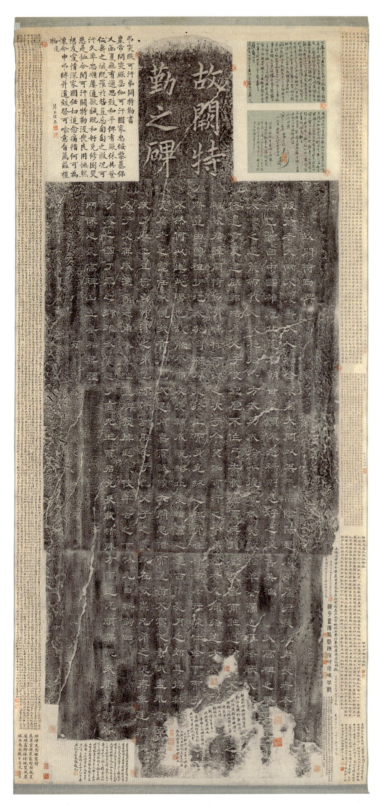

图六　阙特勤碑拓片，清拓，故宫博物院藏（新 46528）

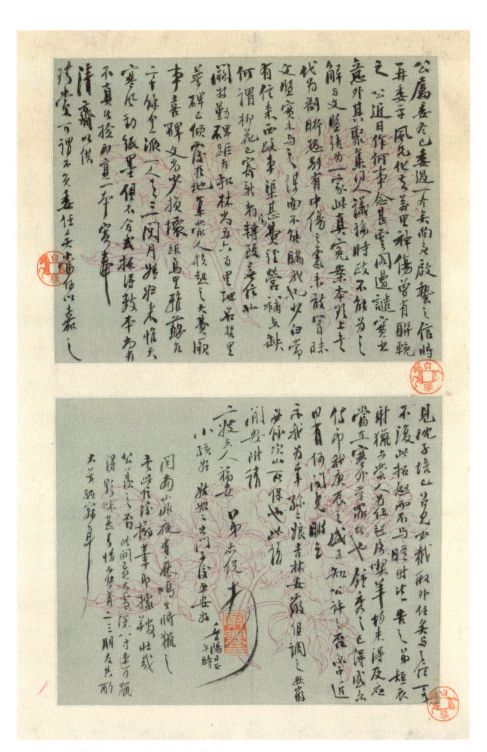

阙特勤碑拓片裱轴局部之志锐致盛昱书札

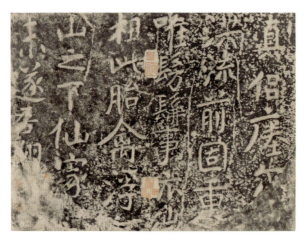

图七　瘗鹤铭拓片，宋拓，故宫博物院藏（新82404）

图八　三希堂法帖拓片，清拓，故宫博物院藏（故4633）

于工整秀美而令观者意趣尽失。

古人收藏、珍视拓片，有的甚至重于自己的生命。南宋赵孟坚曾遭遇翻船落水，他站立水中，手持所藏《定武兰亭》拓片对旁人道："《兰亭》在此，余不足介意也。"之后又在该拓片卷首写下了"性命可轻，至宝是保"的跋语。[1]李清照在靖康之变南渡后，夫君赵明诚又染疾身故，国破复家亡，她想到的却是"萧绎江陵陷没，不惜国亡而毁裂书画；杨广江都倾覆，不悲身死而复取图书"，进而感慨"岂人性之所著，生死不能忘欤？"[2]

拓片收藏，就中国传统文人而言，它所代表的不仅仅是收藏者的学识，更是品位和修养，是不同于金银珠宝的阳春白雪，是一种追求高雅的独特生活方式。在他们看来，欣赏、玩味拓片已然是目的，考证史实反倒要退居其次。如在整个金石学史上，除了洪适《隶释》《隶续》，王昶《金石萃编》，陆增祥《八琼室金石补正》，以及部分方志之"金石志"等以著录全文史料见长外，更多金石著录、跋尾的内容，则是版本考据、收藏过程，

1.[南宋]周密:《齐东野语》卷十九，141页，扫叶山房，1926年。

2.[北宋]李清照:《金石录后序》，金文明:《金石录校证》，564页，上海书画出版社，1985年。

以及掌故逸闻等，而在今天为考古学家所看重的对史料的考订，却往往只是当时题跋者炫耀学识的点缀物。至于晚清权贵端方，穷半生之力豪夺巧取，网罗古物、拓片，以好尚金石自诩，所为不过附庸风雅、博取斯文虚名而已，其行为虽令人不齿[1]，但时俗力量之强，由此也略见一斑。

拓片在历代金石学家和收藏家的心中，是文物的实实在在的蝉蜕和化身，是可以对之凭吊古人的摸得着的"如在"[2]的影子。一方面它是古老碑碣文字可以置之案端的影像，另一方面它又是独一无二的墨色画卷，就连它的缺陷，如风雨磨泐后出现的石花、缺字、损笔，也都成为一种新的美感所在（图九）。这是一种近乎宗教色彩的文化怀旧情感和挥之不去的思古幽情。由此也可以说，拓片收藏在本质上是中华民族的一个物化了的文化传统。

传拓开启了印刷术，但并没有为刻版印刷所取代；拓片虽与摄影同样有着映像文物的特点，但拓片与摄影又是根本不同的两种记录文物的手段。千百年来，传拓自始至终都是一门独立的传统手工艺术，拓片也自始至终都是一种独立的艺术收藏品。传拓同一切经历了无数风雨岁月的传统艺术一样，在历史上曾经有过自己辉煌璀璨的一席之地。从唐初以迄于今，传拓工艺代代相沿，制作、流传下来无数珍贵的各类拓片，这些拓片形成了中国传统艺术的一枝奇葩，是中国古典文化中的绚烂瑰宝。

---

1. 顾燮光《梦碧簃石言》卷五之"赵乾生之金石学"条下写道："渭南赵乾生先生元中，为秦中巨富，好学好礼，蔼蔼长者，研究金石之学为西北冠。……庚子两宫西幸陕，适大祲，端午桥制军时抚秦，以振迫先生出巨款，尽献所藏石数百方乃免。今《匋斋藏石记》著录墓志四百余种，大半赵氏故物。"其后注文称："金匋丞先生云：书中言赵乾生碑石为端午桥勒献，此事甚确。彼时随扈在陕，亲见午桥勒捐，三原、高陵富翁多被拘押，心不然之。午桥乃我卿翼之人，卒杀其躯，可愧其子，宜破散流落，亦天道也。"顾燮光撰，王其祎校点：《梦碧簃石言》，143 页，辽宁教育出版社，2001 年。
2. 孔夫子说："祭如在，祭神如神在。"所强调的是一种发自内心的如同直面祖先、神明的虔敬态度。见《论语·八佾》，杨伯峻：《论语译注》，27 页，中华书局，1980 年。

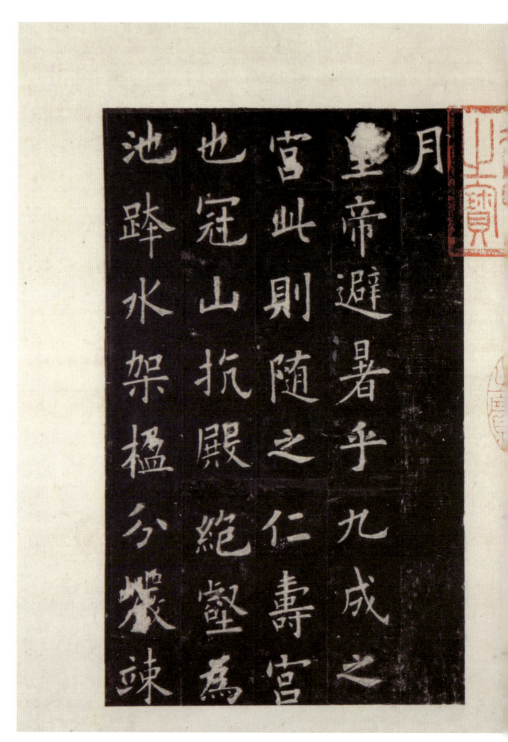

图九　九成宫醴泉铭拓片，宋拓，故宫博物院藏（故 4671）

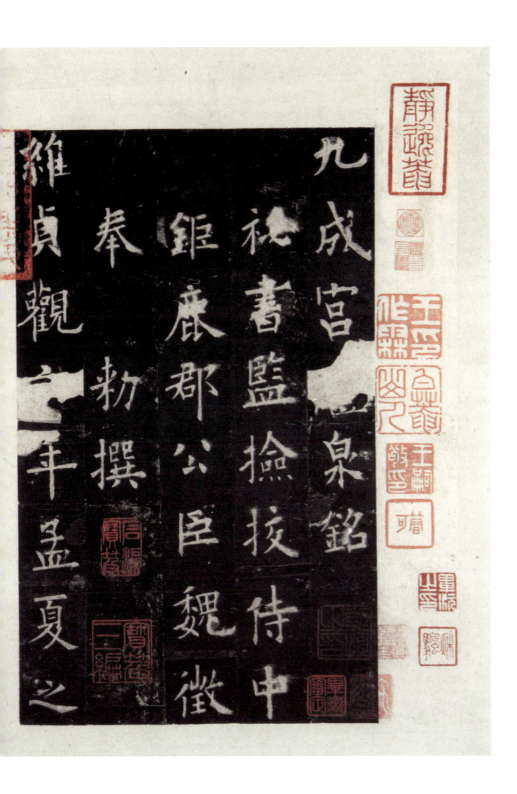

维贞观之
奉勒撰
鉅鹿郡公臣魏徵
九成宫醴泉铭
祕书监撿挍侍中
年孟夏之

精拓本碑帖拓片的工艺特征

本文曾发表于《湖南省博物馆馆刊》第六辑，岳麓书社，2009年，收入本书时有修订。

历代收藏家和研究者对拓片的关注点莫过于古碑刻的文字内容与书法艺术。前人对于历代铭刻文字的钟爱有的甚至达到了痴迷的程度，其研究范围则包括对拓片文字内容的考证、书法美学的探讨、版本异同的辨析等诸多方面。

自明清以迄现代，金石学家、碑帖鉴藏家在其所藏所见历代碑帖拓片的题跋著录中，时或加入评述拓片优劣的文字，这些评述对于理解一张优秀拓片在工艺上所应具备的品质，感受前人对于碑帖拓片的一般审美取向，有着十分重要的意义。同时，前人对于碑帖拓片的审美标准，也可以触类旁通，作为其他单一的平面文字拓片制作中的参考，如金文、甲骨文、瓦当、陶片、货币，以及印章铸刻铭款等。

在解读前人所作的碑帖题跋著录中对于各拓片的不同评价时，将其中玄奥不可邃为外人言说的虚词筛去，可以得到的实词基本上有以下几组：拓片直观的"精""旧""善"；墨色的"浓"与"淡"；字迹的"肥"与"瘦"；材料的"精"与"粗"。

一、"精拓"的含义

"精拓"是前人称赞碑帖拓片的一个特殊语汇，在传世著名碑帖拓片的题跋中屡屡出现。具体而言，"精拓"就是指拓片制作者在传拓过程中对于碑帖拓片质量刻意追求，从而获得的至臻完美的作品。

"精拓"本碑帖拓片的产生，其根本原因在于其制作者精湛的传拓技艺，人的因素决定着拓片质量的高下。叶昌炽[1]在《语石》中就此论道：

> 有同一碑同时拓本，而精粗迥别，此拓手不同也。陕豫间庙碑墓碣，皆在旷野之中，苔藓斑驳，风高日熏，又以粗纸烟煤，拓声当当，日可数十通，安有佳本？若先洗剔莹洁，用上料硾宣纸，再以绵包熨贴使平，轻椎缓敲，苟有字画可辨，虽极浅细处，亦必随其凹凸而轻取之，自然钩魂摄魄，全神都见。苟非此碑先经磨治挖损，传之百余年后，其声价必高于旧拓，但非粗工所能知耳。余尝得无极汉碑精拓本，以国初拓较之，竟无以远过，以

1.叶昌炽（1849－1917），字鞠裳，号缘督，江苏苏州人。肆业于苏州正谊书院，入郡志局从冯桂芬编纂《苏州郡志》。清光绪二十八年（1902）领甘肃学政。一生辑古佚书、校理群籍、搜集碑版，广富收藏，《语石》自序"访求逾二十年，藏碑至八千余通"。著有《缘督庐日记》《语石》《藏书纪事诗》《邠州石室录》《寒山寺志》等。

此知拓手之不可不慎择。[1]

朱翼盦[2]在所藏的两本《杨孟文石门颂》拓片的题跋中,则更有针对性地对"精拓"一词作了细致而传神的诠释:

建和二年（148年）。旧拓本。刘燕庭藏。癸酉自跋。戊午自署签。一册。

此是绝旧拓本,未经洗凿者,故笔画浑圆如三代鼎彝铭字,其坚挺清刚有若铸成,与开通褒斜道刻石正是异曲同工,为摩崖中无上之作。今另收得一本,与此相伯仲,而拓法更精,几于字字清朗,字口光洁,诚不多觏。亡友耆寿民少保曾弄一本,似可比肩,大约此种拓本传世者已极有数,徒以石尚完好,新拓易得,故多不知重也,正月十八日晴时,兴到偶书,欧斋。

……旧拓本。德林题签。甲戌自跋。一册。

此碑文字茂美,姿势奇丽,得未曾有,实汉石中巨擘也。洪文惠著录,释字偶有误处,恐是后来传写之讹,或者当时拓工潦草所致,此不足以病古人。德君旁注,诚为得已不得已矣。予偶有所得,遽亦效颦,不又重可笑乎?惟德君谓此本较洪氏所见者为早,则是臆说,不可不正。予所见有黄小松司马藏天柱山刻石,拓法与此相埒,字字圆浑有神,司马题为第一精拓。今此碑拓手,亦可称为第一,盖亦当时所拓之最精者耳。碑后半纸背有朱字一行云:"顶高汉石门颂",是碑估所记。癸酉初春,翼庵。[3]（图一）

"字字清朗,字口光洁""字字圆浑有神"是金石收藏家对于拓片工艺的至高赞誉,而"第一精拓"则既是对拓片质量的称美,也是对传拓工匠技艺的褒扬。

人们收藏拓片,最重要的目的是追慕欣赏古人留存下来的书法艺术,能够真实传神地再现古人镌刻在碑碣摩崖上的文字神采的拓片,就是收藏家心目中的"精拓"。

在前人题跋著录中,对拓片的赞誉之词,与"精"并列的还有"旧""善"二字。所谓"旧"有两个内容,其一说的是由于碑碣刻石多处旷野之中,饱受自然风化侵蚀,因此年代久远的早期拓片较数百年后的拓片更能体现石刻的原始

1.[清]叶昌炽撰,柯昌泗评,陈公柔、张明善点校:《〈语石〉〈语石异同评〉》,552页,中华书局,1994年。

2.朱翼盦（1882－1937）,名文钧,字幼平,号翼盦,浙江萧山人。毕业于英国牛津大学。故宫博物院书画碑帖鉴定专门委员。工书,善画,以收藏精鉴碑帖著名,身后将所藏宋明善本700余种捐赠故宫博物院。著有《欧斋石墨题跋》《读左传札记》《读汉书札记》等。

3.朱翼盦:《欧斋石墨题跋》,45页,紫禁城出版社,2006年。

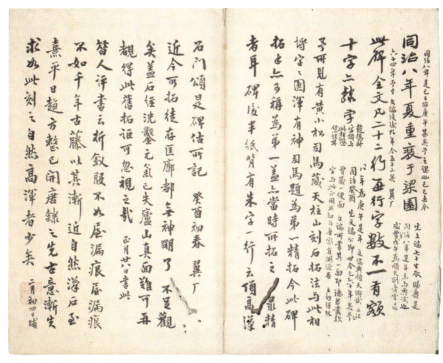

图一　杨孟文石门颂拓片朱翼盦跋，故宫博物院藏（新 45418）

风貌，文字神韵更加完足，所以有"碑重旧拓"的传统[1]；其二则说的是古拓片经过长期岁月积淀而形成的与新拓片迥乎不同的纸张与墨色观感，是一种单纯的思古幽情。但是，"碑重旧拓"并不是说每一件旧拓片都是"精拓"，因为任何年代的拓片都会有精与不精的区别，古人所做未必都好，只是随着岁月的推移，古拓片中的粗拓劣品逐渐被淘汰湮没而已。"善本"概念最早见于宋代，专指版刻书籍的精品[2]，因为旧时的碑帖拓片为收藏临摹方便多装裱成册，与图书相类，所以后世金石拓片收藏家又转将"善本"一词冠于所见所藏的精品拓片上，故有"善本碑帖"之语[3]。

1.[清]叶昌炽《语石》卷十："碑以旧拓为重，欧、虞、褚、颜，一字增损，价逾千百。"[清]叶昌炽撰，柯昌泗评，陈公柔、张明善点校：《〈语石〉〈语石异同评〉》，545页，中华书局，1994年。

2.一般认为"善本"一词最早出处为欧阳修《集古录跋尾·唐田弘正家庙碑》："自天圣以来，古学渐盛，学者多读韩文，而患集本讹舛。唯余家本屡更校正，时人共传，号为善本。"[北宋]欧阳修：《集古录跋尾》卷八，李之亮：《欧阳修集编年笺注》第七册，519页，巴蜀书社，2007年。"善本"一词出现之前，多用"旧本"。"善本"一词多用于古籍，包括足本、精校本、旧本三方面含义。

3.如碑帖鉴定家张彦生晚年出版其历代碑帖经眼录，即名之曰《善本碑帖录》。

"精""旧""善"三个字在具体的碑帖题跋中常常组合出现，以表达题跋者对所藏所见拓片的欣赏与珍视。如：

（一）北海相景君碑

姚朋图[1]跋：

> 曲阜诸汉碑完好，济宁诸汉碑残泐。济宁诸碑旧本难见，景君犹希如星凤，居东二十年未尝见一明拓本也。此本纸墨绝精，真旧拓善本，眼福不浅。[2]

萧方骏[3]跋：

> 景君碑予襄见秋影庵藏北宋拓本，首行"秋"字完好，三行"明"字不缺。此本毡蜡极旧，神采奕奕，第八行残字初损，的系明初精拓，可与宋本相垺，致可珍贵。[4]

（二）元次山碑

朱翼盦跋：

> 宋拓元次山碑，经米仲诏、查映山递藏。纸墨精古，神采静穆，洵可珍爱。辛酉清和五日购诸厂肆隶古斋，展对竟日，如见鲁公正笏垂绅气象，为之肃然。[5]

（三）阿育王寺常住田碑

王瓘[6]跋：

> 余近年留心唐人碑石……今秋偶游海王村，获见此本，且是二百余年旧拓，纸墨黝静，神彩完足，数年积慕，得以一旦而尝。[7]

---

1. 姚朋图（1872-1921），一作鹏图，字柳屏，一字柳坪，号古凤，江苏镇洋人。清光绪十七年（1891）举人，曾任知县。收藏家，工篆书，精鉴赏，所蓄多善本。著有《扶桑百八吟》《柳坪词》《古凤遗草》等。
2. 朱翼盦：《欧斋石墨题跋》，43页，紫禁城出版社，2006年。
3. 萧方骏（1870-1960），字龙友，号息翁，四川三台人。清光绪二十三年（1897）贡生，历任蓝旗官学教习、山东省高等学堂教习。民国后曾任财政部经济调查局参事等职。1928年弃官行医，为北京四大名医之冠。工书画，精鉴赏，所藏多品名。
4. 朱翼盦：《欧斋石墨题跋》，44页，紫禁城出版社，2006年。
5. 朱翼盦：《欧斋石墨题跋》，336页，紫禁城出版社，2006年。
6. 王瓘（1847-1911后），字孝玉，一字季禹，四川铜梁人。举人，官至江苏道员，曾入端方幕。善画，工篆、隶书，兼工篆刻。精鉴别，富收藏。以金石书法闻名于世。
7. 朱翼盦：《欧斋石墨题跋》，348页，紫禁城出版社，2006年。

（四）宋汝帖十二卷

王澍[1] 跋：

> 右汝刻朱本，锡山华氏所藏，为文待诏故物，其题前犹待诏遗墨也。近来汝刻拓本石面已平，无复形似，此本虽亦已稍刓，然字里行间，精神故在，纸亦隔麻，真古拓也。[2]

（五）宋拓十七帖依竹堂藏本

朱存理[3] 跋：

> 昔唐文皇收右军遗迹，率以二丈二尺为一卷，因首有十七字，故名十七帖。后李后主得贺知章临本，刻之澄心堂，大观中又刻之太清楼，俱精妙绝伦。此本纸洁帘广，点画古奥，下真迹一等，正有龙跳天门，虎卧凤阁之势，令人心旷神怡。[4]

（六）宋拓王晓本兰亭序

何绍京[5] 跋：

> 予素所藏禊帖仅得国学旧拓，欲求一真定武本，数十年来未获如愿也。历年所寓目者，有随开皇一本，定武十数本，惟扬州汪梦慈所藏王铁夫本为冠，时辄想象不置。今春忽于厂肆得此佳本，精神焕发，意态纵横，古厚浑雄中饶有俊迈逸之致，较御刻子固落水兰亭十合八九，而韵趣远胜。以姜白石兰亭偏旁考证之，亦皆吻合。细玩无笔不奇，无笔不妙，不仅龟形蟹爪、针眼、悬丁已也。……纸墨之黝然深润，古香古色，断非宋拓不能，或即宋理宗所藏百一十七刻甲集中之定武断石耶？老年遇此墨缘，欣幸珍藏，愿世守毋忽。（图二）

1. 王澍（1668－1743），字若霖，一字若林，又字篛林，号虚舟，别号竹云，江苏金坛人。后徙居无锡，号二泉寓客。清康熙五十一年（1712）进士。以善书，特命充五经篆文馆总裁官。鉴定古碑刻最精，著有《淳化阁帖考正》《古今法帖考》《论书胜语》《竹云题跋》《虚舟题跋》等。

2. 朱翼盦：《欧斋石墨题跋》，377页，紫禁城出版社，2006年。

3. 朱存理（1444－1513），字性甫，长洲（属江苏苏州）人。博学能文，精鉴别，富收藏，聚书至十余万卷。善书画，尤精篆、籀、楷法。著有《珊瑚木难》《铁网珊瑚》《鹤岑随笔》等。

4. 朱翼盦：《欧斋石墨题跋》，390页，紫禁城出版社，2006年。

5. 何绍京（1808－？），字子愚，湖南道州（今道县）人。清道光十九年（1839）举人，湖北候选道员。以诗词、书画及鉴赏名于时，与兄绍基、绍业、绍祺时称何氏四杰。

图二　王晓本兰亭序拓片何绍京跋，故宫博物院藏（新45405）

前人推崇的优秀古碑帖拓片，首先是"精"，没有精湛的制作工艺则无以真切地反映碑帖刻石上古人文字的书法艺术真味，所谓"字字清朗""形神完美"更是无从期待；其次是"旧"，拓片的版本愈旧则存字愈多，内容也就愈加完整，且古本拓片经过数百年光阴，墨色沉积，浮光退去，墨与纸浑然一体，其黝然深润之色，于观者尤为一种近乎超验的精神体味。一张（册）拓片既"精"且"旧"，自然是当之无愧的"善本"，而足以令人"欣幸珍藏，愿世守毋忽"了。

二、拓片工艺的精粗之辨

前人关于拓片工艺精粗的评价与分析，主要集中在墨色的"浓"与"淡"和字迹的"肥"与"瘦"两个方面。拓片墨色以匀净温润为美，无论是墨色浓重的

"乌金拓"还是墨色浅淡的"蝉翼拓",都必须遵循这一原则;字迹(阴刻)以肥为美,但是因后世剔剜挖刻碑碣原石使得文字笔画变粗,或因在装裱过程中纸张拉抻失误造成的拓片字口变形则不在此列。

此外,拓片所使用的纸墨材料也受到相当的关注。

(一)墨色的"浓"与"淡"

在拓片文字清晰、神采焕然同等的前提下,碑帖拓片的墨色又分为浓墨的"乌金拓"和淡墨的"蝉翼拓"两种,历代收藏者对于这两种墨色的拓片因审美取向不同而各有偏爱,难分轩轾。[1]

浓墨拓片给人最直接的视觉感受就是墨色与纸张的强烈黑白对比,拓片上的文字书法笔画线条也会因此而显得棱角分明。一直为人们称道的所谓"乌金拓"就是浓墨本的至高境界。如张彦生[2]在《善本碑帖录》"汉张迁碑"条下写道:

> ……又海丰吴子苾旧藏本最有名,多有记载,俗谓墨有一钱厚,说明是浓墨东里润色本,此吴本光绪十八年毁于火。[3]

墨在宣纸上积起的厚度竟然与铜钱的厚度大致相当,足以令任何拓片制作者为之瞠目。另王澍跋《唐僧怀仁集王右军书圣教序》,述及自己追求拓片墨色浓重的经历道:

> 曩年刻得米老西园雅集记,自以宣德镜光笺、小华山人龙柱墨,穷日之力,毡蜡六十余次。[4]

"毡蜡六十余次"可以说是一种非常罕见的刻意下工夫的做法了。通常一名熟练的拓工制作一张碑帖拓片,使用粗布扑包上墨五遍,即可使拓片墨色浓重乌黑,如果上墨十遍以上,即可得到一张对日而纸不透光的"乌金拓"。王澍之工夫,不知后世何人有闲踵得?

1.此处专指同本相校而言,即同一铭刻所拓且文字精神相同的不同墨色拓片。前人收藏拓片,首重古旧,次重书法,墨色最次,亦一时之尚。本文系围绕传拓技艺而论,故以探讨墨色为先。

2.张彦生(1901-1982),原名国材,河北吴桥人。1915年在北京琉璃厂隶古斋碑帖店学徒,1931年借用"庆云堂"字号的名义独立经营,为北京最著名的碑帖店铺之一。精于碑帖版本鉴定,曾任中国历史博物馆顾问、国家文物事业管理局咨议委员会委员。

3.张彦生:《善本碑帖录》,33页,中华书局,1984年。

4.[清]王澍著,钱人龙订:《竹云题跋》,29页,中华书局,1991年。

对于浓墨拓片的推崇，陈介祺[1]致吴云书札中所论可谓一语中的：

> 拓墨以字边为主，淡者雅，不如浓者耐久。[2]

单从艺术感官角度出发，前人欣赏浓墨拓片之韵味，以梁章钜[3]跋《郑季宣碑阴》所述最具代表性：

> 此本用浓墨湿拓，纸质亦最醇古，悬于坐间，目见心染，惟觉墨香满室，此即吾娱志之一事。[4]

所谓"惟觉墨香满室"，乃是一种纯粹的唯美精神体验。

在拓片收藏的历史上，淡墨拓片与浓墨拓片一样有着忠实的追捧者。

张廷济[5]跋《郁冈斋帖》：

> 前明法帖以真赏斋为第一。其火后本郁冈斋帖收入荐季直表、袁生帖、万岁通天进帖是也。郁冈斋亦有翻本，舛谬特甚。此是原刻初本，墨如蝉翼，纸如黄玉，自是无上神品，故当在余清、快雪上。[6]

翁方纲[7]跋元拓《石鼓文》：

> 册为孙雪居所藏……视今拓本乙鼓多出四字，丁鼓多出三字，尚惜尔时拓手用墨过浓耳。[8]

淡墨拓片虽然在视觉上不及浓墨拓片那样对比强烈，但是墨色均匀如雾的"蝉翼拓"也别有一种雅致韵味。此外，淡墨拓片由于整体用墨量远较浓墨拓片为少，其字口处更易显得清晰光洁，鲜有墨色侵入字内的情况。张祖翼、朱翼盦

1. 陈介祺（1813-1884），字寿卿，号簠斋，晚号海滨病史、齐东陶父，山东潍县人。著名金石学家。清道光二十五年（1845）进士，授翰林院编修。后丁母忧返归里，专事金石收藏研究，广蓄铜器、玺印、石刻、陶、砖、瓦、造像等各类古物。精于鉴赏，著有《十钟山房印举》《封泥考略》《簠斋藏古目》《簠斋藏古册目并题记》《簠斋传古别录》《簠斋吉金录》《簠斋金文考释》《簠斋藏镜》《簠斋藏镜全目抄本》《簠斋藏古玉印谱》等。
2. 清同治十一年（1872）九月初二日致吴云书。[清]陈介祺著，陈继揆整理：《秦前文字之语》，224页，齐鲁书社，1991年。
3. 梁章钜（1775-1849），字茝中、闳林，号茝邻，晚年自号退庵，祖籍长乐，后迁居福州。清嘉庆七年（1802）进士，历任府道、按察使、布政使、巡抚等。著有《枢垣纪略》《退庵随笔》《文选旁证》《归田琐记》《浪迹丛谈》等七十余种。
4. 朱翼盦：《欧斋石墨题跋》，92页，紫禁城出版社，2006年。
5. 张廷济（1768-1848），原名汝林，字顺安，号叔未，一字说舟，又字作田，又字海岳庵门下弟子，晚号眉寿老人，浙江嘉兴人。清嘉庆三年（1798）解元。工诗词，善书画，精金石考据，广富收藏。著有《清仪阁题跋》《清仪阁印谱及诗钞》《眉寿堂集》《桂馨堂集》等。
6. [清]张廷济：《清仪阁金石题识》卷四，《丛书集成续编》第九十二册，323页，新文丰出版公司，1988年。
7. 翁方纲（1733-1818），字正三，一字忠叙，号覃溪，晚号苏斋，直隶大兴（今北京）人。诗人、书法家。清乾隆十七年（1752）进士，官至内阁大学士。精于考据、金石、书法之学，著有《两汉金石记》《苏诗补注》《米海岳年谱》《石洲诗话》《汉石经残字考》《兰亭考》《粤东金石略》《经义考补正》《小石帆亭著录》《礼经目次》等。
8. 朱翼盦：《欧斋石墨题跋》，19页，紫禁城出版社，2006年。

均提到因拓工不良而造成的浓墨失真。

张祖翼[1]跋元拓《石鼓文》：

> 祖翼生平所见以吴退楼先生藏本为最……吴本外仅见此本，虽第八鼓割去，然用墨浓淡合宜，字之精彩涌见纸上。吴本用墨太重，字迹为墨华所掩，虽拓工略前，神采实不如此本远甚。展读再三，爱不能释，仅书数语以志所幸。[2]

朱翼盦跋宋拓《鲁相史晨祀孔子奏铭前后碑》：

> 己未冬日假得嘉定徐氏藏本史晨，与所蓄此碑校对两夕，同系"秋"字不损本，拓手以徐本为精，予本墨重淹字，精采稍次。[3]

因"墨重淹字"而使得碑刻文字的笔画受到侵蚀，以至"字迹为墨华所掩"，是浓墨拓片最容易出现的问题。或许也正是因此，人们才转而趋向欣赏淡墨拓片的。

（二）字迹的"肥"与"瘦"

前人对于碑帖拓片中的文字还有一对专门的描述语言，即"肥"与"瘦"。将同一碑刻（阴刻）的多张拓片放在一起进行比较，拓片中文字笔画线条宽者为"肥"，窄者为"瘦"，一般认为无论拓片墨色的浓淡，均以"肥"者为佳，"瘦"者为劣。这是因为"肥本"更真切地反映了石刻文字的原始状态，而"瘦本"则或是由于传拓时间较晚，石刻表面因自然磨泐剥损而字画较早期为细的缘故，或是由于传拓过程中因上墨过急而使得墨渍侵入字口造成的。对此前人颇多论述。

陈介祺《簠斋传古别录》：

> （传拓）其要则先须字边真，尤须字肥，瘦细即边真亦不如真而肥者。拓止为字，字边真而肥乃得原神。

梁巘[4]跋宋拓《智永千字文》：

> 此宋本千文也。纸墨俱化，古香可掬，形神完美，妙在于肥。生时一字

1.张祖翼（1849-1917），字逖先，号磊盦，安徽桐城人。工篆、隶，篆宗石鼓、钟鼎书，隶法汉碑，刻印师邓石如。精金石之学，著有《磊盦金石跋尾》。
2.朱翼盦：《欧斋石墨题跋》，19 页，紫禁城出版社，2006 年。
3.朱翼盦：《欧斋石墨题跋》，67 页，紫禁城出版社，2006 年。
4.梁巘（约 1710-1785 之后），字闻山、文山，号松斋，又号断砚斋主人，祖居亳州。清乾隆二十七年（1762）举人，初为咸安宫教习，后官湖北巴东知县，善书，以工李北海书闻名。

值五万，此拓故当与真迹同宝。[1]

张彦生著录《汉群臣上寿石刻》：

> ……见刘子重藏道光初之初拓本，淡墨，字丰满有神。王和群光绪间拓本墨浓，字清楚，字口拓瘦，不如淡墨精拓丰腴者佳。[2]

此外，朱彝尊[3]在跋《兰亭残石拓本》中，对北宋宣和年间兰亭拓本的肥瘦问题所作的议论，颇可说明其"肥"佳于"瘦"的观点：

> 兰亭残石，不知勒自何方，后半多阙，盖肥本也。禊帖肥瘦攸殊。褚廷晦本肥，张景元本瘦；欧阳行本本瘦[4]，石熙明本肥；释怀仁本前瘦后肥。王顺伯主肥，尤延之主瘦；黄鲁直取肥不剩肉、瘦不露骨，斯执中之论与大都书家率以瘦本为贵。相传宣和中拓定武本，叠匮金三纸加毡椎拓之，故下肥上瘦。若是，则在下者方不失真，安见肥者之不如瘦乎？[5]

"叠匮金三纸加毡椎拓之，故下肥上瘦"的意思是说，在刻石上一次性同时覆盖三张纸，然后上墨传拓，待第一张拓片上墨完毕揭取后，再对第二张纸进行上墨工序，然后是第三张，依次进行[6]。其最下之纸直接贴于石刻之上，故较上者更接近石刻原貌。其"肥"胜于"瘦"之说，正是基于此理。

然而，也有一种"肥"是受到人们诟病的，这就是由于人为的作用改变了石刻或拓片的原始状态造成的"痴肥"，而使得古人书法失去了原有的精神韵味。

李芝陔[7]跋明拓《颜氏家庙碑》：

> 此亦明拓本耳，而神采亦发，良由纸墨拓皆精也。……近世拓本初看颇觉清朗，细审则痴肥，了无意味，乃石经磨洗之故。庸工可恨已极，观者

---

1. 朱翼盦：《欧斋石墨题跋》，170页，紫禁城出版社，2006年。

2. 张彦生：《善本碑帖录》，5—6页，中华书局，1984年。

3. 朱彝尊（1629—1709），字锡鬯，号竹垞，晚号小长芦钓鱼师，又号金风亭长，秀水（今浙江嘉兴）人。清康熙十八年（1679）举博学鸿词，以布衣授翰林院检讨，入直南书房，曾参与纂修《明史》。著有《曝书亭集》《日下旧闻》《经义考》等。

4. 原文如此。按，此处当为欧阳行周本。欧阳詹（约756前—798后），字行周，福建晋江潘湖欧厝人。唐贞元八年（792）进士，官至国子监四门助教。著有《欧阳行周文集》十卷。

5. [清]朱彝尊：《曝书亭金石文字跋尾》卷三，《石刻史料新编》第一辑第二十五册，18693页，新文丰出版公司，1982年。

6. 这是一种十分少见的做法，一般传拓碑刻一次只上一张纸，待上墨后揭取，再上另一张纸，再上墨，再揭取。据文物界前辈传称，傅大卣在传拓青铜器、古玉器时，通常就是一次上两张纸，第一张拓片上墨完毕揭取后，再对第二张纸进行上墨，其工艺做法与朱彝尊所述大略相同。傅大卣（1917—1994），河北三河人；1931年在北京琉璃厂古光阁学徒，师从周康元学习传拓技法，为当世名手；善书法，工篆刻，精鉴定；北京市文物局研究馆员，国家文物鉴定委员会委员。

7. 李芝陔（1817—？），名侯，字芝陔，一字在铣，河北涿鹿人。收藏家，与翁同龢、宝熙等交善。

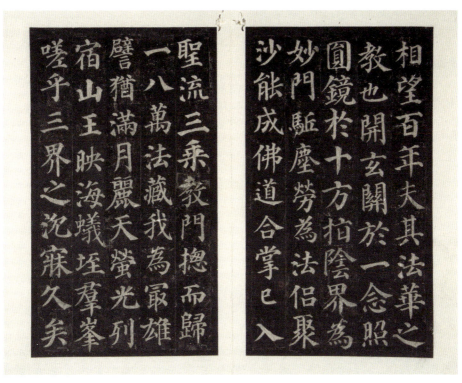

图三　西京千佛寺多宝塔感应碑拓片，宋拓，故宫博物院藏（新 98203）

勿为所误。[1]

马子云[2]著录《西京千佛寺多宝塔感应碑》（图三）：

　　……宋拓之最佳本为康熙年宫内藏本有"懋勤殿精鉴玺"者……其次……再次则为临川李氏十宝本……已重裱，裱工不佳，故字肥而失神。[3]

对已经磨泐剥蚀的石刻，人为地进行剜刻，以使字迹清晰，已近乎制造假古董，而原本优秀的拓片因装裱的缘故而受到破坏，更足以令人扼腕。

1. 朱翼盦：《欧斋石墨题跋》，336 页，紫禁城出版社，2006 年。
2. 马子云（1903－1986），陕西合阳人。1919 年在北京琉璃厂合阳杨氏庆云碑帖古玩铺学徒，1947 年受聘于故宫博物院。故宫博物院研究馆员、国家文物鉴定委员会委员。精于传拓及碑帖鉴定，著有《金石传拓技法》《碑帖鉴定浅说》《石刻见闻录》《校帖随录》《善本碑帖录补正》等。
3. 马子云、施安昌：《碑帖鉴定》，323 页，广西师范大学出版社，1993 年。

（三）材料的"精"与"粗"

拓片所用纸墨材料质量的优劣直接关系到拓片作品的品质，因此在前人题跋著录中对此也有较多的关注。

古碑拓片多以皮纸、麻纸、烟墨为材料，因其最初目的主要是拓取碑刻上的文字内容，故选用纸墨材料或有不甚考究的情况。晚清叶昌炽记述所见各省拓片用纸道：

> 陕中寻常拓本，皆用粗纸，色黄而厚。精者香墨连史纸〔郭宗昌《金石史》称所见怀仁圣教序，是武关构皮纸……此陕拓之至精者〕；汴纸最恶，质性松脆易烂……；北方燕赵之间……精者用连史纸，粗者用毛头纸〔即糊窗纸〕；……闽广喜用白宣纸……；滇碑用白纸，大理拓本亦间用东洋皮纸……；朝鲜碑皆用其本国茧纸。[1]

使用纸墨最精者，当属南唐、北宋以后的一些著名法帖的拓片。由于其专为欣赏古人书法艺术而镌刻、传拓，故选用材料极尽奢华。

杨慎[2]《墨池琐录》：

> 南唐升元帖，以匮纸摹拓，李廷珪墨拂之，为绝品。匮纸者，打金箔纸也。其次即用澄心堂纸，蝉翅拂，为第二品，浓墨本为第三品也。[3]

杨震方[4]著录《绍兴国子监帖》：

> 宋高宗（赵构）以内府所藏《淳化阁帖》，刻板置之国子监。初拓用匮纸，即所谓打金箔纸。其式一遵《淳化》原本，无少差异。后题"绍兴十一年摹勒上石"。此帖笔画精神，极有可观。后碑工往往作蝉翼本，且以厚纸覆板上，隐然为银锭痕以惑人。按宋拓以匮纸为第一，蝉翼次之。[5]

张彦生著录《淳化阁帖》：

> 自宋记载初拓用李廷珪墨、澄心堂纸，大臣登二府方得赐拓本。……赵孟頫《松雪斋文集·阁帖跋》："……黄太史曰：禁中板刻古帖，皆用歙州

1.［清］叶昌炽撰，柯昌泗评，陈公柔、张明善点校：《〈语石〉〈语石异同评〉》，555页，中华书局，1994年。
2.杨慎（1488–1559），字用修，号升庵，新都（今属四川）人。明正德六年（1511）殿试第一，授翰林院修撰。于诗文、辞赋、散曲、杂剧、弹词等均有涉足，且考论经史、训诂文字、名物考证等广有著述。据《明史》记载，其记诵之博，著作之富，推为有明第一。著作编为《升庵集》81卷。
3.［明］杨慎：《墨池琐录》卷四，14页，《丛书集成初编》，中华书局，1991年。
4.杨震方（1922–2004），上海青浦人。历任《青浦县志》特约审稿、上海古籍出版社资料组组长、上海文史馆馆员、中国书法家协会会员。长期从事图书资料工作，精古籍版本目录之学，擅书法碑帖研究。
5.杨震方：《碑帖叙录》，176页，上海古籍出版社，1982年。

贡墨墨本赐群臣。今都不用钱万二千，便可购得。元祐中，亲贤宅借板墨百本，分遗宫僚。用潘谷墨，光辉有余，而不甚黟黑，又多墨横裂纹，士大夫或不能尽别。由此观之，刻同而墨殊，亦有以也。"[1]

王士禎[2]记《肃府淳化帖》：

> 门人海宁陈奕禧……述兰帖始末甚详……"肃府淳化阁本……其初搨用太史纸、程君房墨，人间难得，搨工间有私购者，直五十千"。[3]

王澍跋《唐僧怀仁集王右军书圣教序》：

> ……毡蜡之法，宋时最精，往见俨斋大司农家所藏大观帖数本，墨光如鉴，古香满纸，叹为帖中墨王，唯余此本足相妃匹。屈指平生所见宋搨古帖，不下千种，皆无有及此者。襄年刻得米老西园雅集记，自以宣德镜光笺、小华山人龙柱墨，穷日之力，毡蜡六十余次，自意致精，及较此搨，尚觉墨色浅淡，即其他不足论已。[4]

匮纸（打金箔纸，南唐、北宋）、澄心堂纸（南唐）、太史纸（明代）、镜光笺（明代）、李廷珪墨（南唐）、歙州贡墨（宋代）、潘谷墨（宋代）、程君房墨（明代）、罗小华墨（明代）等不仅在今天为旷世之珍，即令在当时，也都十分昂贵，非寻常人家所能奢望。如南唐李廷珪墨，在北宋宣和年间，已是"黄金可得，李氏之墨不可得"[5]；明代罗小华所制桐烟墨，则在其生时即已"一螺值万钱"[6]，足见昔人制作拓片用材之考究。

金石学家在赞誉好纸佳墨善本拓片的同时，对恶材所制的粗率拓片亦多所抨击。

王澍跋《褚河南同州圣教序》：

> 余得万历间旧本，模糊不可耐，及在京师，汪退谷以新拓一本遗余，毡蜡既佳，字尤清楚，胜旧拓十倍。问之，退谷云：曾至同州，亲为洗刷，亭以覆之。乃知唐人碑碣，苟得好事者精意毡蜡，皆可十倍旧拓。惟恨陕人以

1.张彦生：《善本碑帖录》，167-168页，中华书局，1984年。

2.王士禎（1634-1711），原名士禛，字子真，号阮亭，别号渔洋山人。身后避清雍正帝讳，改名作"士禎"。官至刑部尚书。学者、诗人，清刊《王渔洋遗书》收录著述凡24种189卷，有清朝开国第一诗人之誉。

3.[清]王士禎：《池北偶谈》，455页，中华书局，1982年。

4.[清]王澍著，钱人龙订：《竹云题跋》卷二，29页，中华书局，1991年。

5.[南宋]邵博撰，刘德权、李剑雄点校：《邵氏闻见后录》卷二十八，218页，中华书局，2006年。

6.民国《歙县志》卷十"人物志·方技"称其墨："坚如玉，纹如犀，黑如漆，一螺值万钱。"歙县地方志编纂委员会编纂：《歙县志》，237页，中华书局，1995年。

图四　好大王碑拓片，清拓，故宫博物院藏（新 78141）

恶烟粗纸，率略拓卖，以为衣食资，则全汩本来耳。[1]

马子云著录《高丽好大王碑》（图四）：

　　……在初发现时，边地无适当纸墨，以尺许厚皮纸捣煤汁拓之，其凸凹处，以己意描画，往往失真，而且每份多寡不一，未见有全份者……光绪十一年（1885），李眉生赠潘祖荫三、四十张，为厚皮纸煤汁拓本，经叶昌炽集之。以整纸好墨拓者，最初为淡墨本，然字特别清晰。故宫藏一部裱为四册，可称其冠。……其次……再其次……皆为高丽纸锅烟子精拓本，字虽清晰，惟精神较差。[2]

　　一般而言，一些地处偏远的碑石，因当地既没有精于传拓技艺的工匠，又缺乏合适的纸墨材料等诸多原因，而很少有精拓善本传世，如《好大王碑》（碑

1.[清]王澍著，钱人龙订:《竹云题跋》卷三，44页，中华书局，1991年。
2.马子云、施安昌:《碑帖鉴定》，123-124页，广西师范大学出版社，1993年。

在吉林），《爨龙颜碑》《爨宝子碑》（两碑皆在云南），《阙特勤碑》（碑在漠北蒙古），《沮渠安周造寺碑》（碑在新疆，后为格伦威德尔 Albert Grünwedel 盗运至德国）等，就属于这种情况。至于陕西本为古碑大量集中之地，却以"恶烟粗纸，率略拓卖"而广遭诟病，则是由于从业者人数众多，又片面追求拓片生产数量造成的。善碑而劣拓，常令人惋惜不已。

三、"精拓"本碑帖拓片的制作工艺要点

如前所述，"精拓"是指拓片制作者在传拓过程中对于碑帖拓片质量刻意追求，从而获得的至臻完美的作品。拓片质量的精粗首先取决于拓片制作者对于传拓技巧的熟练掌握和对拓片制作材料的审慎选择，其次取决于拓片制作者对待工作的主观态度。因备受重视而在选用材料上极尽奢华的历代法帖拓片，单从传拓工艺而论，大抵皆为精品；而纯"为衣食资"，"以恶烟粗纸，率略拓卖"的拓片，其工艺之劣，也就不难想见。

同大多数传统手工艺一样，历代传拓工匠或限于文化素养，或出于行业保护等诸多原因，对于传拓技艺一直是靠口手相传而代代延续。虽然清代的一些文人雅士出于对金石拓片的酷爱而学习传拓技艺，如褚峻、达受等，但遗憾的是，在他们留下的文字中，只描述了各自搜寻、传拓古刻的过程，而没有对传拓技艺、法则的记录。

第一位对传拓技艺经验、法则、心得进行文字记录和总结的是晚清陈介祺。陈介祺后半生专事金石收藏和研究，与其幕友王石经、族弟陈佩纲等传拓高手共同研讨各类金石文物的传拓制作，并将其经验整理汇聚成《簠斋传古别录》一书。其中写道：

昔用清水上纸，或折纸水湿匀透，吹开上之，拓可速，而纸易起。水上者不甚起，而字中有水，每干湿不匀，后用大米汤上纸，胜于清水。上纸之劣，莫劣于胶矾，矾则损石脆纸矣。

今用张叔未浓煎白芨胶法上纸，然止是札询，未见如法拓者，姑以芨水上纸，以纸隔匀，去湿纸，再以干纸垫刷击之。

上墨须匀，勿先不匀后再求匀，上墨不可使有骏墨透纸，使纸背有不白处、有轻重浓淡处。

其要则先须字边真，尤须字肥，瘦细即边真亦不如真而肥者。拓止为

字，字边真而肥乃得原神。墨色则其次，淡墨蝉翼拓固雅，不及深墨之纸黯而犹可钩摹也。字外之墨，渐淡而无，如烟云为佳，不可有痕。

拓墨须手指不动而运腕，运腕乃心运使动，而腕仍不动，不过其力，或轻或重，或扑或扬，一到字边，包即腾起，如拍如揭，以腕起落而纸有声，乃为得法。

此处引录陈氏所述为拓片制作中最主要的两个工序，即：上纸和上墨。

（一）上纸

上纸是指用水将宣纸濡湿，使之紧覆于所要传拓的碑帖铭刻之上的过程，这是拓片制作中至关重要的环节。

据陈介祺所言，制作拓片最早是使用清水上纸[1]，后使用大米汤上纸，至清后期张廷济始创用浓煎白芨水上纸。

使用清水上纸的缺点在于宣纸干透后易从石刻上脱落，因此上墨时通常要让宣纸始终保持一定的湿度，即所谓的"湿拓法"。这种"湿拓法"最大的缺点就是容易导致墨色侵入字口，形成"淹字""瘦笔"，以致失去碑文原有的精神风貌。此后发明的使用大米汤、白芨水替代清水的拓片上纸方法，都是取其略带黏性的特点。在传拓上纸时使用略带黏性的水，目的是为了使紧覆于石刻之上的宣纸在水气晾干后仍能与石刻紧密结合，这样更有利于使上墨环节从容不迫和精益求精。[2]

上纸工序的要点在于，首先，宣纸与碑刻之间必须毫无间隙地结合为一体，否则上墨过程中即使极小的局部分离，也会造成拓片文字、石花的模糊失真。其次，不可忽视上纸过程中使用棕刷刷纸的工序，使用棕刷用力到位地刷纸，不仅可以使纸张与碑刻紧密结合，而且可以使纸张严实光洁。这样上墨后，无论浓墨拓片还是淡墨拓片，均能达到光亮可鉴的效果。第三，淡墨拓片用纸宜薄，薄纸不仅能够更加真切地再现碑帖铭刻文字的书法线条精神，而且还可以清晰地反映出碑帖铭刻细微的材质（石、木）纹理，使之愈显雅致；浓墨拓片用纸宜厚，因为纸张的薄厚与其能够承载的墨量多少直接相关，在极薄的宣纸上是难以拓出墨浓如漆的"乌金拓"的。

---

1. 今陕西、河南等地的一些传拓工匠仍沿用这种方法。
2. 当然，这只是就一般而言。高手上纸，即使只用清水，也能令宣纸干透后仍与石刻紧密贴合，不致脱落。

（二）上墨

上墨是指对紧覆于所要传拓的碑帖铭刻之上的宣纸进行扑（擦）墨上色。陈介祺所言"上墨须匀……不可使有骏墨透纸，使纸背有不白处、有轻重浓淡处"的意思是说，在上墨过程中，绝不可将墨洇透到纸的背面，换言之，即拓片正面的墨色要求匀净一致，拓片的背面纸色则洁白如新。陈介祺所言"拓墨须手指不动而运腕，运腕乃心运使动，而腕仍不动"则是单纯的传拓上墨手法心得，即传拓上墨用的扑包不可在宣纸上停留，要求一沾即起，否则即有使拓片洇墨的可能。而墨洇透纸背，不仅会造成拓片文字之"字迹为墨华所掩"，而且还会造成墨迹对石刻文物本身的损害。

上墨工序的要点在于，上墨须待濡湿的宣纸晾至七八成干或全干，且墨色须由多遍上墨层叠加重完成。上墨时扑包所蘸墨的多少以墨汁量不致浸入宣纸为原则，拓片上的墨一定要浮在宣纸的表面，而不可如书写或绘画那样使墨湿透到纸的背面。这要求传拓者不仅要稔熟拓片所用宣纸的特性，而且还要具有对墨色从心所欲的高度控制能力。

陈介祺的簠斋所出各类金石拓片在晚清为一时之冠。[1]叶昌炽《语石》称赞陈氏拓法道："潍县陈簠斋前辈拓法为古今第一，家藏石刻，皆以拓尊彝之法拓之。定造宣纸，坚薄无比，不用椎拓，但以绵包轻按，曲折坳垤，无微不到，墨淡而有神，非惟不失古人笔意，并不损石，齐鲁之间，皆传其法。"[2]陈氏的"墨淡"多见于造像拓片，其他则未必尽然，但是无论墨淡墨浓，其拓片上的文字纹饰之神采，皆世所罕见，后代不仅齐鲁间传其拓片制作之法，即燕赵等地，至今亦仍广受其惠[3]。

四、碑帖拓片的工艺标准

综观前人碑帖题跋语录中有关"精拓"的论述，以及传拓制作经验心得，我

1. 传拓者有陈畯、陈介祺、王石经、陈佩纲、李贻功、李泽庚等人。参见陈育丞：《簠斋轶事》，《文物》1964年第4期。
2. [清]叶昌炽撰，柯昌泗评，陈公柔、张明善点校：《〈语石〉〈语石异同评〉》，552页，中华书局，1994年。
3. 故宫博物院传拓艺术大师马子云先生十分推崇陈介祺的拓法，并根据自己的经验对其文字重新进行条理、增损、补益，于1962年在《文物》杂志上发表《传拓技法》一文，广受海内外书法学界关注。参见施安昌：《马子云先生传拓及其〈金石传拓技法〉》，《艺术》2006年第1期。

以为，能够称得上"精拓"的碑帖拓片，其工艺应该具备如下特点：

第一，字迹笔画（包括因磨泐而形成的石花）边界清晰硬朗，无墨迹侵入字口的洇墨现象，也没有因上墨不到而形成的模糊失真；

第二，使用质量上乘的生宣纸和松（桐）烟墨制作；

第三，拓片正面墨色匀净如一，背面纸张洁白如新；

第四，无论浓墨拓片还是淡墨拓片，都应该是经过多遍上墨而成。

金石学家为之激赏的拓片工艺之美，归根到底，乃在于该拓片真切地反映了石刻文字的原始风貌。陈介祺在《簠斋传古别录》中言称"先须字边真 …… 墨色则其次"，他所强调的，就是拓片所得文字的笔画精神之美。从技术上讲，苟能使拓片中的古人书法"字字清朗""形神完美"，则其"黝然深润"的佳妙墨色，也就庶几可近了。

古器物纹饰传拓中的看与做

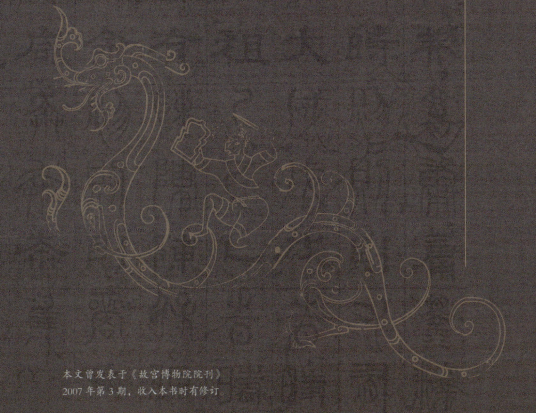

本文曾发表于《故宫博物院院刊》
2007 年第 3 期，收入本书时有修订。

古器物纹饰传拓，是指专门针对古代器物纹饰部分的拓片制作过程。它既不同于平面金石铭刻文字拓片制作，也不同于出现于乾嘉流行于民国的青铜器立体拓片制作，它是一种建立在新对象上的具有新的审美视角的拓片制作过程。

在现代文物研究中，传拓在很多地方都受到严格的管理限制，并较多地让位于摄影技术；但是另一方面，传拓所应用的对象又比以往更加宽泛，即在文物展览陈列、图书出版等活动中，为了使器物的质感与刻划层次有更完全的展示，对古器物的纹饰部分进行拓片制作较以往更加普遍。古器物纹饰拓片制作在今天不仅应用于青铜器上，更应用于玉、石、陶、竹、木、匏、牙、角、漆，乃至玻璃、紫砂等材质的古代艺术品上。[1]

一、古器物纹饰传拓所遵循的一般原则

古器物纹饰拓片因为面对的对象不同，所以在用墨上也与以往的金石铭刻拓片、立体拓片有着明显的不同。不同器物的纹饰各有特色，因此传拓前的"审器"工作十分重要，只有准确地理解和把握纹饰的内容、雕（铸）造装饰手法，进而根据不同情况控制墨色的浓淡变化，才能收到较好的效果。

（一）古器物纹饰传拓与金石铭刻传拓、立体拓的区别

古器物纹饰的突出特点是其制作过程中所固有的雕刻（铸造）"层次"，这使得它既有别于平面文字的单一线条，也有别于立体器物的空间视觉。在对古器物纹饰部分进行传拓的过程中，尤其需要传拓者对具体文物的纹饰艺术有所了解和感悟，需要有一个用心体会的过程，即首先要清楚文物纹饰所要表达的内容，其次还要准确地把握纹饰中线条与层次之间的关系，同时还必须有与平面金石铭刻文字拓片和古器物立体拓片完全不同的视角。

首先，古器物纹饰传拓不同于平面的金石铭刻文字传拓。作为传统金石学资料来源的金石铭刻文字传拓，目的是要准确地再现金石铭刻上的文字，在墨色上要求匀净一致，虽有墨色浓重的乌金拓与墨色浅淡的蝉翼拓之间的区别，但是在同一张拓片或同一套碑帖墨本中，仍然以墨色如一为至高境界。在这个过程中，

---

1. 本文所提及的古器物纹饰，专指雕刻（铸造、烧造）于各类古代器物上的带有高低、深浅、凹凸变化的纹饰。各种绘画性的平面图案因不适宜使用传拓来加以表现，不在本文的讨论范围内。

尽管有传拓者个人对于拓片作品完美的工艺追求，却不能超出平面文字或线条的局限。

对古器物纹饰的传拓与对平面的金石铭刻文字的传拓，二者之间最大不同之处在于，古器物纹饰传拓要求具有墨色的浓淡变化。传拓平面的金石铭刻文字的要点在于对平面线条的单一墨色的准确再现，而对于古器物纹饰来说，因其所固有的高低、深浅错落变化的"层次"，如三代青铜器的"三层花"、竹木牙角漆器的浅浮雕、印章的薄意等，所以在进行传拓时，仅仅单纯地反映文物纹饰线条是远远不够的，而应着重于通过墨色的变化，突出对文物纹饰垂直（纵深）"层次"的展示。

其次，古器物纹饰传拓与立体拓也有着质的区别。立体拓是清乾隆嘉庆年间出现的一种使用墨拓的方法对青铜器的三维空间形象进行展示的艺术形式。晚清时期，达受、陈介祺等都曾采用过先对器物的各个局部分别传拓，再将这些局部拓片裁剪，然后经过托裱再拼接于一体的方法，清末以后发展为普遍先用浅线勾图，再通过多次移动上纸分区域将器物（铜器）的不同部位拓在同一张整纸上的方法。到了民国时期，周康元、马子云等在继承传统的同时，借鉴使用西方素描的透视方法，所传拓出的立体拓片在构图和用墨明暗变化上已与素描、摄影十分接近。

古器物纹饰传拓与立体拓片的区别，重点表现在传拓者对器物传拓用墨时的视点的不同。立体拓也十分讲究墨色的浓淡变化，不过其目的是为了表现光线在器物不同部位上的变化，是一种近乎西方绘画中素描的用墨方式，所反映的是基于一点观察的器物三维空间视觉变化。纹饰拓片的墨色变化所反映的是纹饰本身的纵深层次变化，它所采用的是一种多点的垂直视角，无论纹饰在器物上怎样旋转扭曲，传拓者的视角都始终跟随纹饰的线条走向而移动，始终保持着对纹饰的垂直映像，如针对盘绕于圆形器物上的纹饰采用多次上纸上墨的方法将其平铺展示于宣纸上。

古器物纹饰拓片相对于传统的平面金石铭刻拓片而言，它的图像内容讲求具有鲜明的层次变化，而相对于立体器形而言，它又是对纹饰的平面展示。古器物纹饰的传拓过程，是一个需要传拓者通过对古器物纹饰的观察体悟和在传拓中对墨色的自觉控制，将器物纹饰中富于深浅变化的点、线、面，使用黑、白、灰以及相间的无限层次的墨色表现在平面宣纸上的过程。

（二）古器物纹饰内容与装饰手法的分析

古代器物的用途在今天看来虽千差万别，但究其既往功用，却可以约略划分为两个大类：一为奉献给神（如上天、逝去的祖先等）或与之交通的"礼器"，一为普通凡人在日常生活中使用的"用器"。[1]

礼器所代表的是一种宗教文化，充满了神圣和神秘的气息。既有先秦青铜器上饕餮、夔龙、蟠螭、凤鸟形象，带给人们一种庄严、凝重、肃穆，有时甚至是狞厉[2]的感受；也有战国后期至两汉充满羽化成仙愿望的仙人、仙山、瑞兽、瑞草形象，带给人们以轻灵曼妙、充满动感的线条。后世的仿古器物基本上延续了这两类形象的纹饰。

用器所代表的是一种世俗文化，往往与人们的日常生活息息相关，其题材广泛多样，汉以前传统的减地平雕瑞兽、瑞草图案在隋唐以后被改用浅浮雕的手法重新塑造，形象更为丰满圆润，且多世俗化。多子多福、金榜题名以及儒释道家的寓言故事是这类器物上的最为普遍的装饰题材，并在长期的历史进程中被固化为高度程式化的吉祥图案，构成了传统装饰纹样的主流。这些图案直至今天仍为人们所习见。[3]

古器物纹饰具有深刻的传统文化内涵，内容纷繁多样，在装饰手法上通常使用多层次的减地、浮雕等加以表现，而极少使用单一的线刻纹饰。古器物无论时代、器形、用途等情况如何，其纹饰部分最终都是通过凹凸层次的变化来体现的，如平雕、浅浮雕、薄意，或将不同的装饰手法在同一器物上交叉使用。因此，对纹饰层次的把握和表现，在古器物纹饰的传拓中至关重要。

本文标题中所谓的"看"，是指传拓者在传拓前对器物纹饰的主观认识和把握，是主观发现文物之美的过程。古器物纹饰是古人在制作器物时所要传达的独特体验和美感，它凝结着制作者的时代审美情趣和宗教情感（如铸造于三代礼器上的纹饰）。每个时代的艺术都有它别具一格的独特之处，文物传拓者应该首先对不同时期文物的艺术特点有较深刻的总体把握，然后再根据具体文物的纹饰特点区别不同，灵活地加以表现，这样才能够在传拓过程中做到突出重点，突显古人雕（铸）造文物纹饰时的匠心。

---

1. 参见[美]巫鸿著，郑岩等译：《礼仪中的美术——巫鸿中国古代美术史文编》，生活·读书·新知三联书店，2005 年。
2. 李泽厚语。参见李泽厚：《美的历程》，32－40 页，文物出版社，1981 年。
3. 参见张慈生、邢捷：《文物图注》，天津杨柳青画社，1990 年；月生编，王仲涛译：《中国祥瑞象征图说》，人民美术出版社，2004 年。

（三）古器物纹饰拓片的用墨法则

对古器物纹饰的传拓，其特点突出表现在用墨的浓淡变化和多点垂直视角上。传拓古器物纹饰用墨所遵循的原则，是要通过墨色的浓淡变化表现出纹饰高低凸凹，不仅表现纹饰的线条，更要表现纹饰的远近折转变化；在视角上，无论纹饰是位于器物的某一个平面，还是旋转盘绕或遍布通体器身，都要随纹饰线条的走向保持垂直视角，要将随器物造型走向而转折的纹饰重新还原为富有纵深层次的平面图案。传拓古器物纹饰的重点在于不仅要"有形"，而且要"传神"。

本文标题中所谓的"做"，是指传拓者在拓片制作中通过用墨对器物纹饰予以表现的过程，是将个人对纹饰的感悟传达给观者的表现文物之美的过程。因为大多数古器物的纹饰图案都是事先绘制好墨稿，然后进行雕刻加工的，所以传拓这类文物应该是一个将深浅凹凸的雕刻作品还原为具有远近浓淡画意墨本的过程。

在古器物上，雕刻家用深浅、起伏、凹凸来表现远近和主次，在拓片制作过程中，传拓者则要通过用墨的浓淡变化，在平面的宣纸上表现出其丰富多样的层次关系。在传拓用墨时，为了突出纹饰构图的整体性，不仅要遵循"高者浓黑、低者浅淡"的一般用墨原则，而且还必须注意纹饰高低之间的渐变部分，要使用流畅的、毫无迟滞的平滑过渡色调。

因为要表现出纹饰的"画意"，所以纹饰拓片的用墨与绘画有相通的地方。在绘画理论中，讲究"意匠经营"，强调构图与笔墨的呼应协调。北宋郭若虚论道："王献之能为一笔书，陆探微能为一笔画，无适一篇之文，一物之像而能一笔可就也。乃是自始及终，笔有朝揖，连绵相属，气脉不断。"[1]纹饰传拓的用墨也应如此，不仅墨色的浓与淡之间要过渡自然，而且还要相互呼应，贯通一气。

古器物纹饰传拓用墨过程中，所有墨色的浓淡变化，虽然较多地取决于传拓者本人对纹饰的理解，存在着一定的创作空间，但也受到十分严格的限制，即文物本身的限制。所谓"传神"，说到底，是一种高层次的忠实原作。

1.[北宋]郭若虚：《图画见闻志》，16 页，人民美术出版社，1963 年。

二、各类古器物纹饰的特点与传拓用墨实例分析

古器物纹饰传拓的重点，首先是要对它们的"层次"进行分析，然后才是因"层"施"墨"。层次是古器物纹饰的共性，而具体到每一件器物，其表现形式又带有各自的特殊性，在传拓用墨时必须区别对待。

从传拓的角度看，尽管每一件古器物的纹饰各有独特之处，在制作上又有铸造花纹和雕刻花纹的分别，但究其一般规律，大体可简约归纳为平雕、浅浮雕、薄意三种。

（一）平雕[1]

平雕纹饰又称减地花纹，是一种在平面上以减地或平面凸起的手法雕（铸）造的纹饰。平雕的特点是层次分明，没有中间的圆转过渡，如青铜器的三层花就是最为典型的一种。这类花纹在传拓中最易把握，在传拓前只要区分好文物纹饰的层次，如二层、三层（一般很少有四层以上的情况），然后按照主题纹饰突出的原则加以展现，就可以收到较好的效果。

由于此类纹饰的特点是层次分明，且各层图案均各为一个平面，因此用墨宜均匀而浓重，以突出青铜纹饰的凝重感。最上层的纹饰用墨最重（黑），地纹最浅（淡），中间层次居中。各层之间墨色的差别不宜太大，只要有所区别即可。此外，地纹的墨色不宜过浅，否则就会缺乏厚重感，难以表现青铜（或砖、石）质地的雄浑气息。

平雕纹饰各层次之间没有圆转过渡，所以每一层纹饰的边线都应是棱角分明的硬线，以表现其纹饰造型中的垂直凸起或凹陷。

示例：

1. 商 青铜方彝

三层花青铜器纹饰。第一层是以凸起的夔纹、饕餮纹为主题纹饰，第二层是云雷地纹，夔纹、饕餮纹上的阴线构成第三层纹饰。带有阴线的边缘亦凸起，与饕餮纹等属于同一个层次。用墨亦依照此三层进行。注意云雷地纹的墨色仍须有相当的浓黑，以表现青铜的质感。（图一）

1.商周青铜器、汉代画像石、战国和两汉铜镜，以及仿古玉器等属于此类。

图一　青铜方彝，商，故宫博物院藏（新 117378）

2.战国　青铜壶

二层花青铜器纹饰。主题纹饰为变形的动物纹，云雷纹地纹。上墨时先以均匀浓重的黑色将主题纹饰拓出，然后再用浅一级的墨色表现云雷地纹。此纹饰位于青铜壶的肩部，旋转半周，上纸时要保持宣纸的平展，这样揭取后的拓片虽然整体纹饰曲线与器物上的转折有空间视觉的变化，但所有的动物和地纹图案却反而是完全忠实于原作。（图二）

3.清　青玉蟠螭蚕纹璧

减地纹饰。蟠螭、边缘及相间的蚕纹均在同一个平面上。先以均匀的黑色突出蟠螭和宽平的边缘，然后再以略浅的墨色将蚕纹拓出，最后在素地上施以近乎灰色的底色。蟠螭和边缘是垂直凸起，所以边界墨色要硬而分明；蚕纹是弧形旋转凸起，所以边际处墨色就应略淡且微虚，尤不可拓成一个个小墨滴的感觉。内区蚕纹间的素地采用纯白处理，一是由于蚕纹的间距过小，施底色容易显得细碎凌乱；二是为了与外区有所差别，以强化、突显内外两区的不同视觉效果。（图三）

4.战国　连弧蟠凤纹铜镜

二层花纹饰。主题纹饰为蟠螭、凤鸟，云雷纹地纹，柿蒂纹钮座，十二内向素连弧纹缘。蟠螭、凤鸟、柿蒂纹钮座、连弧纹缘为同一个层次，云雷纹地纹为一个层次。用墨时两个层次均以匀净的墨色拓出，唯云雷纹地纹是以若干个方形

图二 青铜壶，战国，故宫博物院藏（故 77049）

图三 青玉蟠螭蚕纹璧，清，故宫博物院藏（故 99211）

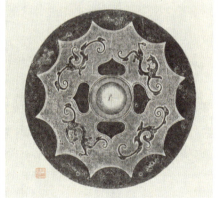

图四 连弧螭凤纹铜镜，战国，故宫博物院藏（新 118426）

单元组成，因此要用稍重的墨色表现其单元边界。由于战国铜镜造型轻薄，故整体墨色不宜过度浓重死黑。（图四）

（二）浅浮雕[1]

浅浮雕纹饰的立体感较强，凸起的纹饰一般都有圆转的弧形过渡，即它的主题纹饰与背景纹饰之间通常不是垂直凸起，而是渐次过渡，因此如何区分和处理

---

1. 大多数的竹木牙角石雕刻工艺品、砚、墨、漆器、套玻璃、隋唐铜镜等属于此类。

好其间的色调变化是传拓这类文物纹饰的关键。

　　大多数的浅浮雕有着较为明确的层次区分，它们的过渡比较"硬"，如亭台楼阁、人物图案等，这一点和平雕纹饰有相近的地方。这样的文物相对比较容易掌握好它的前景、背景（或地纹）以及主题纹饰。

　　浅浮雕中较难掌握其层次的器物纹饰，是那种各层次纹饰之间的过渡很平滑，而且每一层纹饰本身也有着平滑起伏的纹饰，如人物衣服的褶皱、动物身上的肌肉、远近山峦的折转、流动水波的浮光、花枝叶片的明暗等，所有这些，雕刻者都是以平滑的起伏来表现的。传拓者应该通过自己的观察，用心体会纹饰雕刻者于高低错落间所表现的艺术内涵。

　　对于那些过渡平滑，每层纹饰本身也具有平滑起伏的图案，除应掌握好主题纹饰两侧边线的圆转渐变外，还应注意通过用墨色的浓淡变化来反映同一层纹饰内部的起伏。如对人或动物的五官、髋骨、肩肘，以及肌肉的隆起部位，均应使用重墨加以强调突出，对于腹背等低平处则使用较淡的墨色过渡，从而使其立体感得以突显。至于浮雕中所刻画的山水，则更应当依照中国画中的皴法和线条加以表现，务必通过用墨，展现出山水图案峰回路转的曲折来。

　　与平雕纹饰不同，浅浮雕纹饰由于其凸起的主题纹饰与背景纹饰之间一般都有圆转的弧形过渡，是渐次高起，因此在传拓施墨时应当充分留意到这一点，于高起处墨色最重，两侧圆转墨色渐次减淡，它的边际应当是渐虚渐淡，而非纯色的黑墨硬线。

　　示例：

　　1.清　黄套红玻璃荷花纹缸

　　套红荷花蜂蝶纹饰。纹饰的层次十分容易掌握，凡是在器物上红色的凸起部分都是在拓片上需要表现的。

　　因为器物上粗下细，变形较大，所以将全部图案分三组拓出。上墨的要点在于对纹饰起伏变化的把握上，要表现出花叶卷曲而带来的光线明暗变化。在拓片上，高光的地方是用浓黑的墨色来表现的，阴暗处反而要使用较淡的墨色处理。这一点与摄影恰恰相反。（图五）

　　2.清　白套红玻璃桃蝠纹瓶

　　桃树纹饰呈通体盘绕分布，由于纹饰随器物造型走向转折而过度变形，故以树干为起点，分段传拓，随拓随揭，反复移动20余次上纸、施墨，始将纹饰完全展示。

图五 黄套红玻璃荷花纹缸，清，故宫博物院藏（故 107547）

　　这是一个较为典型的应用多点观察视角，将遍布器身的纹饰通过传拓重新还原为平面图案的例子。（图六）

　　3. 元　剔红人物亭阁竹石图盒

　　整体纹饰初看似为凸起的主题纹饰和地纹两层，但仔细观察，就会发现在主题纹饰中，人物、山石、建筑，以及花、竹本身均有微小的起伏变化，这些都要在用墨时加以着意表现。不仅要表现出单一纹饰的变化，而且要表现出画面的景深变化。地纹虽都在同一个平面上，但也有天纹、地纹的区别，这种细微的差别，在审器时尤需注意。

　　在这件器物的传拓中，施墨的重点在山石、人物和建筑的梁架结构上面。对于建筑，尤其注意采用近处浓、远处淡的墨色来表现由近而远的景深效果。

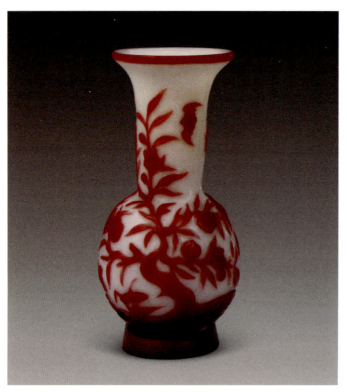

图六 白套红玻璃桃蝠纹瓶，清，故宫博物院藏（故 107569）

对于图案的细部，如人物的五官、衣服褶皱，建筑的窗格、天地锦纹以及桌面陈设物品，尽管有些细如毫发（如鼎的三足等），仍需有准确到位的留白与墨色体现。（图七）

4.清　乾隆内府造人物庭院图紫砂壶

松石庭院人物图案。庭院建筑空间用浓淡相间的墨色表现远近层次，树、竹以黑墨强调，要将器物上几乎看不到的廊间竹叶等以略深的墨色拓出，同时还要照顾到诸如人物的五官、烹茶的器具等细部表现，要尽量做到纤毫毕现。（图八）

图七　剔红人物亭阁竹石图盒，元，故宫博物院藏（故 108059）

图八　乾隆内府造人物庭院图紫砂壶，清，故宫博物院藏（故 157136）

5. 清　水岸亭树图紫砂花盆

水岸亭树图案。左侧以较浓墨色突出河岸树木近景，右侧以淡墨处理竹桥背后虚空的远景，浓与淡之间采用自然过渡，以表现光的变化。树、亭以及天空中的太阳（或月亮）是用墨的重点，但也应有浓淡的区别。（图九）

6. 明　剔红山茶花枝叶纹盒

这是一件典型的永乐时期雕漆作品。盒盖平面茶花花叶呈通体分布，只有间隙，没有地纹。纹饰在器物上是采用一个平面来刻画的，花叶本身缺乏圆转的过渡，而过于纤弱的花朵边线在宽大的枝叶相衬之下，主次纹饰几乎没有任何差别，缺乏突出的主题，这给传拓表现带来很大困难。

在传拓用墨过程中，着意加重叶脉及花朵卷曲部分的墨色，另外在叶子的边缘部分也采用稍重的墨色加以表现，以突出纹饰应有的光影在花叶上的流动变化，从而求得它的立体感。在这件拓片作品上，虽然面对的纹饰几乎完全是平面的，但是墨色却仍要有从浓黑到近乎纯白的浅灰的柔和过渡，这样才会真实地再现出光线照在器物纹饰上的视觉效果。（图一〇）

7. 唐　双鹊衔绶狮子纹铜镜

此镜图案以狮子和双鹊为主题纹饰，在用墨时均以重墨加以突出，同时由于狮子与双鹊在画面上的位置不同，狮子位于画面的下方，因此在用墨上着意偏重于狮子，以强调整体的垂重感；在背景处理上，因其全素无纹饰，故使用浅淡近灰的匀净底色来表现。对于高起的边缘处使用浓重的黑色，以突出其作为画面边界的作用。并且，即使狮子这一单一纹饰，也尤不可令其成为死黑一团。狮子的胸、臂、髋部肌肉和眉骨、尾梢等处，要与腹部和鬃毛处在墨色上有所区别，要表现出细部的层次变化，这样看起来才会更加富有质感。（图一一）

图九　水岸亭树图紫砂花盆，清，故宫博物院藏（新 131183）

图一〇 剔红山茶花枝叶纹盒，明，故宫博物院藏（故 107771）

8. 日本　人物松树图铜镜

此镜原铸纹饰严重磨损，粗看上去黑黝黝一团，颇难分辨。该铜镜铸造时应该是两个层次，即凸起的人物草树和平素的背景（地）。在传拓上墨时，根据人物在一条平直的图案线上的特点，将其墨色按三个层次处理，即酷似舞台及布景的锦地、蕉叶、树石为一个层次，人物为一个层次，平素的地为一个层次。

由于人的五官等细部磨失殆尽，因此在用墨时将其处理为近乎剪影的形式，并加重底色的处理，衬托其如皮影戏般的效果和类似舞台剧照的特点。（图一二）

（三）薄意[1]

薄意的最大特点是用雕刻的形式表现出中国画的独有韵味。薄意的图案内容十分广泛，包括山水、人物、楼阁、鱼鸟、花叶等。或简单，或复杂，或工细，或写意，均在浅浅的凹凸或细小的线刻中加以表现。[2]

对于薄意的传拓，最重要的是先要仔细观察，区分好图案的远近层次，以及雕刻者所要表现的主题纹饰。薄意拓法在用墨中与过渡平滑的浅浮雕拓法近似，但是因为薄意的起伏更小，更不易察觉，有些起伏甚至只有通过触摸才能感觉得到，所以务必格外留意。

---

1. 薄意是指起伏小于 1 毫米，专门应用于寿山、田黄石上的雕刻纹饰。
2. 近代雕刻大师林清卿的作品堪称个中翘楚，参见刘爱珠：《薄意大师林清卿》，福建美术出版社，2004 年。

图一一 双鹊衔绶狮子纹铜镜，唐，故宫博物院藏（新 122051）

图一二 日本 人物松树图铜镜，故宫博物院藏（新8800）

传拓薄意用墨前应先打好腹稿，对如何用墨有所设计；或先试拓，仔细揣摩确定其层次，然后再拓出最后的定本。

示例：

1. 清 内府"建中于民"印

薄意只施于印章的上半部，故下部以均匀的浓黑墨色拓实。前三图上部山谷处以S形的走向用淡墨处理高光背景，用明暗的反差突出远近景物的层次；第四图用全部的黑色表现悬崖绝壁扑面而来的压抑感，这是一个比较特殊的用法。（图一三）

2. 清 内府"嘉庆宸翰"印

雕刻家在制作薄意时利用石料的皮色自然形成两个层次。传拓时以浓墨施于前景，尤其突出水岸、亭树、太湖石等，对远景则采取淡墨处理，以表现其虚空的部分。（图一四）

3. 清 七言诗田黄石印

这是一组多层次的薄意作品。第一图以渐浓的墨色处理由平缓而渐至陡峭的山石、树木部分，于山谷转折处用淡墨和高光加以表现；第二图以浓墨处理左右两侧的树、竹及山石，山谷中重点突出人物，然后以变化的淡墨处理多层次的虚空部分；第四图按照山色重、水色浅的原则用墨，突出左实右虚的画面布局。画面四周自然地过渡为略浓的墨色，以表现印章石面的边界。（图一五）

4.民國 "东涯老人"印

山居图薄意，画面充满四角。以浓实的墨色强调山梁的皴染，树木、房屋亦用重墨表现；山谷转折处填以淡墨。要点在于山梁与山谷间的墨色变化需要自然的过渡，要表现出一种渐变的、无限的层次。（图一六）

图一三 内府"建中于民"印，清，故宫博物院藏（故 167029）

图一四 内府"嘉庆宸翰"印，清，故宫博物院藏（故 166950）

图一五 七言诗田黄石印，清，故宫博物院藏（新 195416）

图一六 "东涯老人"印，民国，故宫博物院藏（新 137455）

三、结　语

本文强调的对古器物纹饰层次、神韵的深入把握，以及传拓时的墨色变化，所追求的是对雕刻（铸造）纹饰墨稿的"还原"，是一种对墨色的自觉控制，即意在手先，手随心动。其目的是要将富有中国画韵味的古代器物纹饰，通过浓淡墨色的变化，以近乎水墨画的形式，重新展示出来。

由于几乎所有的古器物纹饰墨稿都不可能保存到今天，因此，本文所说的"还原"、高层次地忠实原作，主要反映的还是传拓者对文物纹饰的主观视角。因为没有可以还原的"本"，所以必须努力提高传拓者自身的文物知识素养和艺术欣赏水平，力求站在古人制作器物时的立场和角度对文物纹饰进行揣度、理解，进而表现。这是一个基于传拓者对文物纹饰深刻认识的再创作的表现过程。

拓片制作中的用墨技巧

本文曾发表于《紫禁城》2020 年第 4 期，收入本书时有修订。

拓片的价值与所拓碑碣或器物的价值密切相关，历代金石学家对于相同碑碣或器物的拓片取舍，首先重视时代久远，其次重视流传有绪，至于拓片墨色则通常被视为末节。因此，拓工在制作拓片时仅靠自身努力追求技巧完美而对拓片价值（市场价格）的提升空间事实上非常有限。

明清以降，金石收藏家在拓片题跋中对于拓工技巧、墨色水平高低不乏论述，但是，由于金石收藏家罕有于拓片制作深下苦功，且其论述品评基本上都是针对自藏或友朋藏品，故语多溢美，难及本质。以今天较为客观的眼光来看，古人艳称的所谓乌金拓、蝉翼拓，都颇有可指摘处。乌金拓以乾隆内府所拓《三希堂法帖》（图一）为代表，其所用纸墨固极奢华，然因用墨过多、过浓，质密光洁如漆，更加贴近印版刷印的效果，拓片应有的墨色叠加的厚度感反而降低了。蝉翼拓能取得一致公认的实例殊少，以被张廷济誉为"纸如黄玉、墨如蝉翼"的明拓《郁冈斋帖》（图二）为例，其帖纸褶皱，擦痕纵横，上墨仅止一二遍，纸色俨然，传拓技巧毫无足道。

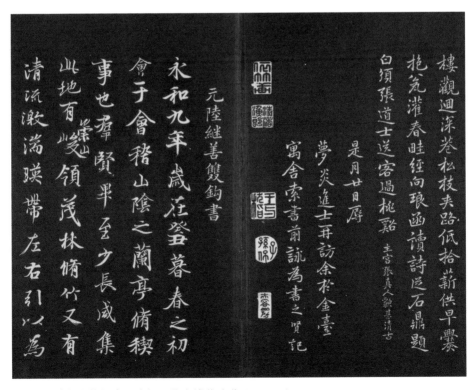

图一 三希堂法帖拓片，清拓，故宫博物院藏（故 4633）

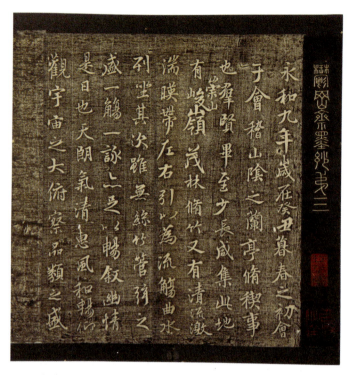

图二 郁冈斋帖拓片，明拓，故宫博物院藏（新 46676）

因为拓片价值极度依存于所拓碑碣或器物价值的这种特殊性，传拓者很难通过个人技巧的提升而提高拓片本身的价值（市场价格），所以人们多尽力寻求六朝以前的佳刻，而往往忽略传拓技艺本身的精熟。因此，即使是职业拓工，努力追求拓片工艺质量者也十分少见。然而，就好之笃者而言，站在非佣工的立场，抛开纯功利的一面，完全出自内心偏爱地对拓片墨色之美的追求仍然十分有趣。陈介祺在《簠斋传古别录》《秦前文字之语》中对于如何制作一幅看起来更美的拓片曾有较多论述，而在其理论指导下制作出的簠斋系列拓片、窬斋系列拓片，以及受其影响的民国故宫博物院古物馆系列拓片，都成为同时期的杰出范本。

前辈论评拓片墨色精善，多使用"温润"一词，以形容拓片墨色光泽的柔和内敛。一幅拓片墨色的观感能否"温润"，由多种因素构成，其关窍处首先体现在上纸时是否妥帖、是否将刷纸时留下的刷子痕迹完全消解，而最终体现在拓片的墨色是否匀净、透气，以及是否富有浓郁的厚重感。

陈介祺在《簠斋传古别录》中论传拓用墨道：

　　拓包外用帛一层，内包新棉扎紧，旧帛少省，然不如圆丝帛之零者为佳。包上墨时，以笔抹墨，涂于小碗盖上，或瓷碟上，以包速揉之令匀，干则再上墨。不可以包入墨聚处蘸之，使棉有湿点，著纸即成墨点。有墨点即须易棉，近有使棉全湿者，究不合法，最易墨入字中。包外墨用不到处，易积而忽，用之则墨重，须常揉去之。帛敝则易，包松则时扎之。紧则不入字，松则易入字。

上墨须视纸干湿，湿而色略白，即用包揉浓墨少干，趁湿上一遍，令少干再拓。此一遍最易盖纸地且润，然不可接连上。上墨须胶不黏手再启，方黏不起纸，胶即重，纸即不起，亦不可。上墨须匀，勿先不匀后再求匀，上墨不可使有骇墨透纸，使纸背有不白处、有轻重浓淡处。最后则侯纸极干时，以包蘸好墨，扑而兼拭，则墨色明矣。其要则先须字边真，尤须字肥，瘦细即边真亦不如真而肥者。

拓止为字，字边真而肥乃得原神。墨色则其次，淡墨蝉翼拓固雅，不及深墨之纸黯而犹可钩摹也。字外之墨，渐淡而无，如烟云为佳，不可有痕。拓墨须手指不动而运腕，运腕乃心运使动，而腕仍不动，不过其力，或轻或重，或扑或扬，一到字边，包即腾起，如拍如揭，以腕起落而纸有声，乃为得法。劣拙则以湿包直捣入字，不看字干湿之候，不问包墨之匀不匀，不求手法，不审字边之真不真而已，白纸黑墨，至成黄色，墨水浸铺，字无边际，无从钩摹，何贵乎有此一拓乎！

这段文字于传拓手法、规范讲解十分透彻，唯独对拓片墨色的最终效果缺乏足够的描述。

曾有年轻同仁对我在《金石传拓的审美与实践》一书中写到的"墨色虽重而不掩宣纸纹理"这句话提出诘责：墨色既然浓重了又如何能够不掩住宣纸的纹理？在我用大量拓片实例对此进行解释时，一旁另有年轻同仁以素描中的"透气"效果作类比，十分形象。初学素描的习画者往往在排线（素描中以连续、丰富的线条表现体积、造型的方法）一两个小时即无法再继续，因为铅笔的笔触在绘图纸上连成大片，形成了亮斑；而美术教师的一幅素描作品能画上数月甚至一年，始终能够在画面中填进新的笔触。这是因为教师在素描作品中，保持了笔触间的"透气"，不会出现将绘纸本色完全掩住的情况，而初学者用笔急躁，多用长线涂抹，腻住了笔触间和绘纸上的孔隙，结果很快就会出现亮斑，有亮斑的素描意味着终结，也意味着失败。拓片用墨中，"墨色虽重而不掩宣纸纹理"所要表达的正是"透气"的道理。传拓扑墨时，在保证扑包存墨量均匀无晕散的前提下，务必始终保持扑包垂直落下，且每一次扑包落下时都要与前次隔有间隙，这样才能保持气眼通畅，宣纸纹理不掩，否则一旦落墨成片，气眼消失，就会出现如《三希堂法帖》那种质密光洁如髹漆的印版刷印的观感，意味着它作为拓片作品的技术失败。

我认为，一幅经得住反复观看、琢磨回味，墨色称得上"温润"的拓片，其在传拓用墨上至少应当同时满足如下三个方面的要求：

（一）匀净一致

碑碣铭文拓片墨色的匀净一致、不露扑包痕迹是专业传拓者追求的最低技术要求，它要求传拓者具有对纸张干湿薄厚、扑包存墨多少的娴熟掌握，以及对每一次扑包落下时出墨量的高度控制能力。检查拓片墨色是否匀净一致，不仅仅是将其放在书案上观察，而且要将拓片举起来对着阳光进行观察，透过阳光仍无扑包痕迹、无色泽深浅不一，且孔隙均匀，才算是达到基本要求。

拓片的墨色要做到匀净一致，因为做起来较难，所以有人提出：只要字画清晰有神采，墨色匀不匀并不重要。这是一个十分业余的观点。在我学习传拓技艺之初，业师纪宏章先生讲授的第一原则就是要求墨色匀净、墨不透纸。不顾整体墨色而只求字迹的做法在传拓大面积摩崖石刻时，因野外工作条件恶劣尚有稍可原谅处，若于墓志碑帖等小件刻石也持此想法，则拓工对自己的要求也未免过低了些。事实上，做不到墨色匀净者罕有能够具备使字画清晰、有神采的能力，手工训练最重要的就是熟练和精准，不通过艰苦训练，努力掌握历经千次万次重复始终能够精准如一的技巧，而寄希望于某一朝的神来偶得，这种希望永远只能停留在幻想当中。

（二）色调饱和

扑拓的拓片墨色是由扑包多次落下而使墨点堆积汇聚而成，其点的密度大小以盖住宣纸的地色为最低标准，不可于平面无字（石花）处露出白色纸地。《郁冈斋帖》就是一个处处露出宣纸地色拓片的典型案例，这样的作品可以理解为是一件没有拓完的半成品。色调饱和需要有足够的点的密度，以电子图片为例，单位面积内点的密度越高，图片看起来越细腻、越清晰，如果对比 100 dpi 分辨率和 400 dpi 分辨率的图片，就会看出其间的差别来。但是，这种点的密度也并非越高越好，现代四色印刷机印制彩色图录一般匹配的电子图片密度为 350 dpi–400 dpi 分辨率，如果远远地超过了这个密度，因油墨的反复重叠，反而会使最终印刷出来的图片清晰度下降。拓片在用墨上也是这个道理，如果扑墨遍数太少，就难以完全盖住纸地，而扑墨遍数过多，则容易使墨色腻住孔隙而降低拓片墨色的厚积感。

叶昌炽《语石》中论陈介祺簠斋传拓作品道："潍县陈簠斋前辈拓法为古今第一，家藏石刻，皆以拓尊彝之法拓之。定造宣纸，坚薄无比，不用椎拓，但以绵包轻按，曲折坳垤，无微不到，墨淡而有神，非惟不失古人笔意，并不损石，齐鲁之间，皆传其法。"其中"淡而有神"这个词后来常常被人们用来为自己收藏的颜色泛白的拓片作注脚。我认为，看起来美的、墨色"温润"的拓片无论色泽深浅浓淡，都应该墨色匀净且具有足够的点的密度，那种扑墨严重不足、宣纸地色俨然的拓片，根本谈不上什么"淡而有神"，只是没拓完而已。

（三）墨如积雪

我在长期的工作中发现，那些因孔隙腻住而看起来显得墨色很薄的拓片，实际的用墨量往往会多于孔隙通透而看起来显得墨色很厚的拓片。这如同把一块平滑的塑料布和一块纺织品放在一起比较，塑料布往往显得比较薄一样。塑料布没有孔隙，而纺织品即使再细密也仍有鲜明的经纬纹路，正是因为纺织品的这种纹路才使得它看起来更"厚"。在大自然中，等量的降水，积雪看起来远远比积雨要"厚"，这是因为雪花片片层累，而雨水则融为一体。我们所说的"温润"的墨色，其"温润"处，正是由于它的反光点是多向的，如同积雪的反光一样，光洁而不十分刺眼。反观不"温润"的积雨，则水面如同镜子，或极平，或在某种角度下反射出耀眼的光斑，这种情况需要在传拓用墨中努力加以避免。

传拓扑墨用的扑包由棉布或绸布捆扎，在扑墨过程中，务必使每一次扑包落下时都能够保证墨痕中的纺织物的经纬纹路清晰，墨点不能有任何左右晕散（旁渗），且第二遍扑墨须待第一遍所扑的墨色完全干透再进行，以保证上下墨点间亦不会有任何纵向晕散（旁渗），如此反复多遍，即可收到如积雪般的墨色效果。

与书法艺术中的"计白当黑"［指将字里行间的虚空（白）处，当作实画（黑）一样布置安排，虽无着墨，亦为整体布局谋篇中的一个重要组成部分］相对应，拓片用墨的本质是"于无字处经营"或"计黑当白"，要将碑石或器物字画线条、磨泐锈蚀之间的着墨处通过上述原则的墨色处理，使其饱满充盈而富有张力，则字画雕刻之美才可更好地彰显。

对于拓片墨色的审美追求，也存在着"不及"与太"过"两种情况。"不及"是指技艺粗疏者客观上受技巧的局限，主观上缺乏对拓片墨色温润精善的追求，故而制作出的拓片质量低劣，这种情况很容易被理解。其较难被理解者是属于追求太"过"而造成的缺憾。对拓片墨色追求太"过",通常发生在手法娴熟者或金石家身上,如王澍《竹云题跋》中写道:"曩年刻得米老西园雅集记,自以宣德镜光笺、小华山人龙柱墨,穷日之力,毡蜡六十余次。"这种特别尽力扑墨传拓所获得的结果,大抵皆类似于《三希堂法帖》的样子,状如印本,失去了拓片应有的墨色温润厚积感。尽力求精善者重金寻觅古纸古墨是其长处,而穷日扑墨于方寸之间却成了他们不自知的短处。我曾见有自矜其技者拓任何器物,其拓片墨色都浓重细密如黑漆髹成,亦见有传拓青铜器将锈片痕迹完全用墨色遮盖成几乎无锈状,这样的拓片非高手不能为之,但在理论上却都很值得商榷。一幅墨色恰到好处的拓片,不在于其传拓的过程多么耗时、扑包捆扎得多么精细,而是应该体现在拓片的最终视觉效果,是否能够达到令人一望而知其拓自金、石、竹、木、骨等不同材质文物上的水平。每一种材质的文物都有着自身独特的肌肤纹理,能否在拓片上清晰地反映出这种肌肤纹理,是最为考量传拓者技巧和审美水平的地方。

图三 战国龙纹镜拓片

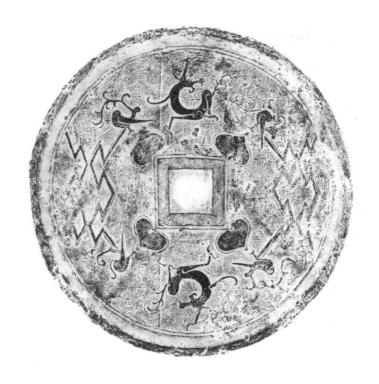

图四　战国龙凤纹镜拓片

　　图三、图四两幅铜镜拓片是我在讲解前述三点要求时所作的操作示例。这两幅拓片用墨量都是相同的。在图三的画面中，镜缘的内向弧形大片平素位置呈现出的是墨色一致、没有扑包痕迹，且宣纸帘纹清晰通透，而呈现在云雷纹地纹细线上的墨色则是连续无间断，纸色完全被墨色遮盖，此即盖住纸地而不掩宣纸纹理。

　　图四所拓铜镜锈蚀严重，斑驳起伏，大面积的锈迹遮掩了铜镜的边缘及内部纹饰原状，以锈迹多呈点状凸起，点与点之间的距离较大，空白处多而成片，故直观墨色呈大片斑白；铜镜内区几小片无锈处的主纹，因线条平滑且较宽则呈现出鲜亮的黑色。事实上，在图四的拓制过程中，各处墨色的用墨量仍然完全一致，只是由于较强烈的视觉反差造成了这种大面积斑白而一二处主纹特别浓黑的效果。拓片制作的本意，就是要清晰准确地反映所拓器物上的锈斑、点、线、面等一切痕迹，而这一切不同状况在用墨上却应当尽量求其一致，即无论锈迹、点、线、面的大小、宽窄，在墨色的反光上面，都应该得到一致的体现，如果非要加

图五 汉杨叔恭残碑拓片

图六 汉杨叔恭残碑拓片局部

以强调侧重，则应遵循点、细线更加追求色调饱和，宽线及平面则努力追求墨色匀净透气的原则来进行。

图五《杨叔恭残碑》是碑碣传拓的示例，因碑石文字边际呈平缓坡状，且磨泐漫漶严重，若扑墨遍数较少则难以清晰地勾勒出字迹轮廓，故扑墨十余遍，每一遍墨都扑在字画边际分界的同一位置上。这要求具备十分精准的手法，如果做不到每一遍墨都能最终扑落在同一条分界线上，则各边际处墨色犬牙交错，不仅无法表现出碑刻书法的精神，而且边际位置的墨色也无法达到足够的色调饱和。

图六是图五《杨叔恭残碑》的局部放大图像，通过放大可以看到，由于始终保持扑包垂直落下，墨点之间孔隙通透，碑刻平面无字处虽然貌似单一浓黑，但仔细观察仍能看到丰富的墨色层次，石质本身的粗砺感因而得到了较好的呈现。

图七《成阳田界石》与图五《杨叔恭残碑》传拓用墨方法一样，唯一的区别是《杨叔恭残碑》拓片是在揭取前于石刻上直接照相，《成阳田界石》则是拓片经托裱后扫描成像。托裱的拓片会有细微的变形，于石刻上直接照相则会呈现出纵深阴影，这都是无法克服的问题。

制作一幅墨色"温润"的拓片，以上纸妥贴为先决条件，传拓过程中哪怕是极小的宣纸绷起、刷痕都会给拓片的最终效果带来无可弥补的缺憾。至于千次万次重复而始终能精准如一的扑墨手法技巧，只能通过艰苦漫长的训练来获得。

拓片作为一个"物件"，与其他事物一样，

图七 汉成阳田界石拓片

总是因观察者立场的不同决定了它被观察角度的不同。对待同一张拓片，历史学者期望通过文字的内容勾画出石刻或器物的主人生活的时代或他在历史进程中所居的位置，书法艺术研究者直接看到的是文字用笔结构的时代渊源及影响，碑帖版本鉴别者则更加重视拓片字迹磨泐石花与其他同器（碑刻）拓片的比较印证，都较少关注拓片的制作工艺水平。在他们面前，拓片仿佛是一片透镜，他们通过这片透镜将目光直接投向远方的焦点，至于透镜本身如何通常被忽略，且越清澈无瑕的透镜越容易被忽略。然而，作为专业传拓者，在制作拓片的时候，我们的目光焦点则应当首先凝聚在这片"透镜"本身，我们的立场和我们所做的工作，是努力磨好这片"透镜"，使之完美，使之纤尘不染，使之成为一个玲珑剔透的艺术品。

甲骨传拓规范刍议

本文曾发表于《古籍保护研究》第八辑，大象出版社，2021 年 9 月，收入本书时有修订。

文物整理、编目、照相、传拓以及绘图（或摹文）等是博物馆业务中的系统基础工作，也是文物展览、研究的前提。这些工作的最终目的是要使文物传之久远，使子孙万代都能够看到翔实可靠的文物信息，即使将来某一天文物终因年久灭失，但相关资料仍能以影像、文本记录的形式得以传续。这也正是千百年来金石学的传统。

"故宫博物院藏殷墟甲骨文整理与研究"（2014 年度国家社科基金重大项目）之甲骨传拓子课题于 2015 年 2 月启动，至 2020 年 12 月结项，历时六年，总计传拓甲骨 19704 件，制作拓片 20864 张。此次工作持续时间既久，动用文物数量亦不为少，兹就工作中的一些设想、实践以及所引发的思考作一全面梳理，以求正于同行。

一、传拓前的准备工作

（一）依据文物整理的基本原则和文物整理规范制定传拓计划

故宫博物院对于铭刻类文物整理工作的程序，依次为冠号、建账、排架、测量、照相、传拓，然后上传信息资料中心备份存档。

传拓工作的展开，以甲骨藏品冠号、建账、排架工作完成为前提。另外，因传拓是紧密接触文物的影像资料采集工作，存在文物损伤风险，故其进行，亦应排在与文物非接触式的摄影工作之后。

（二）制定甲骨传拓守则

博物馆文物管理规章制度是文物安全的保证。因甲骨传拓流程及规范向无成例，在正式开始工作前，为完善《故宫博物院规章制度》未尽之处，规范和厘清甲骨传拓工作中的程序、责任，我于 2014 年 8 月参照以往个人工作经验，先期起草《甲骨传拓守则》（详见附录）呈报相关部门领导，并获批准执行。

《甲骨传拓守则》于"责任追究"条款专门规定了可以从事传拓工作的人员授权问题：

> 非目前子课题成员未经授权私自传拓甲骨，无论是否发生甲骨状况改变，均按院规损伤文物例追究当事人责任。
>
> 经授权的传拓工作人员，自实际传拓工作之日起一年内如发生须追究责任的甲骨状况改变事故，除按院规追究当事人责任外，并按院规同等追究授

权者责任。

制定上述两项规则，就是为了强调传拓工作的专业性和严肃性，同时也为了防止行政领导对专业工作的过度干预，进而降低工作风险。"同等追究授权者责任"针对的最根本的问题，在于使拥有授权权力的人明白"授权"行为需要承担的后果，慎之于始，其目的仍然是保障文物安全。——故宫博物院专业技术人员能否独立操作文物，通常由老师傅决定，具体到传拓，除 1926 年薛学珍、1947 年马子云二人由马衡直接聘任，其他几代人都是通过学徒然后由师傅授权开始独立从事专业工作的。

（三）准备传拓材料和工具

传拓甲骨所用材料、工具与传拓青铜器所用材料、工具大体一致，即宣纸、扑包、墨、砚、剪刀、镊子、裁刀、橡皮泥（胶泥），唯传拓青铜器上纸多用棕刷，传拓小片甲骨则多以用墩刷为宜。此外需另备固定甲骨用硬板一块，材质可选用有机玻璃，A4 纸张大小。

宣纸宜选用存贮超过 10 年以上的"玉版扎花"，可量化指标为四尺规格、每刀（百张）1.2–1.3 公斤，每张厚度 0.04 毫米。

墨选用 20 世纪 80 年代以前生产的松烟。

捆扎拓包所用绸布为电力纺，亦以 10 年旧存为佳。

（四）人员设置

传拓工作设负责人一名总揽全局。负责人由对文物充分了解，并对传拓技艺十分精熟的资深工作人员担任。除传拓之外，负责人并承担小组的每日工作安排，以及提取/退回文物、发放宣纸、审验（不合格者即行废弃，次日重新传拓）收取拓片并钤印、存档等工作。

另设一人于传拓之外，同时负责所有拓片的展平、扫描工作。

因工作量大，次年另增加两名工作人员专职传拓。

二、传拓过程规范

（一）传拓工作场所

开展传拓工作的场所依就近原则，以在甲骨庋藏库房为宜，每人工作空间应不小于 4 平方米。

（二）甲骨的提取与退回

甲骨传拓工作依据库房文物整理排架顺序，应始终坚持按文物号先后或按柜架排列层（屉）先后逐一提取、退回文物，杜绝跳跃选择，从而避免错乱、重复、缺漏，减少文物移动次数，以策万全。

每日从藏品柜中取出传拓及拓毕退回甲骨时，均应由传拓小组负责人及本库文物管理员共同在场方可操作，并于库房日志做详细提退记录。

（三）传拓工具的使用

传拓工具每人一套，严禁擅自取用他人工具。随时保持桌面整洁，工具、宣纸皆存贮于储物盒，每日工作时取出，工作结束时重新纳入储物盒，不准任意摆放。

（四）传拓操作规范

1. 甲骨固定。将所需传拓甲骨用橡皮泥（胶泥）或宣纸固定于硬面平板上。

2. 传拓前甲骨清洁。用棉花蘸清水轻拭甲骨表面，清除污垢或手油。若需使用工具剔除字口内异物，可选用毛刷、竹签或木签，禁止使用尖锐金属器（钝铁针则可）。

3. 上纸。使用稍带黏性的水（或清水，视情况而定）将宣纸粘牢于甲骨表面，并使用发制打刷击打（或使用棉花按捺）字口、钻痕等，然后用棕刷（或墩刷）将宣纸刷平、刷牢。

4. 上墨。用扑包蘸墨，在已上好的宣纸上扑墨，使之黑白分明。墨色需多遍累积（5—10 遍为宜）而至黝黑有光泽，不可一次上墨过多，否则有洇墨之虞。

5. 揭取拓片后清洁甲骨。拓片揭取后，再次用棉花蘸清水轻拭甲骨表面，然后将甲骨从所固定的硬面平板上取下，若甲骨上残留有临时固定物须即予清除。

（五）工作记录

故宫博物院文物库房管理工作制度规定，凡开启库房，必须在"库房工作日志"上填写入库日期、人员姓名、工作内容、动用文物等文本记录。

传拓人员在工作中需各自另备"传拓工作记录册"，于每日工作结束时，逐一登记当日传拓甲骨之文物号，工作中发现的问题亦于当日栏目下做详细记录，留备查考。

提取、退回文物由专人负责，集中提取、集中退回。每次提取文物以庋藏柜架之层（屉）为单位，传拓完毕后退回原方位，然后再提取下一层（屉）文物，如此周而复始。提取、退回文物，均须同时在"库房工作日志"及负责提取/退回文物工作人员的"传拓工作记录册"上做详细记录。

所有此类记录，必须做到即时写入，避免事后追补，尤禁事前预记。

（六）拓片标注规范

拓片揭取后应即刻在拓片左下角空白处用铅笔抄写该甲骨藏品编号。每张拓片左下用铅笔记录文物号，右下钤盖传拓责任人专用印章。

使用铅笔记录所拓文物之文物号，是故宫博物院传拓工作的传统，拓片系以所拓藏品编号，有利于与原物对应，可使查找便捷准确，避免拓片积累过多之后发生错乱以致张冠李戴的情况发生。钤盖传拓责任人专用印章，有"物勒工名"之意，即肯定成绩、明晰责任、便于追究、使知矜贵。

（七）拓片质量规范

已完成拓片由小组负责人做质量检验，确定其是否合格。合格的拓片标准可简单概括为两点：

1. 点画分明。点画分明是指拓片上反映出的文物表面上所有起伏痕迹的边界，都要清晰硬朗，凸起处的黑色与凹陷处的白色之间的界限要做到泾渭分明，不能有任何模糊或黑白相侵的情况。

2. 墨不旁渗。墨不旁渗是指墨色落在宣纸上不能湿透到宣纸的背面，也不能有任何晕开的情况。墨色洇透到纸背，会对文物造成直接损害，必须杜绝；而墨色在宣纸上的哪怕是微小的晕开，也势必造成对白色点画的侵染，影响拓片字迹及整体的观感，降低其艺术性。

（八）拓片临时归档

每一批次（层、屉）文物拓片集中装入上开口竖插式档案袋保存，已装入拓片的档案袋上须注明日期、批次（层、屉）顺序起止号，并临时标注"未扫描"，拓片扫描完成后重新装入档案袋，记录则改为"已扫描"；扫描过程中发现的问题，直接记录在档案袋上。档案袋上的记录内容为手写，随工作进程逐项添加；对于已有的记录内容，可做涂改，但不得完全覆盖。

（九）垃圾处理

传拓工作产生之垃圾，如因质量不合格被毁弃的拓片残片、经多次使用后的吸水宣纸、不堪再用的棉花、废弃扑包等等，均须集中保管。垃圾处理时，需同时两人重新检查，一人目验、一人负责将每一片垃圾全部用手捏过，方准移出工作场所。

三、拓片的后期整理

（一）存放三个月

已完成的拓片，在档案袋中保存三个月以上，可进行喷水展平处理（略同于托裱的程序，但是只做展平，不加褙纸）。新制作出的拓片需要有一个墨色与宣纸充分结合的过程，方不至在喷水濡湿的操作中发生墨色旁渗晕散的情况。此处规定三个月的间隔是其最低安全时限。

（二）喷水展平

拓片喷水时需在拓片下衬几层宣纸，以及时吸去过多的水分。经喷水的拓片稍晾后趁潮湿贴于玻璃上，用长羊毛排笔轻扫使平，不可稍用力拉抻，然后用毛笔在拓片四周用带有黏性的清水描过，再用棉花按压使之紧贴于玻璃上（有墨色之画心不可紧贴固定），待晾干透后揭取即可。

（三）数字化扫描

拓片经过喷水展平晾干后，即可扫描录入至电脑储存电子影像。拓片的电子影像制作，参照现有的印刷技术标准制定扫描参数，即：原大尺寸、400 dpi分辨率、tiff格式、24位真彩色。

拓片的电子影像文件命名由文物号、拓片、责任人等字段组成，文物号排在最前列。例：160201–拓片–何巧娟。此处"160201"为故宫博物院藏品编号（省略"新"字头），"拓片"表明与实物照片的区别，"何巧娟"是该件文物拓片的制作者。

对扫描录入电脑中的甲骨拓片电子影像，须对原始影像备份存档，不得有任何更改。电子影像提交摹文、释文及出版使用时，须另做副本，对副本可做边际裁切处理，但严禁对画心做任何改动。

经整理后的拓片电子影像，须及时上传至文物信息管理系统。

（四）贴入宣纸册

因甲骨拓片多小片，宜贴册保管。宣纸册内页单页使用四尺宣纸八开对折，五十页成一册，外包蓝皮，宋装。

拓片贴册时，依文物号顺序粘贴，单页贴入拓片数量依据拓片大小做随时调整，较大者可居中贴一张，超大者贴一端后对折，较小者可贴二至四张，拓片贴上两角，只贴于一面，皆以居中为宜。

（五）登记为文物藏品入库

拓片的最终去向为碑帖库房，经冠号后登入故宫博物院藏品登记账，作为文物资料永久保存。

四、几点思考

（一）关于传拓进度问题

晚清刘鹗《铁云藏龟序》称编纂该书时，延聘王瑞卿"竭半载之力，精拓千片"，即日均传拓约 10 片。

甲骨传拓的速度快慢，因甲骨大小、薄厚，以及坚实与否差别巨大，几乎每一件甲骨都有其特殊性，难以一概而论。但是对数以千计的大批量甲骨进行传拓，虽同时跟进文本档案记录及后期整理扫描归档，其平均数字仍有一定的参考意义。在我们的具体工作统计中，第一二年共传拓甲骨 6000 件，平均年度完成 3000 件（包括后期处理）。后几年以所拓甲骨多小片，进度略有加快，最终与计划预期的每年 4000 件大体吻合。

去除掉日常文物保管、展览等其他工作占用的时间，年平均传拓工作约 100 个工作日，四人每人日均传拓甲骨也是 10 片。

（二）专业人才培养储备

《中华人民共和国文物保护法实施条例》第三十三条规定："从事馆藏文物修复、复制、拓印的单位，应当具备下列条件：（一）有取得中级以上文物博物专业技术职务的人员；（二）有从事馆藏文物修复、复制、拓印所需的场所和技术设备；（三）法律、行政法规规定的其他条件。"[1]

博物馆各类专业人才的培养与储备具有重要意义，它决定了博物馆对其藏品进行安全保管、整理、修复，以及采集基础信息的能力和水平。

不同专业人才的培养各有特点。以传拓为例，技术要点十分简单，但是真正掌握起来，一般都需要三年左右的渐进式训练过程。传拓者在掌握技术要点、手工技巧的同时，必须要有精准了解所拓文物的坚实程度的能力，否则即不具备传拓文物的资质。我们制定的"点画分明，墨不旁渗"的拓片标准，虽然貌似极其简略，但绝非容易做到。能够做到"点画分明"，即保障了纹理字迹的通透神韵，而在极薄的宣纸上扑墨，能够完全杜绝透墨、洇墨现象，更不可能只通过短期培训就可以达到。

博物馆的工作中确实并不总是有类似我们传拓甲骨这样的大批量工作，但是由于手工技巧训练的艰难复杂、文物安全保障的泰山之重，因此专业人才呈年龄阶梯式培养，进而达到技术力量的长期储备就显得格外重要。

（三）纸墨的前瞻性预留

宣纸、烟墨以旧为佳，传拓所用纸墨皆宜先期存贮 10 年以上。

传拓甲骨、玉器、青铜器等精细类文物，选用宣纸尽量求薄，因其应用单一，故需专门定制。故宫博物院成立之初，传拓古器物选用"六吉绵连"，并大量购备，数十年来，中国社会科学院、中国国家图书馆传拓所用宣纸，多为故宫博物院 20 世纪 50 年代拨交之物。

纸墨的前瞻性预留十分重要，旧墨尚可得，唯传拓古器物所用宣纸，市场无零售，新制则质脆不堪用，非经多年存贮消去火气难以为善。

1.《中华人民共和国文物保护法实施条例》，2003 年 5 月 13 日国务院第 8 次常务会议通过，2003 年 7 月 1 日起施行。

（四）尽力求精不虚一拓

在金石学的传统中，历来将拓片视为铭刻文物之亚，拓片与铭刻有着几乎相同的地位。拓片在它从铭刻文物上揭下的那一刻起，即已经成为另一件文物，这也是拓片独有的特殊性。

对于拓片精善的追求，如历代内府所刻古帖等，其传拓水平均达到了极致的效果。晚清陈介祺、吴大澂，以及民国以来故宫博物院等所制拓片，亦皆称一时无两。但是，近数十年来，许多单位的主导者在获取资料的过程中，片面追求速度，无视拓片本身的艺术性，致使传拓行业整体水平急剧下降。

我认为，从眼前的角度看，两三月与五六年的耗时对比固然悬殊，但是如果将目光放远，从历史长河的角度看，两三月与五六年其实并无分别。为了个人、"项目"一时著述之需而置文物安全、拓片质量于不顾，尤不可取。

必须承认，作为一种以紧密接触文物进行操作为特点的影像采集方法，每一次传拓都必定会对文物本身造成直观或微观的影响，所以《文物保护法实施条例》中才会有对文物传拓的种种严苛限制。也正因此，珍惜、珍重每一次传拓机会，极力追求拓片精善超越前人，对于每一个专业传拓工作者而言，都应当成为时刻自律的信条。

五、结　语

在"故宫博物院藏殷墟甲骨文整理与研究"项目开始论证之初，有专家介绍某项目经验，"集中20人，经过三天培训后围成一大圈工作，每天工作近10小时，十天拓了5000件"，并建议我们参照实施。

上述专家提到的这种突击式工作方法，作为考古发掘中某种特定条件下抢救性资料采集的权宜之计亦属无奈之举，在博物馆的工作中则必须坚决摒弃。博物馆中凡是涉及动用文物的工作，在任何时候都应有比田野考古发掘、院校科研项目等更加长远的眼光，因为每一代学者对文物的研究总会有新认识、新发现，没有人能够成为学术的"终结者"，所以在博物馆的工作中，保障文物安全始终是一切工作的前提条件。

因此，作为专业的文物保管员，我们在内心中、在制度上，每时每刻都要存一份自知，即我们今天所做的任何工作，无论从自己的角度看多么完善，都远不如把文物完整地交给下一代的贡献更直接、更实在。

附 录:

甲骨传拓守则

甲骨为商代卜辞,系龟甲、兽骨等有机材质,皆沉埋地下逾三千年,水土侵蚀、自然风化,不一而足。晚清刘鹗编《铁云藏龟》时即称甲骨"脆薄易碎,拓墨极难",民国王国维序《随庵所藏甲骨文字》,亦称"甲骨一经摹拓,便有损坏"。为确保文物安全兼且厘清责任计,兹就传拓操作流程及甲骨安全问题做此守则,以资参照执行。

一、传拓基本原则

(一)保证甲骨安全。明显糟朽粉变者不拓;有原始书写痕迹者不拓;甲骨文内填有朱砂等颜色者谨慎传拓;明显有断裂旧痕者需与整理组会商后决定传拓与否。

(二)严格按照传拓操作流程工作。

(三)严禁非授权人员传拓甲骨或擅动他人传拓工具。

二、传拓操作流程

(一)提取甲骨。从柜架中提取甲骨至工作台上。

(二)甲骨固定。将所需传拓甲骨用橡皮泥(胶泥)或宣纸固定于硬面平板上。

(三)传拓前甲骨清洁。用棉花蘸清水轻拭甲骨表面,清除污垢或手油。若需使用工具剔除字口内异物,可选用毛刷、竹签或木签,禁止使用尖锐金属器(钝铁针则可)。

(四)上纸。使用稍带黏性的水(或清水,视情况而定)将宣纸粘牢于甲骨表面,并使用发制打刷击打(或使用棉花按捺)字口、钻痕等,然后用棕刷(墩刷)将宣纸刷平、刷牢。

(五)上墨。用扑包蘸墨,在已上好的宣纸上扑墨,使之黑白分明。

(六)拓片揭取。将已扑墨完毕的拓片从甲骨上取下。

(七)拓片编号。拓片揭取后即刻在拓片左下角空白处抄写该甲骨藏品编号。

(八)传拓后甲骨清洁。再次用棉花蘸清水轻拭甲骨表面,然后将甲骨从所固定的硬面平板上取下,若甲骨上残留有临时固定物须即予清除。

(九)退回甲骨。将已传拓完毕的甲骨退回原方位。

(十)拓片后期处理。拓片的展平、贴册、数字影像制作等工作,可在拓片累积一定数量后分阶段集中处理。

（十一）拓片保管。拓片暂由项目负责人保管，待甲骨整理工作结项后依文物号顺序统一贴入宣纸册、冠号后登入故宫博物院藏品登记账，作为文物资料永久保存。

三、须追究责任的甲骨状况改变

（一）责任人在移动甲骨过程中因不慎脱手坠落造成甲骨状况改变者。

（二）责任人在移动甲骨过程中因不慎磕碰异物造成甲骨状况改变者。

（三）责任人在甲骨传拓过程中因甲骨固定不牢而致甲骨移位失控滑落造成甲骨状况改变者。

（四）责任人在甲骨传拓固定、清洁、上纸、上墨等过程中，因用力过猛造成甲骨状况改变而新断茬尖锐坚硬略有刺手感者。

（五）责任人在甲骨清洁过程中误将原始书写痕迹清除者。

（六）责任人退回甲骨时因未及时清理固定材料而致异物附着凝结无法取下者。

四、毋须追究责任的甲骨状况改变

（一）甲骨原系粘接缀合，其连接处在传拓过程中开粘分离者。

（二）甲骨清洁、固定，及拓片揭取过程中因甲骨表面酥朽而稍有残片或残渣剥落者。

（三）因甲骨清洁而致土浸及旧有污迹等非原始人文遗迹被清除者。

（四）因甲骨内质酥朽无法察觉而在传拓过程中受力断裂，然新断茬非尖锐坚硬略有刺手感者。

（五）因甲骨旧有暗伤不易察觉而在传拓过程中受力断裂，然断裂处大半非新茬者。

五、责任追究

（一）责任人发生须追究责任的甲骨状况改变事故，按院规追究当事人责任。

（二）非目前子课题成员未经授权私自传拓甲骨，无论是否发生甲骨状况改变，均按院规损伤文物例追究当事人责任。

（三）经授权的传拓工作人员，自实际传拓工作之日起一年内如发生须追究责任的甲骨状况改变事故，除按院规追究当事人责任外，并按院规同等追究授权者责任。

响拓、颖拓、全形拓

本文内容曾于 2012 年 7 月在中国国家图书馆做题为"响拓、颖拓、全形拓与金石传拓异同辨析"的专题学术讲座；后发表于《故宫博物院院刊》2014 年第 1 期，因编辑体例故，刊物将标题改作《响拓、颖拓、全形拓与金石传拓之异同》，文内标题及行文前后亦稍有变动、删节收入本书时重作修订并增补插图。

金石传拓技艺的基本原则是使用宣纸紧密贴附于石刻（或器物）之上，然后对宣纸进行扑（或擦）墨，使其凸起处因着墨变成黑色，其凹陷处因不着墨而呈现白色，从而制作出以黑纸白字（阳刻与此相反）为特征的拓片作品来。这种工艺因长期以来必有一道使用木槌敲击上纸的工序，又称"椎拓"，亦有以为是因上墨时扑子拍击文物，有"捶打"之意，或写作"捶拓""打拓"。此外还有因宋代拓片作品表面往往附着有一层薄蜡，且陕西地区在传拓时使用的上墨工具（擦子、扑子）均以毛毡制成，又称为"毡蜡""毡拓"。

在对于传拓工艺的研究中，与传拓相关的"拓"，还有响拓、颖拓与全形拓等几种艺术形式。但是，由于它们的基本工具全部或部分需要使用毛笔描画，或在观感上，或在实质上，都与拒绝使用笔墨勾摹的金石传拓（椎拓）[1]之"拓"有着很大的不同，故此"拓"非彼"拓"。

一、响　拓

响拓、摹拓，唐以前即有之。

黄伯思《东观余论·论临摹二法》："世人多不晓临摹之别。……摹，谓以薄纸覆古帖上，随其细大而搨之，若摹画之摹，故谓之摹。又有以厚纸覆帖上，就明牖景而摹之，又谓之响搨。"[2]

这是一条广为研究者引用的文献，从这里不难看出，黄伯思定义的"摹"与"响搨"，都是"拓"，都是用纸覆盖在帖上，然后使用毛笔依照帖上的墨迹进行勾描，即所谓"白描双钩，墨填廓内"[3]。"拓"，或写作"搨"。

"摹"，勾描之意，亦有"拓"之意。"拓"，唐宋以前写作"搨"，又称"摹搨"。陈思《书小史》："崔潜，悦之子，善隶草，尝为兄浑等诔手笔本草。延昌初，著作佐郎王遵业买书于市遇得之，年将二百，宝其书迹，深藏秘之。武定中，遵业子松年将以遗黄门郎崔季舒，人多摹拓之。"[4]《唐六典·门下省·弘文馆》："搨书手三人。"注："贞观二十三年（649）置。龙朔三年（663），

---

1. 在传统的碑帖收藏与鉴定领域里，古今金石拓片，特别是石刻拓片，尤重考据，凡有一笔勾摹者，即为作伪，这是一个十分严格的界限。

2. [北宋]黄伯思：《东观余论》，《宋本东观余论》，139 页，中华书局，1988 年。

3. 旧时少年习字，先从"描红模字"开始，也多用此方法。

4. [南宋]陈思：《书小史》卷八，《中国书画全书》第二册，563 页，上海书画出版社，1993 年。

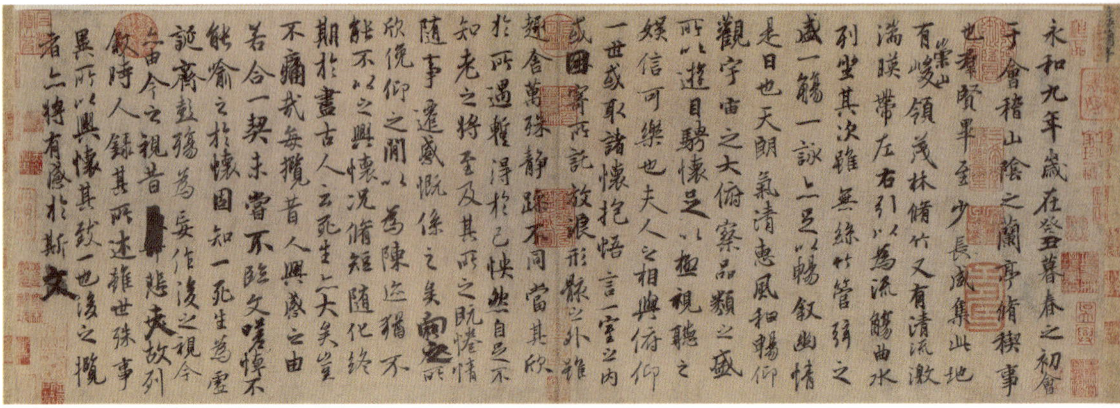

图一　冯承素等摹拓神龙本兰亭序，唐，故宫博物院藏（故 2597）

馆内法书九百四十九卷并装进，其搨书停。神龙元年（705）又置。"[1]张彦远《法书要录·何延之兰亭记》："帝命供奉搨书人赵模、韩道政、冯承素、诸葛贞等四人各搨数本，以赐皇太子、诸王、近臣。"[2]今故宫博物院所藏《神龙本兰亭序》（图一），即冯承素等"摹搨"本，素纸而黑字，观同真迹。

　　唐、宋两朝内府均设有专门机构从事"摹搨"（亦即"响拓"）工作，不唯拓法书，也拓绘画。张彦远《历代名画记·论画体工用搨写》："古时好搨画，十得七八，不失神采笔踪。亦有御府搨本，谓之官搨。国朝内库、翰林、集贤、秘阁，搨写不辍。承平之时，此道甚行，艰难之后，斯事渐废。"[3]

　　"摹搨"与"响拓"本质相同，其差别唯在于"响拓"是"向光勾摹"而已。由此可见，"摹搨""响拓"，与今之博物馆法书、绘画文物原件临摹复制法基本相同，虽名亦为"拓"，而实与以碑帖铭刻为对象的"传拓"（椎拓）之"拓"迥然有别。[4]

　　响，旧时写作"響"；向，旧时写作"嚮"。二者字形十分接近，故"响拓"当是"向拓"之讹，因为"就明牖景而摹之"，显然具有"向""朝向""面向"

1.[唐]李林甫等纂，陈仲夫点校：《唐六典》，255 页，中华书局，1992 年。

2.[唐]张彦远辑，洪丕谟点校：《法书要录》，103 页，上海书画出版社，1986 年。

3.[唐]张彦远：《历代名画记》，76 页，《丛书集成初编》，中华书局，1985 年。

4.本节征引唐宋文献，亦见引用于冯忠莲《古书画副本摹制技法》、赵力光《拓印溯源》、贾双喜《从〈北凉沮渠安周造像记〉拓片谈谈响搨》、余辉《临摹仿拓举要及其他》等图书与文章中，虽资料有限，但足以说明"响拓"与"椎拓"之间的本质区别。

的意思，而使用毛笔勾摹的过程，无论如何也不可能弄出多大的"响"声来。[1]至于"搨"与"拓"，晚清民国以前，在金石学家的题跋中常将二字相杂并用，未作严格区别，而近代则有学者认为应该将用笔勾摹写作"搨"，将椎打刻石写作"拓"方为恰当[2]，是"响拓"二字，在今天应写作"向搨"才算准确无讹，然千载相因，名之"响拓"，约定俗成，亦无人深较之。

按，许慎《说文解字》收录有"拓"而无"搨"，亦无今解，是传拓工艺尚未诞生之故。《康熙字典》"拓"与"搨"并收，"拓"为"古文"；于"搨"字的解释，援引《集韵》，谓既有"击打"之意，又有"摹"之意，则《康熙字典》所释与今之通用的"拓"字所表达的内容实际相同。

赵希鹄《洞天清录》中有"响拓伪墨迹"条："以纸加碑上，贴于窗间，以游丝笔就明处圈却字画，填以浓墨，谓之响搨。然圈隐隐犹存，其字亦无精采，易见。"[3]说明南宋以前，即有以响拓法伪作墨本拓片的案例。

响拓（摹搨）与传拓（椎拓）的差别，首先在于所"拓"对象和制作者身份的不同。响拓（摹搨）的对象是纸本平面，基本都是皇家秘藏书画真迹，娇贵非常，故制作者普遍为具有极高造诣的书画艺术家，如唐代的赵模、冯承素，北宋的米芾等，皆以书画之名享誉艺林。而传拓（椎拓）的对象是具有凹凸雕刻的碑碣刻石，不仅质地粗硬，且曝诸旷野，天下共有（或无人有），人皆可得而拓之[4]，故传拓者多为地位低下的工匠。

其次在于制作工具的不同。响拓（摹搨）使用毛笔，毛笔有尖有面，勾描、涂抹，任意为之，全在制作者的控笔、控墨能力，故欲求神似，非杰出者不能为；传拓（椎拓）使用扑子（或擦子），有面无尖，全凭雕刻之凹凸显示字画、纹饰边际，掌握起来远较毛笔为易，故工匠即足以操作之。

第三在于作品形式的不同。除"响拓伪墨迹"的特例以外，响拓（摹搨）与传拓（椎拓）作品视觉差别极大，响拓的作品与原物一致，为白纸黑字（或黄纸

---

1. 如果使用"响拓"这个名词来做"椎拓"或"捶拓"解，尚有合理处，因椎拓使用木槌敲击石刻，自然声声震耳，而"捶拓"使用扑子上墨拍击纸张时，也会橐橐作响。但是用"响拓"这个名词来说明使用毛笔"就明牖景而摹之"的动作，则殊不可解。林志钧1954年跋姚华《泰山刻石》颖拓本，即谓"向、响本通"。

2. 施蛰存即持此说。另可参见启功：《真宋本〈淳化阁帖〉的价值》，文载《安思远藏善本碑帖选》，文物出版社，1996年；刘光裕：《印刷术以前的复制技术——搨书与拓石的产生、发展》，《出版发行研究》2000年第8-10期；贾双喜：《从〈北凉沮渠安周造像记〉拓片谈谈响搨》，《文献》2005年第1期。

3. [南宋]赵希鹄：《洞天清录》，《北京图书馆古籍珍本丛刊》82，子部·丛刊类，543页，书目文献出版社，1990年。

4. 即唐代诗人王建"古碣凭人拓"是也。

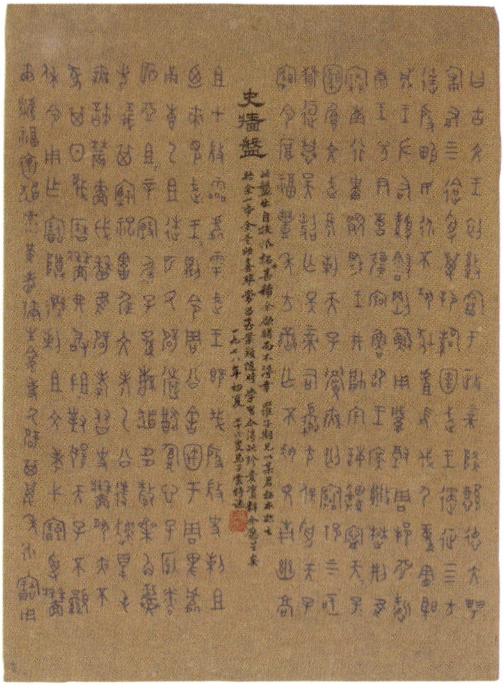

图二 罗福颐摹拓史墙盘铭文晒蓝图

黑字），传拓的作品则为黑纸白字（阳刻与此相反）。

然而，尽管有上述如此巨大之差别，但是，在"紧贴原物"这一基本特征上，响拓与传拓却十分一致，它们二者的工作都是必须以最大限度地紧贴原物为前提条件，从而进行的力求与原件所表现的或笔迹或镌刻尽可能毫无出入的复制活动。"拓"的本质乃在于紧密接触原物，所以响拓（摹拓）和传拓（椎拓）都属于"拓"，只是施"拓"的工具殊别，作品的形式也迥乎不同罢了。（图二）[1]

二、颖 拓

"颖拓"一词，唐宋所无，陈介祺亦未曾述及。

马子云先生《金石传拓技法》："古铜器上的文字与花纹，在周代晚期已有错金银的。因为字与器表高低相同，故须影拓，或钩摹。"[2] "影拓"与"颖拓"，音同字不同，内容也不一样。周佩珠《传拓技艺概说》："'颖拓'，由毛笔的别名'毛颖公'引申得名。这种方法，多用笔尖对一些器物进行扑拓，如拓青铜器全

---

1. 建筑、工程、机械的设计图纸绘制完成后，也有一个使用硫酸纸描图然后晒制蓝图的工序，使用硫酸纸描图其实也是一种"拓"的过程。

2. 马子云：《金石传拓技法》，15页，人民美术出版社，1988年。马子云先生此处所谓"影拓"，是指对于错金银或石刻上的绘画痕迹，因无凹凸差别无法用传拓法拓出，故以纸紧贴字画痕迹使用毛笔勾描，方法同于"响拓"。旧时金石学家亦有因拓片难得而采用此法描摹拓片，留作复制本，以存古文字的做法。

形，就得用毛笔来补拓不足之处。"[1] 所述则为对青铜器全形拓的勾描过程。

邓见宽在《茫父颖拓》[2] 一书的前言中写到，"颖拓"为民国初年姚华（茫父）所始创。

姚华将自己的作品初称为"响拓"，后又称为"颖拓"[3]。而在姚华《许琴伯朱摹正光三年造象索赋》诗中，则又自述称"我昔为颖拓，闻之蘋萝翁（梁山舟学士），往往写佛像，仿佛出精铜"[4]，是亦有所本耳。

姚华生于1876年，清光绪三十年（1904）进士，曾留学日本，在民国初年，以诗文书画享誉旧京，其颖拓作品曾广受追捧。20世纪50年代，挚友陈叔通为了弘扬姚华的颖拓艺术，曾经编印姚华遗作，并广求学者题跋。1954年至1957年间，林志钧、邵裴之、马叙伦、郭沫若等人为姚华颖拓《泰山刻石》二十九字所作的题跋，均是应陈叔通所请而作。林跋称之为"临拓"、邵跋称之为"笔拓"、马跋亦称之为"笔拓"，郭跋称之为"颖拓"。以郭沫若学术地位尊崇，遂成定论。[5]

前引赵希鹄"响拓伪墨迹"之文，可知使用毛笔勾摹绘（拓）制拓片的情况，南宋前即有之，非姚华所独创。然姚华之颖拓，与古人之作伪亦有三点不同。

首先，制作心态不同。姚华所作，全为自娱，邵裴之跋称"至其事原为墨戏"即是也。姚华《双钩书赋》作如是语："兴来奋腕，宾至加墨，本无藩篱，直抒胸臆，势如鸿飞，迹若蠹蚀，连横合纵，联肩比翼，夭矫回旋，出没反侧，意之所恣，人何能测耳！"[6]

其次，手法作品不同。古之响拓，必紧附真迹，力求一致。姚华所作，则但求神似，不于真迹之上勾摹。或面临，甚或背写，不斤斤于字画细微处、磨泐石花处。邵裴之跋称姚华颖拓为"对本临成，或竟背临，虽其匡廓视原本未必如重规叠矩、一无出入，而神味独特，遂能逼真"。由此可知其为创作而非复制，略无疑义。

第三，形式目的不同。"响拓伪墨迹"刻意求其形似，目的是为了将作品当

1.周佩珠：《传拓技艺概说》，68页，人民美术出版社，2004年。

2.邓见宽：《茫父颖拓》，贵州人民出版社，2008年。

3.参见徐传法：《颖拓艺术研究》，《南京艺术学院学报》（美术与设计版）2009年第5期。

4.姚华：《弗堂类稿》诗丁，23页，中华书局，1930年。

5.邓见宽：《茫父颖拓》，贵州人民出版社，2008年。

6.姚华：《弗堂类稿》赋，12页，中华书局，1930年。.

作碑帖拓片的真迹售卖，骗取钱财，而姚华所作，但求意境神韵，不拘成例，且直书响拓、颖拓，颇自矜贵，本无古人仿冒碑帖拓片之意自明。

根据各研究者所述，以及对《茫父颖拓》一书著录的姚华颖拓作品进行观察，可知姚华颖拓之法，是使用毛笔以"白描双钩，墨填廓外"的形式，"画"出拓片，因此颖拓作品，实为绘画，或可称其为"画拓"。[1]

与姚华以书画技法描绘拓片异曲同工而形式完全相反的一个案例，则是西安的李月溪"传拓"昭陵六骏。

李月溪生于 1881 年，生员，以传拓为业，长于绘画，尤以融通绘画技法制作昭陵六骏"拓片"著名。因昭陵六骏浮雕甚高，李氏之前无人传拓，故号称绝技，秘不授人[2]。毛昌杰《君子馆类稿·跋昭陵六骏缩本为柯莘农》："此石始末宋游景叔胜朝张山来说甚详，惟打本从来未见，以镌刻深浅悬殊，难施毡腊故也。同里李君月溪素通绘事，因仿椎拓钟鼎彝器之法，变立体为平面，用油纸规其外，节节椎打打成，与真形无异。怀宁柯莘农亦擅此术，兼能比例尺寸，任意缩小之 …… 不爽累黍，真奇技也。"[3]

既然能"任意缩小之"，则为"画"无疑，亦无作伪之嫌。只是李月溪、柯莘农采用的方法不是用笔来画，而是将油纸画出边廓裁剪后，再使用传拓碑刻的扑子将墨扑拓于画廓内。因此，称之为"拓画"，似更允妥。

姚华之"画拓"，与李月溪之"拓画"，一个是以绘画法成拓片，一个是以传拓法入绘画，虽使用工具不同，而所收到的作品效果却十分近似，殊途而同归，饶有趣味。但是，因为他们的作品都具有脱离原物而创作的典型特征，实际上已经没有了"拓"字所包含的内容，所以这些作品虽然与真正的金石拓片作品在观感上相近，但却都不是"拓"，而是"画"。（图三）

---

1. 民国时期即有人直接指出"颖拓是混合了书法与绘画两种技术而成的"。参见帝子：《谈谈颖拓》，《师大附中校友会会刊》1930 年第 16 期。
2. 昭陵六骏浮雕虽高，但是因为是整体全面高出，马匹、人物本身的纹饰却相对较平，故其原石传拓亦不甚难。1980 年，马子云先生指导陕西西安碑林博物馆的工作人员对昭陵六骏之所余四骏（拳毛䯄、飒露紫二骏于民国间被盗运美国，故缺）进行了原石传拓，所得拓片形貌神采即远胜于李月溪所"拓"。参见李举纲、马骥：《浅说昭陵六骏原石拓本》，《收藏家》2006 年第 8 期。
3. 毛昌杰：《君子馆类稿》，129 页，《近代中国史料丛刊》第二辑，文海出版社，1966 年。

图三 始平公造像颖拓本，远大于原拓片，使用纯绘画技法，马国庆作

三、全形拓[1]

青铜器全形拓出现于清代中期，目前文献资料记录最早为海盐陈克明与嘉兴马起凤，但二人传世作品极少见。其后有南屏净慈寺僧人达受、陈克明侄陈畯、阳湖李锦鸿等。

关于青铜器全形拓片的制作方法，历来被各家视为不传之秘，绝少形诸文字。[2] 马子云先生述及自己在民国年间的经历道：“欲学传拓铜器之立体器形，即在各处求教，皆一一碰壁。”[3] 2004 年，浙江省博物馆桑椹发表《青铜器全形拓技术发展的分期研究》一文，对各时期的文献做了较为详细的梳理，综其所述，可以了解到从清代中期以来，全形拓的制作方法大致经历了以下几个阶段：[4]

（一）绘图刻版，器外施拓

阮元跋六舟《焦山鼎全形拓本》：“此图所摹丝毫不差，细审之，盖六舟僧画图刻木而印鼎形，又以此纸□小之以拓其铭，再细审之，并铭亦是木刻。”徐珂《清稗类钞》亦道：“阮文达家庙藏器，有周虢叔大令钟、格伯簋、寰盘、汉双鱼洗皆无恙，惟全形捶拓不易，因而真迹甚稀。况夔笙求之经年，仅获一本。复本所见非一。石刻较优于木，然真赝相形，神味霄壤，可意会不可言传，不仅在花纹字画间也。”

（二）绘图分拓，剪纸装裱

陈介祺《陈簠斋笔记附手札》中道：“作图之法，以得其器之中之尺寸为主。以细竹筋丝或铜细丝穿于木片中，使其丝端抵器，则其尺寸可准 …… 他人则以意绘，以纸背剪拟而已。”《簠斋传古别录》则进一步指明：“以纸褙挖出，后有花文、耳、足者，拓出补缀，多者去之使合。”

1.青铜器全形拓自 20 世纪 80 年代以后日益受到研究者关注，中国国家图书馆、北京大学图书馆、台北“史语所”傅斯年图书馆等均公布了各自所藏。可资参考的著录有北京图书馆金石组编：《北京图书馆藏青铜器铭文拓本选编》，文物出版社，1985 年；北京图书馆编：《北京图书馆藏青铜器全形拓片集》，北京图书馆出版社，1997 年；胡海帆、汤燕：《北京大学图书馆藏历代金石拓本菁华》，文物出版社，1998 年；以及陈昭荣、黄铭崇、袁国华：《傅斯年图书馆藏青铜器全形拓》，《古今论衡》第三辑，1999 年。

2.至 20 世纪 80 年代后，在马子云先生、纪宏章先生、周佩珠等的论著中，始作约略介绍。

3.马子云、施安昌：《碑帖鉴定》，3 页，广西师范大学出版社，1993 年。

4.以下四条未加注释引文，均转引自桑椹：《青铜器全形拓技术发展的分期研究》，《东方博物》2004 年第 3 期。

（三）取法素描，整纸移拓

民国以后，西方绘画中的透视素描技法日渐普及，器形绘制较以往更加准确。代表人物有周康元、马子云等。周康元长于素描技法，故其所拓全形拓绘图比例关系多较协调，近乎摄影。马子云先生做全形拓全由个人体悟，最初也是先绘图，至 1950 年传拓西周重器虢季子白盘，则采用了根据摄影放大绘图[1]，然后再于铜器之上传拓的办法，其构图透视比例关系几乎完全与摄影相同。

青铜器全形拓的制作，自诞生之初就与绘画密切相关，它是一种同时使用绘画、传拓的工具与手段，介乎二者之间的艺术形式。

除"绘图刻版"拓法与青铜器原件完全脱离外，以陈介祺为代表的分纸传拓再装裱合一的方法，和以周康元、马子云为代表的先绘制素描图再按图多次上纸分段施拓于一纸的做法，虽然其拓片中涉及青铜器铭文、纹饰等特别重要的部位是在原器上拓制，但拓片画面中的所拓器物的其他不重要部位，则几乎都是在器外进行的。这中间既有用毛笔勾描的"画拓"痕迹，也有"用油纸规其外"的"拓画"痕迹。

关于对待全形拓中分纸拓与整纸拓二者的优劣评论，民国时多以整纸为佳，现在也有学者持此观点。[2]因为金石传拓技艺一贯遵循的必须紧贴铭刻、器物的上纸与扑墨方式，决定了拓片的"平面性"，所以各研究者皆以拓图形而又能拓于一张未经剪贴的整纸上为难，故多加推崇。但是，马子云先生则认为二者"各有所长，也有所短"[3]。

陈介祺道："拓钟留孔不拓钲为大雅，斜贴作钲甚俗……整纸拓者，似巧而俗，不入大雅之赏也。"[4]作为晚清最为杰出的收藏家、金石学家、传拓技艺的一代宗师，陈介祺的观点十分值得重视。陈介祺的出发点是尽量真实、准确地再现古器物的原始风貌，故力求原器传拓。而整纸拓法，即使所有传拓操作全部在古器

1.马子云：《金石传拓技法》，18 页，人民美术出版社，1988 年。

2.贾双喜：《周希丁和青铜器全形拓》，《收藏家》2008 年第 7 期。

3.马子云：《金石传拓技法》，18 页，人民美术出版社，1988 年。

4.[清]陈介祺：《簠斋传古别录》，清光绪五年（1879）冬福山王氏校刊本。

物原件上进行（事实上是不可能的），亦必有变形失真。[1]

晚清时期，对于全形拓的认识，或视之为奇玩，或视之为绘画。浙江省博物馆收藏的吴昌硕《鼎盛图》轴，在桑椹《全形拓之传承与流变》[2]一文发表之后，屡为讲述全形拓者引为佐证。这幅图中铜鼎拓片使用了传拓所用的扑子上墨之法，从其画面所显现出的"扑子痕"即可以清晰地看出来。但是这幅画中的两件铜鼎拓片不唯器形过度失真，传拓用墨也十分草率，以簠斋的传拓技法要求观之，则尚未窥其门径。或许，吴昌硕作画时对待此二鼎拓片的要求，但具形模即足以成清供之意，原未计较其器形是否逼真及拓工技艺之高低。此外，《北京图书馆藏青铜器全形拓片集》著录瑞郡王奕志手拓汉建昭雁足镫全形拓片[3]，上有奕志题跋："丁未（1847）春日，浙僧六舟携以过余，因借摹全形并拓款识数十纸，今奉是本以为定邸贤王金石眉寿。"（图四）这条题跋道出了"摹"与"拓"两个概念，"摹"是摹画，是对器物而临摹其形；"拓"则是传拓，是紧贴器物之"拓"。奕志准确而清晰地指明"全形"与"款识"二者之间在制作技法上的本质差别，应当引起研究者的足够注意。

四、评 价

响拓的起源目前尚没有确切的文献依据，但是在唐代以前即有之，已是无可争议的定论。或亦可认为，响拓与传拓的出现年代大致相当，甚至更早。

响拓与传拓均是以紧贴文物原件为前提的复制活动，"拓"的基本特征一致，但是复制的对象不同，使用的工具不同，作品的表现形式也大不相同。

---

1. 金石传拓的基本原则是必须紧贴原器物进行，因此在古器物铭文、纹饰拓片制作中，无论铭文、纹饰在器物上怎样旋转扭曲，传拓者的视角始终跟随铭文、纹饰的走向而移动，始终保持着对铭文、纹饰的垂直映像。全形拓是在固定视角下的表现器物三维视觉形象的作品，必须且只能有一个视觉焦点，无论制作者将焦点固定在哪一部位上，都不能再行移动，所以此视点之外的其他部位的图像，如果符合了透视要求，所反映出的器物纹饰、锈迹一定是变形的。如果器物的纹饰、锈迹完全不变形，则一定不能符合透视要求。这是一个不可逾越的界限。《北京大学图书馆藏历代金石拓本菁华》彩色图版第3页著录的"周邾公钟"，钟体部分是在原器上传拓的，因钟体有弧形凸起，故拓片展开后较原器物的视觉效果实际要宽，而彩色图版第2页著录的"井人安钟"虽视觉效果符合透视法则，但是它的"拓制"过程却完全是在与原器物没有任何接触的情况下进行的。之之研究者多以为整纸拓技法最难，原因在于他们都没有亲身学习或观看过全形拓的制作过程。
2. 桑椹：《全形拓之传承与流变》，《紫禁城》2006年第5期。
3. 北京图书馆编：《北京图书馆藏青铜器全形拓片集》第四册，102页，北京图书馆出版社，1997年。

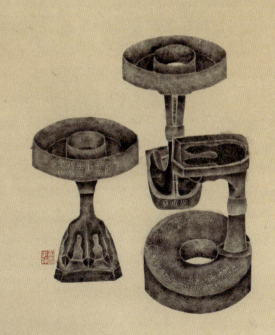

漢建昭鴈足鐙全形拓本

是器尚藏王簡泉司馬閾歸初湖火
觀篆今玄譚志珊茂才家游載
阮氏積古齋鐘鼎款識丁未春日
湘貨心齋攜以過余國偕奉全形
幷拓款識數十多 今至是東以為
定邱賢主金石眉壽 奕志幷拓

图四 汉建昭雁足镫全形拓片，奕志摹拓，中国国家图书馆藏（裱轴 1136）

名家所作响拓作品，自古以来都具有极高的艺术价值，如《兰亭序》，响拓本之外，同时还有虞世南、褚遂良的临写本，虞本失于瘦，褚本失于肥，唯冯承素等摹拓本最富神韵，其"字法秀逸，墨彩艳发，奇丽超绝，动心骇目……下真迹一等"[1]。

响拓在传统的书画复制上是最为逼近原物的工艺手段，非临写所能比拟，冯承素等人书名虽不及虞、褚，而摹本远过之。世人艳称北宋米芾临写晋人书帖足以乱真[2]，然观之米芾自述，则亦有所不能[3]。

姚华颖拓，其作品形式与金石传拓作品十分相似，但是因为脱离原件，且全部使用画笔勾描涂抹，故应当属于绘画艺术。郭沫若1957年跋姚华颖拓《泰山刻石》二十九字有"毡拓贵其真，颖拓贵其假"之语，更谓"规摹草木虫鱼者，人谓之画；规摹金石刻划者，能可不谓之画乎？茫父颖拓实古今来别开生面之奇画也"[4]，明确表明未将其视为拓片，亦未将其视为响拓。

脱离了石刻、器物等文物原件所做的作品，尽管表现形式上显现出与拓片相同的观感，但都只能以绘画论之，而不能称之为"拓"。姚华之画拓、李月溪之拓画，均属于这种情况。近年来，更出现了以"颖拓"法绘制青铜器全形拓的作品，一如姚华所做之各种陶器图形颖拓作品，虽别有韵致，但若直以"全形拓"呼之，则大谬不然。

始自清中期的青铜器全形拓，是一种介乎于传拓与绘画之间的艺术形式。陈介祺的分纸剪贴本全形拓，因为其铭文、纹饰，甚至锈斑，基本都从原器上拓出，所以尚可勉强称之为"拓"；民国以后的整纸全形拓，则因同时使用"拓"与"画"两种技法于一体，既是"拓画"，又是"画拓"，它有自己独特的韵味，但也已经不再是严格意义的拓片作品[5]。陈介祺所论"整纸拓者，似巧而俗，不入大雅之赏"，说的正是这个意思。至于最早出现的"绘图刻版，器外施拓"的

---

1. 故宫博物院藏《神龙本兰亭序》郭天锡跋，见故宫博物院编：《兰亭图典》，紫禁城出版社，2011年。
2. 马叙伦跋姚华颖拓《泰山刻石》二十九字："米元章善响搨，见所自记。元章之摹晋唐名迹，几以乱真，今世所传晋唐名迹，往往出自此老，使人不辨。"邓见宽：《茫父颖拓》，19页，贵州人民出版社，2008年。
3. 米芾《元日帖》自书："元日明窗焚香，西北向吾友，其永怀可知。展文皇、大令阅，不及他书。临写碑本不成，信真者前，气焰慑人也。"现藏日本大阪市立美术馆。
4. 邓见宽：《茫父颖拓》，102页，贵州人民出版社，2008年。
5. 容庚《武英殿彝器图录》序："彝器全形之摹拓……其与画异者，彼以笔而此以拓包也。拓出之形，以花纹展开，且拓时有所去取，故与目击者恒异状，而方形之器，其侧面花纹，易方为斜，尤难吻合。故以此为艺术之一端则可，以此求原器之酷似则不可。"容庚学术著作全集之《〈宝蕴楼彝器图录〉〈武英殿彝器图录〉》，248—249页，中华书局，2012年。

"全形拓"作品，所拓为平面木（石）版刻图画，与画面表现之器物完全没有接触，技法同于拓碑。

青铜器全形拓在晚清民国百余年间，骤起骤落，绚烂一时，遽归沉寂，有如昙花一现，个中原因，主要是需求减少造成的。旧时收藏，多为私家，全形拓艺术的出现为金石收藏、赏玩增添了全新的艺术形式，故收藏者多加追捧，不仅重金聘工拓制，且收藏者本人直接亲手制作全形拓者，亦不为少数。至如博物馆所拓，如故宫博物院古物馆曾专门设置"传拓室"[1]，传拓青铜器铭文、器形（图五），除

图五 史卣全形拓片，钤有"故宫博物院古物馆传拓金石文字之记"印，民国拓，故宫博物院藏（档案资料）

1.《北平故宫博物院古物馆概览》：一沿革，"十四年（1925）双十节，正式成立故宫博物院。内设古物、图书两馆。……十五年（1926）春，……乃于是年五月，修理西三所为办公处，首先成立事务、流传等课，传拓古代铜器，以供海内外学者研究。"六物品之传拓及照像，"本馆成立之始，首先设立流传课，制定传拓各种古代铜器细则，及钤拓古印规则等。……凡各种彝器之文字器形，曾经审查考定，有流传价值者，均付传拓，以资研究流传。"《北平故宫博物院古物馆概览》，故宫博物院，1932 年。另据庄严回忆录《前生造定故宫缘》，当时古物馆副馆长马衡亲自主理传拓之事，"就隆宗门南屋，也即是原来小军机办事地方，先行开始传拓铜器及钤打古印工作"，"专事拓字之人，为薛锡钧老先生。薛老是河北省冀州人，年青时曾在琉璃厂学习古书版本之学，后乃改业传拓碑版金石文字。他来到故宫之际，年已七十开外，须发苍白，精神奕奕。他本是在北京大学研究所国学门工作（故宫成立之初，所有专门或技术人才，都由北大调借），所有北大所藏甲骨金石古物，都由此老一手包拓。"庄严：《前生造定故宫缘》，87－88 页，紫禁城出版社，2006 年。

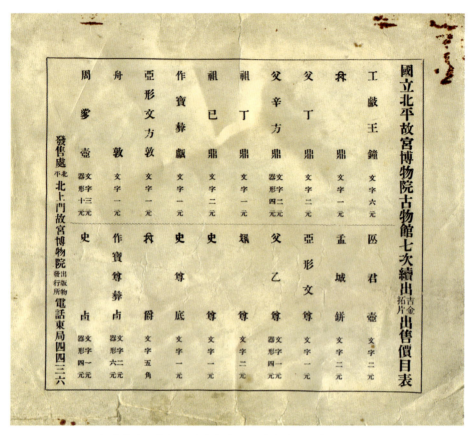

图六 国立北平故宫博物院古物馆七次续出吉金拓片出售价目表

了文物研究采集资料之外，售卖拓片以补博物馆经费不足也是其中重要原因之一[1]。（图六）1949年以后，私家收藏经由各种渠道渐次归于公有，各博物馆也因有国家财政的支持，无需再行售卖金石拓片之下策，而日益加强的文物安全保护意识，使得珍贵文物的传拓受到非常严格的限制，加之摄影技术在文物资料保存方面的广泛应用，即传统金石传拓的空间也受到了尽可能的压缩，更遑论只胜在艺术韵味的全形拓了。

---

1. 冯贺军：《卖拓片以为生计》，《紫禁城》2009 年第 9 期。

五、结　语

　　"拓"的基本原则，是必须保证与文物原件的紧密贴合，离开文物原件即不能成其为"拓"，只能称之为"摹"或者"临"。

　　正如弈棋的道理一样，无论过程如何纷繁复杂、构思巧妙，都不能脱离开棋盘的限制。"拓"也是这样，必须严格遵循紧贴原物的基本工艺法则，超越了这个界限，就不再是"拓"。因此说传拓、响拓尽管在观感上大不相同，但却都是严格意义上的"拓"；全形拓虽貌似拓片，实则是从传拓发展出来的融传拓与绘画技法于一炉的新的拓、画艺术，于"拓"字已然相去甚远。至于"对本临成，或竟背临"的颖拓，虽亦名之曰"拓"，且作品具有一般金石拓片的外在观感，在本质上却完全没有"拓"的内容，因此，所谓的"颖拓"只能归入绘画创作一类。

取象与存古

——晚清全形拓的两种审美视角

本文曾发表于《故宫博物院院刊》
2017 年第 5 期，收入本书时有修订。

传拓技艺延续至清代，约在乾隆嘉庆时期出现了青铜器的全形拓片形式。今天流传下来的古器物全形拓片，呈现出书画艺术家制作的博古清供和金石收藏家制作的古器存真两种不同的艺术风格，极大地影响着全形拓的传承与发展。

书画艺术家制作全形拓源自达受。作为全形拓初期的代表人物，净慈寺僧达受制作古器物全形拓之余，或点缀绘画，或长文题跋，皆成画卷，创造了丰富多样的全形拓艺术形式。受其影响，以虚谷为代表的书画艺术家绘制博古清供图，其古器物形象，亦部分使用全形拓形式。这类全形拓是将古器物形象作为博古清供图的元素之一，甚至可以说只是花卉果蔬的陪衬或背景而出现的，因此这些图画中的全形拓多略显率性，且大多不是在古器物原件上拓制。

金石收藏家制作的古器物全形拓，以陈介祺簠斋原器分纸传拓法最具代表性，皆据古器物原件实测绘图，且力求尽可能地在古器物原件上传拓。拓片或附题跋钤印，或仅独拓成卷，一如碑帖收藏传统，不稍逾矩。与簠斋拓法相同而年代更早的是陈菽园，陈菽园名不显，见诸著录作品仅一件，稍早于达受。

博古清供中的全形拓不求图像准确，亦不尽求拓自器物原件，只作为画面点缀而存在，目的在于"取象"；金石收藏家制作的古器物全形拓，以留传真实图像为己任，力求原器传拓，目的在于"存古"。"取象"与"存古"两种审美视角在晚清古器物全形拓的制作实践中，各自直线发展，泾渭分明，形成了一种极为有趣的文化现象。

一、肇　始

现存传世早期全形拓数量众多拓片的制作者是浙江净慈寺僧人达受。达受是一位多才多艺的艺术家，曾被阮元赞许为"九能"[1]。

达受《宝素室金石书画编年录》自序道：

> 余南屏一老头陀耳……回忆初习梵课之暇，即与青雨弟同为韵语，兼游心于说文、汗简，攻篆刻之技。本师松溪老人以为非毗尼之戒律，禁勿为。迨受具足之后，始涉临池，以书谱、禊帖为宗，稍摹绘事，守青藤白阳为法，兴来墨渖狂飞，颇怡然自得。同好中每有以金石碑版为润者，故余之

---

1. 阮元赠达受诗道："道是南中金石僧，南屏应见五元灯。我云不但能金石，除却传灯又九能。"[清]达受：《宝素室金石书画编年录》，《丛书集成续编》第84册，203页，上海书店出版社，1994年。

嗜金石，亦于书画而始也。壮岁行脚所至，穷山邃谷之中，遇有摩崖，必躬自拓之，或于鉴赏之家，得见钟鼎彝器，亦必拓其全形，庶几古人之制度可考，而究无关于实证也。客有诮余曰："子不能使金刚坚固，而仅废力于淡墨薮中，复不能令顽石点头，而徒从事于故楮堆里，于禅家之心宗，无乃相左乎？"余亦笑而勿答。然余所藏之书画，所拓之金石，知交中设有见赏，随即散去，今存于磨砖作镜轩者，已十不剩一矣。[1]

从这段叙述中可以看出，达受的内心修为颇高，能不受禅缚，又不为物累。但似乎也正是因此，而使得他的技艺难以精纯。就目前刊出所见达受传拓作品而言，其碑拓墨色及全形拓器形构图皆属寻常，即当与此有关。

近年浙江省博物馆同仁致力于达受研究，除作专题展览、出版图录而外，也发表了一系列论文。从这些刊出图版中，不难看出达受的全形拓作品基本采用整纸拓法，既有拓自原器（如无更鼎、穌钟），也有拓自木刻（如雁足镫）甚至是用毛笔勾描而成的。[2]达受书画皆能，各有法度，在全形拓的制作中，虽易绘为拓，为前人所未有，但亦非凭空杜撰。从艺术渊源分析，达受的《六舟礼佛图》《剔灯图》，应该是受到《黄易访碑图》的启发；《古砖花供图》《芸窗清供图》沿袭了宋代、明代博古清供图的构图；《百岁图》则受到传统绘画"八破"的影响；至于将古器物多器组合传拓的做法，也能在博古图中找到它的踪迹。

与达受同时代的陈菽园，采用的是于古器物上分纸传拓，然后再拼合装裱成图的方法。《吉金留影——青铜器全形摹拓捃存》一书中著录的《张廷济藏周爵全形拓并题》，拓本旁题跋为张廷济清道光十年（1830）所作：

> 甫获是爵，陈菽园剪纸分拓拈合成图，装为清供。阅数年，胡裕昆摹其图登之石。去年仲冬，吴厚生携石本索书其侧。今年夏，吴以镌东里润色帖又来余斋县之摹古金石刻之室，张受之辛有为余以整楮精拓，不事连缀，天然图画，修短纵横，不爽分寸，远出陈分拓本……[3]

据达受自述，其最早的全形拓为清道光十年（1830）"拓周无专鼎全形"[4]，而张廷济题跋中记录的陈菽园所拓周爵，则早于此数年[5]。陈菽园之名不见于文

1.[清]达受：《宝素室金石书画编年录》，《丛书集成续编》第84册，181页，上海书店出版社，1994年。

2.参见王屹峰：《古砖花供：全形拓艺术及其与六舟之关联》，《中国国家博物馆刊》2015年第3期。

3.西泠印社编著：《吉金留影——青铜器全形摹拓捃存》，3页，上海书画出版社，2014年。

4.[清]达受：《宝素室金石书画编年录》，《丛书集成续编》第84册，194页，上海书店出版社，1994年。

5.陈菽园传拓作品目前仅见此一件，仍有待新的材料进一步佐证。

献，但是后来潍县陈介祺簠斋制作全形拓的技法与之有颇多相同之处，或有承继关系。陈介祺于清道光、咸丰年间曾聘刘喜海西宾陈畯驻府传拓，陈畯字粟园，海盐人，与张跋所述之陈葭园或有关联，抑或即同一人而张跋书写有误，尚不可知[1]。

二、取　象

清代的博古图绘画，亦称博古清供图，沿袭了宋、明的博古清供图式样，是以蔬果花卉、钟鼎彝器组合绘画，取其谐音，寓意吉祥。晚清博古图绘画以虚谷、赵之谦、任伯年、吴昌硕等为代表，又称"海派博古图"[2]。海派博古图中的古器物图像有相当一部分是以全形拓的拓片形式呈现的，并明显受到达受的影响，如《吉金留影——青铜器全形摹拓捃存》中著录的《王礼绘曹秋舫藏器博古花卉图四条屏》，即与达受《芸窗清供图》《设色花卉博古图》[3]等构图形式十分近似。同书著录的《吴昌硕博古花卉图》中的焦山寺鼎拓片，虽与达受所拓焦山寺鼎器腹小异，但构图视角却完全一致。

海派博古图中的古器物全形拓并不都是画家亲手制作的，如孔令伟《海派博古图初探》中就提到"博古图大多是画家与拓工收藏家相互合作的产物。虚谷的《钟鼎菊花图》中，器形部分就是丁保元手拓"[4]。另如《王礼绘曹秋舫藏器博古花卉图四条屏》器物拓片旁则钤有"锦鸿所拓"印，是为李锦鸿手拓。

海派博古图并不追求古器物的原件传拓，如《任伯年博古花卉图》中的全形拓一望而知拓自版刻，即令拓工精湛如李锦鸿手拓之曹载奎藏器，也非拓自器物[5]，至如吴昌硕《博古花卉图》和浙江省博物馆收藏的吴昌硕《鼎盛图》两件作品，其器物全形拓皆极粗率，拓、描并用，仅只略具型模而已。故知此类绘画中的器物全形拓，无论是画作者还是图画的购买者，都没有对器物必须拓自文物原

---

1. 目前尚未见有陈畯全形拓作品以图版形式著录。据《中国钱币学辞典》："陈畯……擅传拓古器，每钤'陈粟园手拓吉金图记'朱文印。"唐石父：《中国钱币学辞典》上册，363 页，北京出版社，2000 年。

2. 参见孔令伟：《海派博古图初探》，《海派绘画研究文集》，上海书画出版社，2001 年；南村：《"岁朝图"与近代中国画的嬗变》，《外语艺术教育研究》2007 年第 3 期；杨豳：《海派博古图及其收藏》，《艺术市场研究》，首都师范大学出版社，2010 年。

3. 浙江省博物馆编：《六舟——一位金石僧的艺术世界》，西泠印社出版社，2014 年。

4. 孔令伟：《海派博古图初探》，《海派绘画研究文集》，60 页，上海书画出版社，2001 年。

5.《王礼绘曹秋舫藏器博古花卉图四条屏》中的全形拓所显示的青铜器锈斑，稍有青铜器鉴定常识者即可明辨其假。

件或完全使用传拓技法拓制的要求。

在清代，博古花卉清供是一种十分流行的时令绘画题材，上至庙堂，下至市井，受众十分广泛。以全形拓入博古图，当是猎奇求新的产物，其主要欣赏点仍是绘画及其吉祥寓意，而非拓片。[1] 王屹峰在《古砖花供：全形拓艺术及其与六舟之关联》一文中对达受《芸窗清供》图中的全形拓造型不准、拓非原器、拓描并用等情况进行了分析，然后写道："对青铜器形制、纹饰的把握，需要为六舟做一点开脱，这便涉及《芸窗清供》的制作动机。簠的全形拓在此仅仅是作为社交应酬清供图的一部分意象，并未存在金石学的学术目的，故无需深究制作者的学术水平。"[2]

海派博古图在处理全形拓与绘画之间的关系时，不仅承继了达受将全形拓视作画卷构图元素的态度，而且将其从金石学者之间的雅玩推向市场，使之市井化，并进一步弱化了这种全形拓中"拓"的内容而强化了其"画"的内容，因此，如果试图从博古图画面上的全形拓中寻求古器物的本真面貌，则实为强求古人。

三、存 古

存古留真是金石学的传统。晚清金石收藏家以"存古"为目的制作古器物全形拓的代表人物为陈介祺。陈介祺毕生致力于"传古文字"[3]，是晚清最大的收藏家，也是最著名的金石学家。在古器物全形拓的探索中，陈介祺虽无法完全排斥刻版等器外施拓方式，但仍极力强调拓自原器，强调绘制线图的准确性，并提出分纸拓法更优的理念。

---

1. 蓝玉琦在《晚清以来的博古、花卉吉祥图绘》一文中写道："纸本传拓的古器物图形，原继承着古器物的图谱与图解功能，后成为承载着历史、保存和研究文化遗物的重要载体，器物与铭文必为一体；但考查博古图中青铜器形与铭文间的相互关系，发现有着该器与铭文不相合的状况，此张冠李戴的情况，或许也说明了博古图不再如实地传播金石讯息，墨拓偏离了考据文字历史的初衷，已转为整体画面布局的元素。"蓝玉琦：《晚清以来的博古、花卉吉祥图绘》，《典藏·古美术》第 257 期，2014 年 2 月。
2. 王屹峰：《古砖花供：全形拓艺术及其与六舟之关联》，《中国国家博物馆馆刊》2015 年第 3 期。
3. 陈介祺致潘祖荫书札道："拓与刻之功与藏器并大""传古首在别伪，次即贵精拓精摹精刻以存其真""精拓传世方是己物，不然何以信今传后"；致吴云书札道："有图有拓无器何害，图拓之刻不似，何以流传嘉慧后之学者，是以考释可待而摹刻不可不精严也""窃谓古器出世，即有终毁之期，不可不早传其文字，我辈爱文字之心，必须胜爱器之念，方不致丧志而与珠玉等"。[清]陈介祺著，陈继揆整理：《秦前文字之语》，4 页、37 页、60 页、217 页、262 页，齐鲁书社，1991 年。

清道光二十六年（1846）陈介祺曾与达受面晤[1]，但受到的影响并不大，陈介祺更欣赏的是陈克明（南叔）、陈畯（粟园）叔侄的方法。陈介祺清同治十二年（1873）十月十三日致吴云书札写道：

> 图乃六舟作法，不及陈南叔竹林作图以尺寸为主，须以细铜丝或细竹筋密排于版中，使扛抵于器之中，则大小可得其真，曲折悉合，然后侧之以见器之阴阳向背之情，然后橐者就古器宽平者拓文，就器而撕合之，则不失矣。阴阳向背，图、器同审自合（合则刻木，拓之亦佳）。[2]

陈介祺的传拓实践深受陈畯影响，在《簠斋传古别录》中，关于全形拓法的记录与前引书札略同：

> 拓图以记尺寸为主，上中下高低尺寸既定，其曲处以横丝夹木版，中如线表式，抵器即可得真。再向前一倾见口，即得器之阴阳，以纸褙挖出，后有花文、耳、足者，拓出补缀，多者去之使合。素处以古器平者拓之，不可在砖、木上拓。不可连者，纸隔拓之。整纸拓者，似巧而俗，不入大雅之赏也。……拓钟须先以纸挖孔，套于钲乳上，孔大则黏纸使小，仅可下纸为是。以此纸样铺于棉连纸上，以水笔撕之，每孔自外去大半，而连其内。须于纸样记明某钟，存之。拓钟留孔不拓钲为大雅，斜贴作钲甚俗。拓甬须审其宽狭（追后拓，先撕一条长方孔落纸）。钟之上面无拓者，拓之则钟之尺寸甚明。[3]

从存世陈介祺簠斋传出的全形拓来看，或单独装裱成图轴，或组合装裱成卷册，皆如碑帖、金文式样，多仅钤印数枚，自作题跋者颇少。

吴大澂藏器全形拓多出自陈佩纲、尹彭[4]之手，技法源自簠斋，如《吉金留影——青铜器全形摹拓捃存》中著录的全形拓卷即尹彭所拓，吴大澂于拓侧作考证题跋，亦是金石家成例。但其拓多器组合装裱，则未脱达受橐臼。

清代末年，黄士陵父子出入盛昱、王懿荣、吴大澂、端方幕府，二人所作全形拓作品，花纹、铭文拓自原器，器形取法西画素描，尤重墨色光线变化，令人

---

1. [清]达受：《宝素室金石书画编年录》，《丛书集成续编》第84册，209页，上海书店出版社，1994年。
2. [清]陈介祺著，陈继揆整理：《秦前文字之语》，247－248页，齐鲁书社，1991年。
3. [清]陈介祺：《簠斋传古别录》，清光绪五年（1879）冬福山王氏校刊本。
4. 白谦慎《吴大澂和他的拓工》中认为尹彭应为"尹元鼐"，而方若《校碑随笔》中著录"车骑将军时珍墓志"道："石光绪辛巳秋诸城西古娄乡出土、首有诸城尹彭寿为其子彭得石题识一行。志之第二行下空二格地位、即凿尹彭得来印一、初出土拓本无此。"见白谦慎：《吴大澂和他的拓工》，59页，海豚出版社，2013年；[清]方若原著，王壮弘增补：《增补校碑随笔》，421页，上海书画出版社，1981年。

耳目一新。[1]

以"存古"为目的的全形拓制作，大多铭文、花纹拓自原器，是真实的古器物面貌。即令如簠斋的一些刻版全形拓，由于器形的绘图出自原器实测，因此也较博古清供图中的全形拓更为准确。"存古"全形拓的另一个特点，则是或仅钤印，或旁书考证题跋，未见另补花卉者。

四、析 论

传拓工艺的平面性决定了它在表现古器物三维图像时所面临的两难处境：即如果拓片符合了透视要求，所反映出的器物纹饰、锈迹一定是变形的；如果器物的纹饰、锈迹完全不变形，则一定不能符合透视要求。因此所谓的全形拓，只能是一种画、拓相结合的新艺术形式。

张廷济清道光十年（1830）的周爵题跋道出了当时制作全形拓采取的两种方法，即："陈菽园剪纸分拓拈合成图"和"胡裕昆摹其图登之石"。

达受的全形拓或书长跋，或补花卉，或作连环长卷，或多器组合装裱，基本上涵盖了今天所能见到的全形拓的一切表现形式，可谓集大成者。达受的全形拓制作过程基本采取绘图刻版或自制模具套拓的整纸拓法，与"摹其图登之石"相同或相近，这种较强的创作意味反而使得他的拓片在存古留真方面成为不足。

以全形拓为构图元素的海派博古图模仿了达受《芸窗清供》一类作品，同时又由于海派画家的作品是作为时令吉祥绘画商品出售的，其受众大多为文化层次较低的殷实市井人家，而非如达受所出入的那种或显贵或豪富的文化群体，因此，海派博古图中的全形拓较达受所拓更加率意，与古器物原貌相去甚远。

陈介祺等金石收藏家聘工制作全形拓，于青铜重器多采用"剪纸分拓拈合成图"，力求在古器物原件上进行，目的是为了保存流传古器物之真面貌，而拓片流传也只在极具专业性的金石学者之间为了探讨学问而进行。因此，这类作品在金石学意义上具有较高的可信度。

关于全形拓是否必须拓自古器物原件，桑椹在《六舟与早期全形拓》一文中写道："与今人在此问题上纠结的心态有所不同，清人似并不太在意器形是否从

1.参见西泠印社编著：《吉金留影——青铜器全形摹拓捃存》，164 页、166 页、168 页、186 页，上海书画出版社，2014 年。

原器上传拓，甚至对于翻刻拓本，也未见得十分排斥。"[1]这种理解在某种程度上是正确的，因为在现代照相影印技术出现之前，勾摹刻版流布古人书帖，原本就是一种传统，双勾刻版著录古器物图形也是自《宣和博古图录》以迄《西清古鉴》的不二选择。

但是，在王屹峰、桑椹的文章中，也都或多或少地征引了许瀚《攀古小庐杂著·六舟手拓彝器全图》中的一段话：

> 陆友仁《研北杂志》云："京师人家有《绍兴稽古录》二十册，盖当时所藏三代古器，各图其物，以五采饰之。又摸其款识而考订之，如《博古图》而加详。"余每□其文辄神往，恨不与同时，手披而目览之也。丙午（1846）之夏，六舟上人过浦，示余手拓彝器全形、款识种种，精巧出人意表，如人意中，皆就原器拓出，不爽豪发，觉采色摸饰之图，又不足系余怀矣。[2]

"不爽分毫""不爽分寸""不爽累黍""不爽黍厘"一类词汇屡见于晚清赞叹各类全形拓作品的题跋或著作，说明至少在当时的金石学者圈中，要求全形拓尽量真实反映古器物的原貌，确是一种主流观点。但是，这也仅仅是一种期望而已。从达受现存作品来看，许瀚所作的"不爽豪发"之论只是一种夸张的溢美之词，与实际情况并不相符。

晚清所有各类全形拓在器形构图上都没有超出同时代的绘画水平，因为全形拓在本质上更多的是考量制作者绘画的功力，而非传拓的功力。受中国画法局限，描制器物准确线图一直是晚清全形拓的短板，这种情况直到清季西法素描逐渐普及后才有较大改观。

五、结　语

晚清金石学鼎盛，全形拓是在此基础之上融合绘画与传拓技法对映像古器物三维形象进行的探索。

在书画艺术家的实践中，全形拓是绘画的构成元素之一，故止于取象具意，不斤斤计较是否拓自原器。身为方外艺术家的达受，以古器物全形拓入书画，交游酬酢于当时最顶级的文化圈，亲贵如奕志、达官如阮元、豪富如程洪溥、学

1.桑椹：《六舟与早期全形拓》，《中国书法》2015年第5期。
2.[清]许瀚：《攀古小庐杂著》卷十二，日照许氏，清刻本。

者如戴熙、书法家如何绍基等等，立名传世，可谓出新出奇之举。海派博古图沿袭了达受开辟的艺术道路，但由于受自身环境限制，尤与金石收藏家之拓背道而驰。

金石收藏家以其坐拥古器，自聘拓工，致力于存古传古，故务求原器传拓，以留真本。陈介祺一脉制作全形拓，墨色亦如碑帖，不甚讲求浓淡过渡，而浑穆醇古，金石味浓厚，代表了当时的审美正宗。黄士陵以西法制作全形拓，重光线变化技巧，而令人反觉气象不足，亦是有得有失。[1]

晚清古器物全形拓，归根到底，只是时人对以追慕先远、发思古幽情的一个亦幻亦真的物象。全形拓在制作中或规模轮廓，或具体而微，全在制作者手法高低的不同，欣赏者文化品味的不同，以及被拓物是否真迹的不同。这几种不同的因素，从一开始就已经决定了拓片最终呈现的视觉效果。

1.这仅是依据传统金石学审美立场而言。邹一桂说："西洋人善勾股法，故其绘画于阴阳远近，不差锱黍，所画人物、屋树，皆有日影。其所用颜色与笔，与中华绝异。布景由阔而狭，以三角量之。画宫室于墙壁，令人几欲走进。学者能参用一二，亦甚醒目。但笔法全无，虽工亦匠，故不入画品。"依据的也仅是中国画的审美立场。[清]邹一桂：《小山画谱》卷下，《美术丛书》初集第九辑，137-138页，神州国光社，1936年。

「名家传拓」与「传拓名家」

本文曾发表于《故宫学刊》第五辑，紫禁城出版社，2009年，原标题为《晚清民国间的"名家传拓"与"传拓名家"》，收入本书时有修订。

北宋以降，金石学家著录历代铭刻拓片，考订史籍，著述良多，然而对于制作拓片的工匠以及传拓技艺本身却惜墨如金。清人叶昌炽《语石》中称："书估如宋睦亲坊陈氏、金平水刘氏皆千古矣。即石工安民，亦与党人碑不朽。惟碑估传者绝少。"

我在对晚清民国间金石学家题跋语录中记录的传拓者进行搜索、整理、排序的过程中，将这一时期有名可查、可考的传拓者依据其身份区别为两类：一类是在学术、文化领域广有建树的以金石学家为代表的文人士大夫（包括官员、书画家、篆刻家、文人、学者）等"名家"；一类是以售卖、制作拓片为职业的碑估匠人。[1] 在这一百余年间，从事金石研究的学者与从事传拓技术制作匠人中的优秀者往往互为师友，相互学习、相互交融、相互影响。

一、"名家传拓"与"传拓名家"的界定

"名家传拓"是指以金石学家为代表的文人士大夫从事的旨在增广收藏的拓片制作；"传拓名家"则是指以制作售卖拓片为职业的碑估、拓工之著名者。

所谓"名家传拓"之"名家"，均是曾经亲手制作拓片，而非仅有访碑记录的人物。拓片制作者在作品后钤盖"某某手拓"印鉴，或题写"某某手拓"署款是最直接的证据。如达受之"六舟手拓之印"印鉴、丁文蔚之"文蔚手拓金石"印鉴、阮恩高之"恩高所搨金石"印鉴、溥心畬之"心畬手拓金石"印鉴，俞陛云署款"陛云手拓"等，均足征信。（图一）

"手拓"，意为亲手所拓。不过，对于一些后代人在金石著作中谈及前代事，所作"某某碑为某某手拓"之语，则应审慎对待。如许多著名的金石学著作谈及清拓嵩山诸碑拓片时，往往会直陈为"黄易手拓""黄小松精拓本"等，然细读黄易《嵩洛访碑日记》及稍后的《岱岩访古日记》，其中均无一语述及自己"手拓"之事，所记唯有"命工拓"，说明黄易嵩洛之行，并没有亲自尝试制作拓片。

---

1. 民国时期陆和九著《中国金石学》，其书末附录中列了一个长达数百人的金石学家名单，并列举了魏韵林、李锦鸿、张青玙、莫远湖、陈佩纲、王石经、黄士林、聂明山、刘守业、李月溪、李云从、李寿山、李景春等"传拓金石者"十三人。其中王石经、陈佩纲为"游幕学人"，李云从、聂明山为"碑估"。"游幕学人"在礼仪上与幕主地位相同，而"碑估"则是商人，位于四民之末，虽同操一艺，而身份殊别。如吴大澂致陈介祺书札中称陈佩纲为"子振兄"，而缪荃孙致顾燮光书札中则称李云从、聂明山为"荃孙所蓄之工人"，即可见其差别。陆和九为晚清民国著名金石学家、收藏家，学术淹贯，其所列举的传拓金石者自当在尔时最负盛名，然而今天却竟难考其生平了。参见陆和九：《中国金石学》正编，140页，中国大学，1933年。

图一 陈介祺手拓印鉴：陈寿卿手拓吉金文字（新130433）、酉生手拓（新129920）、寿卿借拓（新130432），故宫博物院藏

文人士大夫访碑由来已久，但是其所得拓片多为仆从、佣工所制，虽也能或多或少地反映出访碑者对于拓片制作工艺的要求，却不能算是其本人的传拓技艺与传拓实践。

所谓"传拓名家"，则是指以传拓为职业，且传拓技艺精湛，其拓片作品广为金石学家所宝重者。

晚清民国，名拓工辈出，并纷纷仿效金石学家钤盖"手拓"印鉴之风，于自己制作的拓片上题识、钤印，以示郑重。职业传拓者所钤盖"手拓"印鉴或题署款识的拓片，大体皆是制作者认为反映了自己工艺水平的作品，不仅"物勒工名"，且有自高之意，因而绝少有在他人作品上钤盖本人"手拓"印鉴的情况。

二、"名家传拓"

文人士大夫搜访传拓古刻文字者，北宋以来代有其人，如宋之刘跂，元之都穆，明之王肯堂、郭天中、郑簠，清初之张弨，等等。[1]至清乾隆以后，碑版学兴，搜访传拓著录者日众，并形成了以阮元、毕沅、刘喜海、吴式芬、陈介祺等为中心的金石收藏、研究群体。晚清民国时期，文人士大夫在空前大量的搜访、收藏以及直接参与的拓片制作过程中，由于其自身的文化素养和对于古代铭刻文字文献、书法艺术的深刻理解，以及由此产生的对拓片质量的特殊要求，对传拓工艺

1.西汉司马迁著《史记》，北魏郦道元注《水经》，亦多搜访、征引石刻史料，以其抄录，不计此内。

的整体发展起到了巨大的推动作用。

（一）人员身份

晚清文人士大夫中，亲手从事各类文物拓片制作，直接在拓片上钤有"某某手拓"印鉴或书有"某某手拓"署款，或于金石著述、诗文中记述传拓经历者，自宗室王公、封疆大吏，以至中央地方各级官员、游幕学人、书画篆刻艺术家，遍布各个阶层，计百余人。[1]

1.各级官吏

在封建体制下，读书、制艺，不过是进入仕途、寻求富贵的途径，与学问无涉。陈介祺道："举业不过敲门砖，何足短长"，"朱子亦习举业，但不以此夺其进德之学耳"。[2] 这是乾嘉之际以迄晚清金石学者中的主流思想，这些学者一生的为学之路，大体都是沿着读书 — 科举 — 做官（或家资饶富）— 搜访、收藏、传拓（雇工搜访传拓、亲自搜访传拓）— 著书立说来进行的。其中高官和出身名门望族的金石收藏家而亲手制作拓片者，有左副都御史李宗瀚、礼部尚书李宗昉、内阁学士吴式芬、巡抚吴大澂、按察使阮常生，以及嘉兴解元张廷济、潍县进士陈介祺等人，而尤以陈介祺最著，"终岁无不拓之日，且继以夜"[3]，并在实践中对传拓工艺要点进行了较为详细的文字记录与阐述，影响巨大。

其他官员以金石收藏研究著名，且从事传拓制作者，还有布政使孙星衍、国子监祭酒王懿荣、知县丁文蔚、知县方濬益、翰林院编修缪荃孙、度支部主事顾燮光等，其中以孙星衍学术最著，顾燮光搜访最勤，缪荃孙则兼而有之。

2.游幕学人

清代地方督抚多重金延聘经科举而尚未授官，或科举不售却饱有学识之布衣名士入幕，探讨学问，校注经史。而协助高级官吏（如阮元、毕沅、张之洞、端方）或金石收藏名家（如陈介祺）搜访传拓、增广收藏、著书立说，也成为这一时

1.这个数字是笔者根据中国国家图书馆、北京大学图书馆、台北"史语所"等出版、公布的拓片影像、拓片著录信息，以及其他一些金石、艺术著述中的记录所做的粗略统计，其所遗漏，当在多数。

2.此为陈介祺就清光绪元年（1875）九月十八日所见顺天府乡试榜无王懿荣名一事所引发的议论，分别载清光绪元年（1875）十月二十四日致潘祖荫书、清光绪元年（1875）九月十九日致王懿荣书。[清]陈介祺著，陈继揆整理：《秦前文字之语》，57页、117页，齐鲁书社，1991年。

3.清光绪元年（1875）十二月四日致潘祖荫书。[清]陈介祺著，陈继揆整理：《秦前文字之语》，59页，齐鲁书社，1991年。

期读书人科举入仕之外的另一条出路。[1]

其中较为著名者有大学士阮元幕客段松苓、姚之麟，广东巡抚祁贡幕客仪克中，广东巡抚吴大澂幕客陈佩纲、黄士陵、尹鼒，直隶总督端方幕客况周颐、黄石，收藏家陈介祺幕客何昆玉、王石经，收藏家吴云幕客张崶等。他们在协助幕主传拓整理藏品、著书立说的同时，也大大扩展了自己的金石见闻，并成就了各自在金石研究中的学术地位。

3. 艺术家

书画艺术家而最负传拓盛名者，当数南屏净慈寺僧人达受。

达受（1791－1858），字六舟，又字秋楫，自号万峰退叟，俗姓姚。浙江海宁人。书画家、篆刻家。著有《小绿天庵吟草》《山野纪事诗》《宝素室金石书画编年录》《两浙金石志补遗》《白马庙志》等。

达受平生笃好金石之学，通古文字，工书画、篆刻、刻竹，尤精传拓，为一时之冠。曾与沈听篁、许茂才续修《云林寺志》，"搜岩剔壑"，"凡四易寒暑而竣"；受阮元之聘将其所藏铜器全部传拓全形；为程洪溥拓其铜鼓斋青铜器近千种。[2] 达受《宝素室金石书画编年录》自序称："壮岁行脚所至，穷山邃谷之中，遇有摩崖，必躬自拓之；或于鉴赏之家，得见钟鼎彝器，亦必拓其全形。"[3] 吴中刻工李锦鸿师从达受金石传拓之技，后卓然成家。

著名书法家何绍基亦好此道，其题中兴碑诗有"归舟十次经浯溪，两番手拓中兴碑"[4]之语。其他如书画家汪鋆、王尚赟、溥心畬，书法家张伯英，篆刻家张辛、丁仁、叶铭，竹刻家方絜等，皆于书画篆刻艺术之外，以传拓古物为乐。

4. 文人、学者

文人学者中留有传拓作品者，有张廷济之子"小解元"张庆荣、边塞诗人施补华、经学大师俞樾之孙"探花郎"俞陛云，等等。

5. 女性传拓者

文人士大夫搜访收藏传拓之好尚，影响兼及眷属。女性而能传拓者，所见有翁方纲夫人韩氏、王懿荣夫人黄氏、王绪祖夫人孙婉如、吴隐夫人孙锦、姚贵昉女

---

1. 清代官员的任用制度是僚属皆由主官个人聘用，游幕学人经铨选授职成一方长官，或官员任满解组后转成他官僚属者，比比皆是。参见尚小明：《学人游幕与清代学术》，社会科学文献出版社，1999年。
2. 均见[清]达受：《山野纪事诗》，[清]达受：《小绿天庵遗诗》，海宁姚氏古朴山房，1920年。
3. [清]达受：《宝素室金石书画编年录》，《丛书集成续编》第84册，181页，上海书店出版社，1994年。
4. [清]何绍基著，曹旭校点：《东洲草堂诗集》，660页，上海古籍出版社，2006年。

姚湘云等。

另据《广印人传》孙锦条称其："工篆刻，尤精小印。善拓旁款，又能拓古彝器款识及全形，可与阳湖李墨香齐名。"[1] 可知晚清民国之际，阳湖李墨香之传拓亦颇著名，惜其生平不传。

（二）传拓对象

传拓工艺之应用对象，最初为石经，后为历代碑碣刻石、古器物铭文，清代则增之以铜镜、瓦当、砖文、画像石、古陶片等，完全是随着金石学家的收藏所取而不断扩展的。

文人士大夫亲手传拓，最初亦同于碑估一般跋山涉水，四处访碑，传拓古刻碑碣文字，虽历尽艰辛而乐在其中；乾嘉以后，藏器之风渐开，则收藏家往往于茶余饭后，传拓所宝，如书画篆刻创作一样，自娱自乐，陶冶性情。前者多为巨幅，后者多为小品，一般都会署有较为详细的题跋款识，并钤盖"某某手拓"印鉴。

1. 碑碣文字

碑碣刻石文字是拓片收藏最重要的部分，但因古碑多散处荒郊僻壤，搜访传拓尤为辛苦艰难，士大夫非好之笃者不能为之。

晚清民国搜访碑刻并亲手传拓，用力之勤几与碑估同者，有方履篯、孙星衍、袁世经、李宗瀚、王尚赓、缪荃孙、顾燮光等人。

2. 家藏器物

乾嘉以后，金石收藏蔚为风气，文人士大夫将自己收藏的青铜器、铜镜、瓦当、古砖、石刻等传拓其器形、纹饰、文字，相互交流、鉴赏，征求题咏，也成为一个十分普遍的现象。阮元的"阮氏家庙藏器"多至千器，除曾专门聘请达受为之传拓外，其嗣子阮常生、从孙阮恩高皆各有专门的"手拓"印鉴。此外则有张廷济、张庆荣父子，以及吴式芬、陈介祺、吴大澂等，都是这一时期的既富收藏又能亲手传拓者。

3. 传拓目的

文人士大夫为取得令自己满意的拓片而访碑、传拓，往往耗费巨资而在所不惜。其制作、收藏拓片的目的，大体在于增收藏、广见闻、传古文、详著录的一系

---

1. 叶铭：《广印人传》卷十五，5页，西泠印社，清宣统三年（1911）。

列学术活动，收藏、寓目拓片乃是当时这一切活动的基础。陆增祥《八琼室金石补正》凡例中写道："第就所获搨本，校其已录之文，补其未录诸刻，间于他处借录，亦必目验墨本，不敢据金石家书及友人录寄之文率录炫博。"[1] 反映了当时学人的金石收藏旨趣以及乾嘉朴学传统严谨治学之风。乾嘉以降，金石学家如孙星衍、吴式芬、陈介祺、王懿荣、缪荃孙、顾燮光、叶铭等人，率皆以勤于搜访传拓，著述甚丰，而出于前人。

此外还有一些传拓是作为风雅好尚的自娱娱人，专为艺术欣赏交流所做。如《北京大学图书馆藏历代金石拓本菁华》中著录的汪鋆手拓阮氏藏虢叔大林钟全形拓片，题跋署："周虢叔大林钟。阮氏藏器，拓赠均甫三兄大人清玩。砚山弟汪鋆题。"[2]

三、"传拓名家"

传拓碑刻文字在唐宋时期既被称为"拓碑"，也被称作"打碑"，而其制作者姓名多不传。在我目前所做的统计数据中，卒年在清乾隆六十年（1795）以前的职业传拓者仅记载三人，即唐代的朱吉、宋代的王辛，和清早期的褚峻。晚清民国的一百多年来，传拓从业者当以万计，然而在今天留下姓名的拓工也寥寥可数。以传拓为职业的碑估、拓工而稍有生平可考者，通计只有八十余人。

职业的传拓者一般都要经过三年艰苦的学徒生活[3]，之后其优秀者或成为独立经营传拓售卖新旧碑帖的碑估，或因技艺高超而成为大收藏家的长期馆客。

（一）碑估

碑估，就是卖（碑刻）拓片的人。碑估作为一种职业，较早的记录有李清照的《金石录后序》，文中记述赵明诚做太学生时买碑文拓片的情形："每朔望谒告出，质衣取半千钱，步入相国寺，市碑文、果实归，相对展玩咀嚼，自谓葛天氏之民也。"[4]

1.[清]陆增祥：《八琼室金石补正》凡例，《石刻史料新编》第一辑第六册，3952页，新文丰出版公司，1982年。

2.胡海帆、汤燕：《北京大学图书馆藏历代金石拓本菁华》，25页，文物出版社，1998年。

3.以传拓、售卖拓片为职业的碑估和传拓工匠在入行时大多家境贫寒，且很少受过良好的教育。参加过科举并取得秀才出身的职业碑估，唯晚清汉中张懋功、长安李月溪二人。另据叶昌炽《语石》，褚峻、聂剑光亦"文士"。

4.[北宋]李清照：《金石录后序》，全文明：《金石录校证》，560页，上海书画出版社，1985年。

清代碑估著名者有合阳褚峻、车永昭、冀州李云从、江阴方可中、江宁聂明山等。民国初年碑帖生意兴隆，以经营碑帖为主要项目的古董店铺多不胜数，其中著名者，北方有合阳行知省的辑古堂，北京张彦生的庆云堂，洛阳郭玉堂的墨景堂；南方有苏州黄凤仪开设的唐仁斋、汉贞阁，黄吉园、黄石涛开设的征古斋和征赏斋等。北方碑帖铺一般以传拓和经营古旧碑帖为主，南方苏州黄氏三兄弟则以镌刻石碑为主[1]。

晚清民国时期的许多碑估在长期经营过程中，亦有以其见闻广博成为碑帖版本鉴定家者。晚清李云从与潘祖荫、王懿荣、盛昱等金石学家交往密切，且负有精鉴之名。端方初涉金石学时，就是从结识李云从开始的。[2]据叶昌炽《语石》："碑估李云从，每拓一碑，必于纸背书在某村、某寺、或某家，距某县城若干里，可谓有心人也。"[3]民国时期郭玉堂、张彦生亦与王广庆、马衡、徐森玉等学者交厚，相互咨诹探讨，金石言欢。北京琉璃厂古光阁的周康元不仅精于传拓，且精篆刻，1921年与易大厂、丁佛言、卓君庸、宝熙、陈宝琛、柯昌泗、陶北溟、罗复堪、齐如山、梅兰芳、金城、姚华等四十一人结为"冰社"，共同研究金石文字。至于碑估而从事金石著录研究者，则有褚峻《金石经眼录》、郭玉堂《洛阳出土石刻时地记》、张彦生《善本碑帖录》等，皆为金石学之重要著作。

（二）馆客

欧阳修《集古录目序》道："物常聚于所好，而常得于有力之强。"[4]文人士大夫能够大量收藏古物者，多为富甲一方、强而有力之门。晚清如张廷济、吴式芬、刘喜海、陈介祺、吴大澂、端方，民国如徐世章、于右任、周季木、吴湖帆等，皆属于此。他们收藏、著录，往往需要延聘专门的拓工，为之制作拓片。而由于这些大收藏家既"好"而又"有力"，故所聘之拓工，亦多为当世之技艺高超者。

以传拓之艺而常住于收藏家府邸，为之传拓所藏的拓工，晚清如张子达、吕守业、徐凤岐、姚公符、谭朴、王幼泉（王石经子）、王松甫（王石经侄）、李贻功

1.民国初期北京琉璃厂镌刻石碑的店铺有龙云斋、韩茂斋、文楷斋和陈云亭镌碑处。最著名的艺人为李月庭、宋德裕、陈云亭三人。参见陈光铭：《浅论"三希堂法帖"镌刻艺术及其对京城碑刻艺术的影响》，《文津流觞》2012年第4期。另可参见池泽汇等：《北平市工商业概况》，北平社会局，1932年。

2.张祖翼：《清代野记》，198页，中华书局，2007年。

3.[清]叶昌炽撰，柯昌泗评，陈公柔、张明善点校：《〈语石〉〈语石异同评〉》，65页，中华书局，1994年。

4.[北宋]欧阳修：《集古录目序》，李之亮：《欧阳修集编年笺注》第三册，139页，巴蜀书社，2007年。

（李佐贤侄）、李泽庚（李贻功侄）等，久客陈介祺簠斋[1]；尹伯圜、陈佩纲则久客吴大澂愙斋[2]。

至民国时期，则有李寿山，曾传拓于右任之鸳鸯七志斋藏石；周康元，曾为罗振玉、陈宝琛、柯昌泗、冯恕、陆芝荣等传拓藏器数千件，与弟子傅大卣居徐世章家传拓古砚长达七年之久；黄怀觉，曾应刘体智之聘为之传拓彝器全形，亦曾与黄慰萱先后久客吴湖帆家传拓古器、装裱善本。另柯昌泗《语石异同评》中称周季木家所聘之拓工，皆来自黄、潍两县，惜姓名不传。[3]

（三）传拓名家

晚清民国时期，以传拓技艺高超而为金石学家所称道、著录的传拓名家大体有两种情况：一种是受金石收藏家雇佣搜访旷野荒碑者，如张懋功、李云从、方可中、黄士林、聂明山等人；一种是凭传拓技艺高超（尤其是传拓各类古器物）而成为金石收藏家延聘的"馆客"，相对长期在某一金石收藏家的家中，专门为其传拓藏品，如陈佩纲、周康元、黄怀觉等。

晚清时期留下名字的传拓者相对集中，除叶昌炽《语石》中记录的李云从、方可中、聂明山，吴大澂《石门访碑日记》中记录的张懋功等几位外，主要是曾为陈介祺延聘的"馆客"。民国时期的金石传拓者，为人所知的相对较多，在今天不仅可以从他们留下的拓片题跋、印鉴上获取信息，更可以从前辈们的追忆中想慕其风采，其中著名的有：长安李月溪、昆明彭寿祺、泰安李寿山、洛阳郭玉堂、山阴王秀仁、北京周康元、合阳马子云、无锡黄怀觉、无锡万育仁、三河傅大卣，等等。[4]

"传拓名家"的生活经历，颇多相似之处，都是幼时家境贫困，只略上过几年私塾，便离家当学徒，经过艰苦的学习之后，便开始完全凭技艺谋生，并在工

---

1. 陆明君：《簠斋研究》，77—78页，荣宝斋出版社，2004年。
2. 参见白谦慎：《吴大澂和他的拓工》，海豚出版社，2013年。
3. 柯昌泗《语石异同评》："季木所招致宾客为之拓金石者，多黄潍两县人，得簠斋之真传，是以周氏拓本，一望而知为齐鲁之法也。"[清]叶昌炽撰，柯昌泗评，陈公柔、张明善点校：《〈语石〉〈语石异同评〉》，553页，中华书局，1994年。周珏良《周季木先生传》："(周季木) 最注意应用陈簠斋的方法，藏石藏器的拓本都请名工如马君子云用浓墨乌金拓，精彩夺人。"周珏良：《周季木先生传》，《民国人物碑传集》，362页，团结出版社，1995年。二说有所不同，或各指前后不同时期事耳。
4. 本文所收录的传拓名家，虽然其中一些人直至20世纪后期才相继去世，但皆在民国时期即已成名，而广为金石学家称道。

图二 马子云先生传拓工作照，摄于1950年前后

作中不断学习，进而成长，最终卓然成家。[1] 施蛰存尝为黄怀觉写照："石师黄怀觉，年十三入吴门，从名师习金石刻，秉父之遗命也。弱冠而业成，勒字镌碑，独步江表，视邵建初、茅绍之无愧，模拓古器，传真肖形。尝久主吴湖帆家，凡窦斋旧藏暨倩庵新得诸古器，墨本多出怀觉手；世称精好，又李锦鸿、王西泉之亚也。出其绪余装治古书法帖，并见工雅，盖以其绝艺擅誉于墨林文苑者，数十年矣。其幼无忧生之欢，长得游艺之乐，勤业专志，以成其名者。"[2]

故宫博物院马子云先生（图二）在其《石刻见闻录》一书的序言中，对于早年的传拓经历则有更细致、更直接的回顾："予生于合阳僻乡，幼年一边在田间学习耕种，一边在私塾读书，仅有数年。后至成年[3]，即来北京学习碑帖事业。经

1. 由于传拓工作与文字、文化的密切关系，一些从学徒出身的传拓艺人，经过长期的艰苦学习与磨练，在拓片制作、拓片经营的过程中，见闻日广，或精于碑版鉴别，或游艺书法篆刻，建树不凡。同时，传拓者为金石收藏家传拓文物而至少多拓一份留藏是由来已久的传统（如王秀仁辑《听雨楼印谱》、傅大卣辑《傅大卣手拓印章集存》所录拓片均是如此得来），因此多年积累，而以收藏见长者，亦不乏其人。
2. 施蛰存：《北山谈艺录》，63页，文汇出版社，1999年。按，"忧生之欢"或为"忧生之叹"讹误。
3. 马子云先生生于1903年，1919年到北京庆云堂碑帖铺学徒时，只有16岁。

过三年苦学，得到一般碑帖知识与传拓碑帖之基本技法。以后对碑帖知识深造之时，看到了收藏家的一些较好拓本，同时得到许多指导，如此，向前进了一步。欲学传拓铜器之立体器形，即在各处求教，皆一一碰壁。无法，只好自己努力钻研，经过二年苦研，始能拓简单之器形。予仍继续努力自我钻研，终于拓成一比较合理之虢季子白盘立体器形。在传拓金石甲骨之同时，予对其各器，随时苦研，并看些金石书籍，又请教于金石家，因此，对金石器物，亦有些认识。此时，一边努力自学，一边给各收藏金石者传拓，既可糊口，又能向其请教，如此，对于金石器物之知识，又前进了一步。"[1]马子云先生只述及了自己成长的过程，而事实上，到了中年以后，马子云先生就已经成为国内金石学领域的著名专家了。其他如周康元、张彦生、傅大卣、万育仁等，也各以其金石著作、书法篆刻艺术及书画鉴别之慧眼而闻名当世。

四、"名家传拓"与"传拓名家"对传拓工艺发展的影响

一如晚明以降书画家多亲手刻治印章，传拓金石在晚清民国时期成为文人学者中又一种新的艺术创作雅趣。金石收藏家对于家藏古泉、镜鉴、瓦当、砖陶文字等的拓片制作，多可亲力亲为。

晚清金石学家通过亲身传拓实践，而对传拓工艺及审美取向所进行的自觉探索和理论阐述，在很大程度上引领了传拓工艺的发展趋向。此外，因为职业传拓者谋生的途径是向热衷收藏拓片的文人士大夫（金石学家、金石收藏家）售卖拓片，或是为其传拓藏品，所以在拓片的制作工艺上就会尽量迎合文人士大夫的欣赏品味，以求得拓片的更高售价。文人士大夫对于拓片工艺及艺术的审美取向，也因此而间接地体现在了职业拓工的拓片作品之中。这一时期，许多著名的传拓业者，与文人士大夫在金石研究与传拓技艺上相互或师或友，如李云从之于端方，张彦生、马子云之于马衡，郭玉堂之于马衡、徐森玉，黄怀觉之于吴湖帆等等，以致金石学家而成为传拓高手，传拓高手而成为金石学家者，历历可数，他们共同推动了这一时期金石传拓技艺水平的普遍提高。

晚清民国时期的传拓工艺呈现出三个特点。

1.马子云、施安昌：《碑帖鉴定》，3页，广西师范大学出版社，1993年。

（一）更加精善的铭刻拓片作品

晚清民国时期金石拓片收藏特点之一，即是大量的名家学者亲自访碑，乃至亲自传拓。

从黄易、孙星衍、达受、何绍基，以至吴大澂、缪荃孙、叶昌炽、顾燮光等，莫不以跋山涉水，实地搜访，亲临石刻，洗碑精拓为乐。其所求者，无非是令自己满意的拓片而已。"搜岩剔壑""裹粮襥被，萧然跋涉"等是他们访碑笔记中常常出现的词汇，虽逆旅劳顿，辛苦万端，却因可以得到精善满意的拓片而"甘之如饴"。这种近于现代田野考古的访碑活动，一方面反映出了金石学家治学态度的严谨，另一方面也反映出了他们对于粗工劣拓的无奈。[1]对于石刻拓片，研究历史的学者看中其文献，热衷艺术的学者珍视其书法，读文献者要求内容完整，慕书法者希望笔锋尽显，然而所有这些都是缺少文化修养乃至目不识丁的乡间工匠在拓片制作中往往容易忽略的地方。

因此，金石学家的访碑（传拓）活动，不仅对传拓制作提出了更为严格、明确的工艺要求，也相应地起到了某种示范作用。同时，因没有商业竞争的技术保护因素，金石学家在拓片制作中主动思考得来的经验，往往会及时而直接地传达给工匠，继而被工匠应用于传拓实践之中。顾燮光《梦碧簃石言》曾写道："《三老碑》椎凿而成，锋从中下，不似他碑双刀，故每作一画，石肤坼裂如松皮，非细审原石，不能定为某处字画、某处泐痕，佳手精拓，非用小墨团加扑数四，其凹陷之笔，亦都不显。方出土时，周君命工拓百余纸，但具形模，自余拓后，转语碑工张文蔚，渠如法为之，近拓乃朗晰胜前矣。"[2]

此外，如达受亲自"搜岩剔壑"制作的拓片作品、黄易嵩洛访碑时身临指授而留下的拓片作品，乃至潘祖荫等集重金雇佣李云从传拓高丽好大王碑、缪荃孙雇佣聂明山传拓长江上下游石刻、吴大澂雇佣张懋功传拓石门十三品等所得拓片，不仅均为传世之作，且皆有精好之誉。

---

1. 如黄易《嵩洛访碑日记》卷首即明言："嵩洛多古刻，每遣工揭致，未得善本。尝思亲历其间，剔石扪苔，尽力求之。嘉庆改元之秋，携揭工二人，自兰阳渡河，驱车径往，轮蹄小住，辄闭贞珉，得即捶椠，篝灯晨勘，不减与古贤晤对也。"卷尾则叙其访碑成果："计嵩洛揭碑四百余，得旧揭本四十余。以副本分赠铁桥、梅村、镜古诸君子。大快事也。"[清]黄易：《嵩洛访碑日记》，1页、10页，《〈国山碑考〉〈嵩洛访碑日记〉》，《丛书集成初编》，中华书局，1985年。
2. 顾燮光撰，王其祎校点：《梦碧簃石言》，13页，辽宁教育出版社，2001年。

（二）丰富多样的拓片艺术形式

北宋的金石研究主要是以纸本碑碣古器铭刻拓片为对象的，清代的金石研究则不仅收藏拓片，而且开始普遍收藏各类古代文物的实物遗存，大至碑碣刻石，小至封泥陶片，皆在收藏之列[1]。这一时期，举凡石刻、青铜礼器、兵器、符牌、铜镜、古泉、古玺印、古砖、瓦当、封泥、陶片、佛造像、善业泥、画像石、甲骨等，均成为收藏家尽力罗致的对象。同时，印章之薄意雕刻以及篆刻家所作之印章边款的拓片制作也成为一个新的门类。不断拓宽的收藏领域为拓片制作提供了更多的应用机会。

由于亲事传拓的诸多文人学者，皆是诗书画皆能的艺林名士，故每于拓片上题跋、作画、署款、遍钤闲章及各种"手拓"印鉴，将这类传拓制作逐渐从单纯的工艺复制升华为一种新的艺术创作形式。这种情况对专业传拓匠人的拓片制作颇具影响，专业拓工而在拓片上钤盖"某某手拓"印鉴者亦日益增多开来。

除了对各类铭刻文字、佛造像、画像石等进行传拓，起源于清乾隆嘉庆时期的青铜器全形拓（立体拓片）作品，也因许多长于绘画的名家从事传拓而大量涌现。继达受之后，金石收藏家擅长此道者颇不乏人。不过，在青铜器全形拓的发展进程中，最终仍以专业传拓者所作为最佳。[2]

将绘画技法应用于"拓片"制作的情况，"立体拓片"而外，还有陕西长安的李月溪融通绘画技法制作的昭陵六骏"拓片"，当时号称绝技，且秘不授人，虽以今天观之，其所作固较马子云先生指导下的昭陵六骏原石拓片神采远逊，但仍不失为一种十分有趣的尝试。

---

1. [清]叶昌炽《语石》卷十："六飞西幸，朝贵麕骈至秦者，征求拓本，迫于催科，赵君尽货其石。闻半归伦贝子，半归端午桥制府。午帅藏石，本为海内之冠，丰碑如晋郭休、魏蔡俊，皆以牛车辇至都门，数十人舁之，道路动色。其京邸几案廊庑皆古碑也。"[清]叶昌炽撰，柯昌泗评，陈公柔、张明善点校：《〈语石〉〈语石异同评〉》，563页，中华书局，1994年。周进《居贞草堂汉晋石影》自序："自来私家藏集古器物，以吉金为尚，至碑碣铭志，则但求墨本，为考古之资，鲜有搜积原石者。……近四十年，此风渐炽，始多专力于此者。若长安赵氏、潍县陈氏、黄县丁氏、浭阳端氏，皆藏弃极富，著闻于时。即潘文勤、王文敏、吴清卿、盛伯义诸家不以此名者，其于断碑残碣，佛座经幢，亦各有所聚。盖流风所播，俗尚已成，好古者几无一人无藏石矣。"周进：《居贞草堂汉晋石影》，秋浦周进，1929年。

2. 著名的立体拓片制作者，晚清有达受、李锦鸿、李泽庚、姚公符、王石经、陈佩纲等，民国以后则有周康元、王秀仁、马子云、黄怀觉、万育仁、傅大卣等人。其中尤以周康元、马子云所拓之作最为金石家称道。不过，尽管立体拓片制作耗时费力，但在民国年间，其售卖价格却仅仅是同一器物铭文拓片的数倍而已，与其工作耗时量值不成正比，这就说明前人收藏拓片，其着眼处从来都是以古文字为重点的。

（三）逐步形成的传拓工艺法则

晚清民国时期以金石学家为代表的文人士大夫在收藏、鉴定历代碑帖拓片时，常常会将自己对拓片优劣的看法写在题跋上，逐步形成了一套"精拓本"碑帖拓片的审美标准，关于传拓工艺流程及操作要点，也从完全的口手相传开始进入文字记录时代。

这一时期金石学家对于传拓工艺的关注，大体可简要归纳为以下内容：

1. 石刻文物的拓片制作

① 洗碑精拓

金石学家搜访古代碑刻，讲求拓片工艺精湛，以晚清为甚，亲至碑下，手自传拓者不胜枚举。历代石刻，曝诸旷野，尘封土埋，遍生苔藓，因此，"洗碑"就成为"精拓"的前提，是制作拓片前不可或缺的重要工序。

关于"洗碑"，王澍跋《褚河南同州圣教序》讲得十分明白："余得万历间旧本，模糊不可耐，及在京师，汪退谷以新拓一本遗余，毡蜡既佳，字尤清楚，胜旧拓十倍。问之，退谷云：曾至同州亲为洗刷，亭以覆之。乃知唐人碑碣，苟得好事者精意毡蜡，皆可十倍旧拓。"[1]

② 整纸全幅

前人于拓片制作之后，往往裁剪装裱成册，以便于收藏、观览、临写。然而，经过装裱成册的拓片即使不发生因裁剪装池颠倒错置的情况，也已经失去了整幅拓片的原有面貌，使人无由得窥刻石的形状、纹饰、磨泐状况等。因此，金石学家收藏石刻拓片，尤重整幅。

《欧斋石墨题跋》著录张宝璇跋元拓《唐俭碑》道：明赵子函《石墨镌华》云，此碑传者极少，万历戊午（1618）子函亲至昭陵遍访诸碑，于小阳村之北得此石，曾摹一纸，不著字数，惟云："碑虽残缺，后有'夫人河南元氏'，又有'皇唐开元二十年（732）'等字，或开元时始建碑耶？似不可晓。"以此推之，则当时所得之拓本，已无'重建'之文，而下半字迹模糊，无人致辨，故于建碑原委，不能得其确证。自乾隆四十八年（1783）青浦王兰泉司寇官关中，以整纸精拓，世间始睹全碑。[2]

---

1. [清]王澍著，钱人龙订：《竹云题跋》卷三，44 页，中华书局，1991 年。

2. 朱翼盦：《欧斋石墨题跋》，296 页，紫禁城出版社，2006 年。

③慎选纸墨

历代寻常职业匠人制作拓片时使用的材料常常不免粗率，王澍论拓片之优劣道："惟恨陕人以恶烟粗纸，率略拓卖，以为衣食资，则全泪本来耳。"[1] 因此，重视拓片质量的晚清金石收藏家对于传拓所用的纸、墨选择，皆十分讲究。

对于传拓石刻文字，一般都要选用质量上乘的"净皮棉连"或"单宣"，而墨则选用清乾隆以前甚至是晚明制造的旧墨[2]。其最为考究者，如王澍传拓所刻米芾"西园雅集记"，用"宣德镜光笺、小华山人龙柱墨"[3]，其纸墨成本，尤难于考量。

④妙在于肥

"肥"即阔（或曰宽），同一碑刻（阴刻）的多张拓片放在一起比较，文字线条宽者为"肥"，窄者为"瘦"。拓片字迹以"肥"为佳，因为"肥本"更真切地反映了石刻文字的原始状态。

张彦生著录《汉群臣上寿石刻》："见刘子重藏道光初之初拓本，淡墨，字丰满有神。王和群光绪间拓本墨浓，字清楚，字口拓瘦，不如淡墨精拓丰腴者佳。"[4]

2.各类器物的拓片制作

①不损器

古器物相较石碑更易损坏，因此传拓中的文物保护意识至关重要。"与其悔于事后，不如防于事前，我既爱之，则不可不保之。"[5] 陈介祺曾在清光绪元年（1875）正月十一日致潘祖荫书札中道："邰钟碎一，闻之心惊不已。碎者弃之耶，存之耶？弃则更可惜矣，存则寄我（簋同），当访工监视缀之。季保簋之长足，亦无二之品，真可惜矣。两遭其毒，似不可再假手馆童矣。张子达（衍聪）之拓法，却胜东省他人。但聋甚，又多疑，又能使气，又私拓，又不惜护（却未损），非有人监拓不可。"[6]

②字边真

字边真是指拓片中字迹的边廓清晰硬朗，无施墨不到之浅虚，亦无施墨过急之淹字。唯其如此，方能真实地再现古人文字之精神。陈介祺道："拓字必以字

1.[清]王澍著，钱人龙订:《竹云题跋》卷三，44页，中华书局，1991年。

2.20世纪80年代初，马子云先生传拓古器物所用材料仍是如此。

3.[清]王澍著，钱人龙订:《竹云题跋》卷二，29页，中华书局，1991年。

4.张彦生:《善本碑帖录》，5－6页，中华书局，1984年。

5.[清]陈介祺:《簠斋传古别录》，清光绪五年（1879）冬福山王氏校刊本。

6.清光绪元年（1875）正月十一日致潘祖荫书。[清]陈介祺著，陈继揆整理:《秦前文字之语》，47页，齐鲁书社，1991年。

边真而不瘦为主，瘦即进墨，不真何以看字？"[1]

③墨色浓

古器物铭文拓片墨色以浓黑为佳，取其黑白分明，易于观览勾摹识读。即所谓"淡墨蝉翼拓固雅，不及深墨之纸黯而犹可钩摹也"。[2]

④善剔字

对被泥土、锈迹所掩的古器物铭文进行"剔字"，形同于传拓石刻前的"洗碑"。但与石刻不同的是，古器物多腐朽易损，且文字古奥难辨，所以"剔字"之举，却非常人所能遽为。古器"剔字"，往往能够反映出传拓者工艺技巧之外的古文字功底，如清道光十六年（1836）达受剔刷竟宁雁足镫，将厉鹗、翁方纲等疑为漫漶残蚀的铭文，"轩豁纸上，纤毫毕见"，不仅广为金石学家称道，即达受本人也十分自矜，乃作剔镫图"征海内诗人歌咏之"。[3]

五、结　语

古往今来，金石学家搜访拓碑虽然算得上一种风流雅事，但是因为每个人的精力有限，金石学家所藏拓片，毕竟不可能尽出己手，因此，大批的拓片作品仍是由专业传拓工匠制作的。[4]

"名家传拓"的意义，并不在于他们制作拓片的数量多少，而在于他们从铭刻文献、金石文字，以及书法美术各个角度出发，对于拓片质量近乎苛刻的要

---

1. 清光绪元年（1875）三月十日致王懿荣书。[清]陈介祺著，陈继揆整理：《秦前文字之语》，104 页，齐鲁书社，1991 年。
2. [清]陈介祺：《簠斋传古别录》，清光绪五年（1879）冬福山王氏校刊本。
3. [清]达受：《宝素室金石书画编年录》，《丛书集成续编》第 84 册，201 页，上海书店出版社，1994 年；[清]张穆：《月斋文集》卷四，10 页，(民国)山西省文献委员会编：《山右丛书初编》第十一册，山西人民出版社，1986 年。
4. 许多金石学家在亲身访碑的过程中，往往会雇佣数个传拓工匠相伴而行。如黄易的嵩洛访碑之行、吴大澂的石门访碑之行，都是如此。遇有摩崖石刻，有时甚至会出现跟随的拓工也力有不逮的情况，如黄易《嵩洛访碑日记》就记录道："二十五日，视工人搨龙门诸刻。山僧古涵精摹搨，亦来助力。僧知伊阙洞顶小龛有开元刻字，猱升而上，得一纸，乃邱悦赞利涉书，向所未见，非此僧莫能致也。"[清]黄易：《嵩洛访碑日记》，8 页，《〈国山碑考〉〈嵩洛访碑日记〉》，《丛书集成初编》，中华书局，1985 年。吴大澂致王懿荣书札中道："石门访碑甚苦亦甚乐，鄐君开通褒余题字所缺尾段，亲访得之，风雪满山，未及手自摩挲。属工拓寄数纸，至今未到，尚在疑似之间。……西狭颂、鄐阁颂、耿勋碑诸刻，亦属石门拓工张懋功于明春二三月间往拓。"[清]吴大澂：《吴愙斋尺牍》清同治甲戌（1874）仲冬廿四日，商务印书馆，1919 年。缪荃孙《与顾鼎梅燮光书》也写道："迨处境稍裕，必携搨工自随，否则，翻书开目，令工往搨。在京师得李云从，在金陵得聂明山。云从以往搨好大王碑出名，明山亦在安徽得石牛洞、浮山、齐山诸石刻。《语石》推为北李南聂。皆荃孙所蓄之工人也。"缪荃孙：《艺风堂文漫存》乙丁稿三，13 页，《艺风堂文集》，《近代中国史料丛刊》第九十五辑，文海出版社，1973 年。

求。金石学家对于传拓工艺标准、工艺技法的理论总结，给予了传拓者明确的指导和教益，直接影响了传拓工匠致力于提高自己拓片作品的工艺水平，促使了晚清以迄民国，南北各地一批以拓片工艺精湛而闻名的"传拓名家"脱颖而出[1]。不过，需要特别指出的是，在今天传拓研究中屡屡被引用的陈介祺关于传拓工艺的种种法则与流程，并不仅仅是陈介祺个人的实践经验汇总。陈介祺的《簠斋传古别录》和《簠斋尺牍》中关于传拓工艺的诸多认识，既得自其本人的反复实践，也得自与刘喜海等南北著名金石学家的相互交流，更得自簠斋所延聘的专业拓工们的个人经验及师门传承等多种渠道，它们是在金石学空前繁盛的时代里，著名学者与优秀匠人（即"名家传拓"与"传拓名家"）通力合作对传统工艺进行扬弃的产物。[2]

晚清民国时期"传拓名家"们所留下的大批拓片作品，不仅是那个时代传拓工艺发展的标志，也是优秀的传拓者将金石学家关于传拓理论付诸实践的范例。从晚清的李云从，到民国的周康元、马子云等人，莫不以其精湛的技艺、广博的学识而与同时代最著名的金石学家以师友论交，他们广泛汲取了各金石学家关于拓片审美的观点，并自觉地将之应用于自己的拓片制作实践之中。

"名家传拓"与"传拓名家"对传拓工艺发展的影响在于，金石学家对传拓工艺的关注、尝试和理论总结（名家传拓），与碑估、传拓匠人中的优秀者（传拓名家）参照金石学家的审美视角并应用于金石拓片的制作，两者形成了积极的、良性的互动，共同推动了传拓工艺的提高与完善。正是由于这种金石学家与传拓工匠的密切合作探索，才使得这一时期的传拓工艺水平，达到了前所未有的高度。

---

1. 晚清民国时期，金石收藏家对于拓片工艺精益求精的执着，促进了传拓工艺的发展完善，也使得传拓从业人员开始两极分化。技艺精湛、见闻广博的传拓名家不仅成为各收藏世家争相延聘的对象，也以其在艺术、学术等方面的努力探索而跻身于金石学家之林，如周康元、马子云，就是其中的卓然大成者。1949 年以后，科学考古取代了以盗掘为主要背景的旧式金石收藏研究，在传统金石学走向衰落的同时，著名的传拓名家如周康元、马子云、黄怀觉、万育仁、傅大卣等，都在中国博物馆专业研究领域建树了十分卓越的成就，今天国内许多博物馆、图书馆中从事金石拓片制作、研究的专业人员，皆承其余泽。

2. 福山王氏刊本《簠斋传古别录》书后王懿荣跋语道："吾乡陈寿卿世丈性耽金石……所见日广，所藏益富，因手民无善工，将平日闻诸友人、见诸传刻，凡椎拓之法，汇为一帙，名曰《簠斋传古别录》……"虽未言传拓工匠的贡献，但也明确地说明了陈介祺的《簠斋传古别录》并非独自发明。

「金石僧」达受

本文曾发表于《中国文物报》1998年11月1日第4版，标题被编辑改为《金石奇僧达受》。

释达受，亦名际仁，字六舟，又字秋楫，号秋藏、寒泉、流浪僧、小绿天庵僧、南屏退叟、万峰退叟，浙江海宁石井村人，俗姓姚，父茂高，母褚氏。达受平生笃好金石之学，精鉴赏，有"金石僧"之名；长于书画，工诗，有诗集《小绿天庵遗诗》二卷、《山野纪事诗》一卷及《宝素室金石书画编年录》二册、《南屏行箧录》一册等传世。据管庭芬《南屏退叟传》载，达受的著述还有《祖庭数典录》一卷、《六书广通》六卷、《两浙金石补遗》四册，但都在咸丰年间的战乱中毁亡了。（图一）

有关达受的生平事迹，约略见于《海宁州志》《杭州府志》《前尘梦影录》《墨林今话》《竹人续录》《广印人传》《中国书画家传略》《中国书画家人名大词典》《中国佛学人名词典》等书，但记述最为详尽的还属达受自己撰述的《宝素室金石书画编年录》和《山野纪事诗》。通过这些文献，我们对达受的一生经历可以有一个大致的了解。

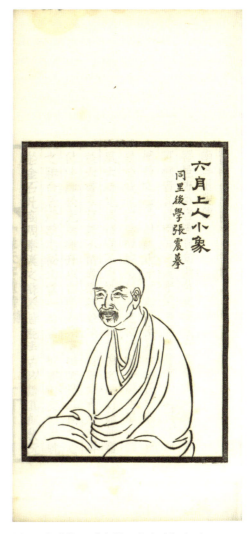

图一 达受像，《小绿天庵遗诗》扉页

达受生于清乾隆五十六年（1791），幼年颇多坎坷，6岁时父亲去世，兼以身患疾病，有算命先生说他"五行于华盖有犯"，要摆脱命运安排，只有舍俗出家一途。清嘉庆四年（1799）正月四日，随母亲至白马寺，拜寺僧松溪门下，初为沙弥，时年9岁。17岁时，"读儒书粗毕"，开始研修佛典、修瑜珈术，当年正月吉日，正式剃度。嘉庆二十三年（1818）春，拜圣川门下，接受三坛大戒，成为佛门传人；清嘉庆二十五年（1820）元宵后，往南屏净慈寺，参谒长老松光，备受赏识，松光"命长书记"，付衣钵，达受由此成为松光的入室弟子，"承继临济正宗"。清道光乙酉（1825），受松光命主湖州荻冈演教寺，至丁亥（1827）秋辞归南屏，"时得六朝古砖甚富"。丙戌（1826）夏，至天台，访石梁。戊子（1828），与沈听篁、许茂才续修《云林寺志》，"搜岩剔壑，得韩蕲王题名及宋元人造像刻字颇富"，"凡四易寒暑而竣"；当年秋，得怀素大历三年小草千文。庚寅（1830），游润州。辛卯（1831），游雁荡，作雁山双锡图。丙申（1836），得怀素贞元十五年草书千文。丁酉（1837）秋，应陈芝楣之邀，住持沧浪亭。甲辰（1844）前后，应程木庵之邀，游黄山，馆于程氏铜鼓斋，拓三代彝器不下千种。乙巳、丙午间（1845－1846），入京，居于龙爪槐，其间受瑞郡王奕志召，游西泽园，旋因松光老病辞归。丙午（1846）春暮，游金台。戊申（1848），主南屏净慈寺。庚戌（1850），退居万峰山房，谒禹陵，游吼山。清咸丰癸丑（1853），游云门访南宋六陵。甲寅（1854）春，游武康。戊午（1858）六月十四日圆寂，享年六十八岁。

达受所修之临济宗为佛教南禅五宗之一，所居之白马寺、净慈寺则为江南名刹。禅宗追求顿悟，修习涉猎十分广泛，并不拘泥于禅理。达受的两位师父松溪、松光皆以书画闻名当时，《海宁州志稿》载松溪"工画兰竹、书学董文敏"；《杭州府志》则载松光"禅诵之暇，鼓琴作画，间为小诗，名公钜卿，无不乐与之游"，有《妙香轩诗钞》传世，其山水学自奚冈，尤堪称道。这种浓厚的艺术氛围给了达受等年轻一辈以极大的影响。达受自言："回忆初习梵课之暇，即与青雨（达宣）弟同为韵语，兼游心于说文汗简，攻篆刻之技，本师松溪老人以为非毗尼之戒律，禁而勿为，迨受具足之后，始涉临池，以书谱契帖为宗，稍摹绘事，守青藤白阳为法，兴来墨沈狂飞，颇怡然自得，同好中每有以金石碑版为润者，故余之嗜金石，亦于书画而始也。"达受在艺术上触类旁通，以书画篆刻与当时著名书画家何绍基、戴熙等过从甚密。他的书法篆、隶、飞白、铁笔俱佳，花卉得徐渭神韵，篆刻清新秀丽，竹刻亦十分精妙，其相交中多有以古碑帖为润，而求其刻印及书画者。

书画篆刻而外，达受更以金石收藏、鉴别、传拓声名遐迩，甚至超过了他在其他方面所取得的成就。达受酷嗜金石收藏，每游历名山大川，必穷索昔人遗迹，凡碑碣摩崖，无不剔苔藓、除泥垢、攀缘而手拓之，其所得也因此而时出于前人。达受《山野纪事诗·囤碑搜字》小叙云："道州何子贞编修属余往拓孙吴禅国山碑，因打包至阳羡，寓善权寺，即至国山，遥见半山囤碑耸立，石亭覆之，谛视其文，北向者为风所蚀，字渐磨灭，与吾乡吴槎客明经所著碑考合，椎拓之余，隐见石脚下尚有字迹，形模相同而与上文语气不相连贯，殆囵碑初刻增改其文，磨而未尽者，拓得数十字，皆诸家考释所未及，不禁狂喜，是时并拓得善权洞钟离权题名。"

在清嘉庆、道光年间，达受传拓青铜器全形被称为当世绝技。当时著名的金石学家、大学士阮元曾慕名通过陈文述索求达受制作的青铜器立体全形拓本，且赠诗云："旧向西湖访秀能，万峰深处有诗灯；哪知行脚天台者，又号南屏金石僧。"达受"金石僧"之名，由是远播。后来，阮元特地将达受请到家中，将自己所藏的青铜器全部传拓全形，盛赞："宣和博古图真退避三舍矣。"此外，达受还为程木庵拓其铜鼓斋青铜器近千种，"成四大卷"，其间剔刷竟宁雁足镫，将厉鹗、翁方纲等疑为漫漶残蚀的铭文，"轩豁纸上，纤毫毕见"，尤为金石学家所称道。清光绪二十三年（1897），刘世珩重刻《金石图说》，于"无专鼎"条下记道："……余旧得僧六舟手拓本，钩廓亦不甚类褚图，岁癸巳游焦严逭暑数日，纵观书藏及碑刻古器，此鼎与铜鼓并列于海云堂，接娑赞咏，具见表里，而后信六舟摩拓之精，能肖古物之真面目，……余既辨牛（运震）褚（千峰）之歧，遂重钩六舟真本比刊于后……"说明达受的立体传拓技艺在刘氏刻书时，尚无人能及。

作为一个收藏家，达受一生所得颇为不俗，于晚年更兴建三座楼宇以存其最为珍爱的藏品：筑磨砖作镜轩以藏其所得五百余种古砖；筑墨王楼以藏其所得怀素大历三年（768）小草千文、贞元十五年（799）草书千文，并将二帖摹勒刻石；建玉佛阁以供奉其所得东魏天平四年（537）玉佛、武定二年（544）玉佛、武定四年（546）玉佛。达受藏品大体见于其自撰《宝素室金石书画编年录》中，该书记述了达受大半生的游踪及见闻、收藏，称得上一部个人访碑录。

达受一生，行脚半天下，徜徉艺林中，以金石书画与当世名流交游往来，而不改于本志。管庭芬说他"涉江淮、历齐鲁，名公卿倒屣相迎，授餐适馆，若有夙契，公仍澄心寡虑，泊然于中，粗食布衣，不改头陀苦行。或欲留住都门，主席名刹，公以本师松老人年近七旬，未敢久违杖锡，坚辞旋浙。"达受于自己所酷爱的收藏方面，也时时表现出旷乎世外的胸襟："余所藏之书画、所拓之金石，知交中设有见赏，随即散去，今存于磨砖作镜轩者已十不剩一矣。"（《宝素室金石书画编年录·自序》）达受身后，其藏于南屏净慈寺的藏品几乎全部散亡。今天，我们在博物馆或图书馆偶尔翻检到他的作品，从中仍能依稀想见他当年的风采。

阳湖李锦鸿与阳湖李墨香

本文曾发表于《湖南省博物馆馆刊》第十一辑，岳麓书社，2015 年，收入本书时有修订。

在古器物全形拓起源的研究中，学界一般多征引徐康《前尘梦影录》，谓创自马起凤，达受、李锦鸿相继传承。三人中以达受相关文献材料最为丰富，马起凤（马傅岩、马宗霍）亦屡见于拓片题跋，唯能述李锦鸿生平者绝少。与李锦鸿同籍稍晚复有李墨香以全形拓闻名，然仅零星见于间接文献，甚至有以李锦鸿与李墨香为同一人者。

一、阳湖李锦鸿

检索民国以前文献，李锦鸿事迹的直接史料目前仅见于程庭鹭《梦盦居士年谱》、吴云《两罍轩尺牍》，以及徐康《前尘梦影录》。[1]

程庭鹭《梦盦居士年谱》：

> 十九年己亥（1839）四十四岁 …… 三月，与印川、西屏、调生携刻工李锦鸿时至虎邱摺宋人题名，枫桥寒山寺拓文衡山书张继月落乌啼一诗，并同贝氏昆仲游大石坞摺吴匏庵诸公联句。[2]

吴云《两罍轩尺牍》卷九同治十三年（1874）十月致陈介祺书：

> 寻常捶拓器物止有两人，一李锦鸿，较为擅长，已作古。[3]

徐康《前尘梦影录》卷上：

> …… 有建元时砖埴也，索价卅金。许珊翁、韩履翁皆赏识品玩，以议直不果，曾邀李锦鸿在舍椎拓全文并匣上题记而还之。[4]

徐康《前尘梦影录》卷下：

> 吴门椎拓金石，向不解作全形，迨道光初年，浙禾马傅岩能之。六舟得其传授 …… 阳湖李锦鸿亦善是技，乃得之六舟者。曾为吴子苾、刘燕庭、吴荷屋、吴平斋诸老辈所赏识。[5]

程庭鹭（1796－1858），嘉定人，寓居苏州多年；许梿（1787－1862），海宁人；韩崇（1783－1860），苏州人；达受（1791－1858），杭州南屏净慈寺僧

---

1. 中国古籍总目编纂委员会编：《中国古籍总目 史部 8》4883页，有"《历代泉影不分卷》，清李锦鸿辑，清俞樾题识，徐宝榆、刘照跋。复旦。"查阅复旦大学图书馆所藏该书，实为王大炘集藏李锦鸿泉货拓片册，非"李锦鸿辑"，徐宝榆、刘照题跋中亦未有记述李锦鸿生平文字。拓片钤"李锦鸿拓"朱文印。
2. [清]程庭鹭：《梦盦居士年谱》，《丛书集成续编》第37册，823页，上海书店出版社，1994年。
3. [清]吴云：《两罍轩尺牍》卷九，《近代中国史料丛刊》第二十七辑，693－694页，文海出版社，1968年。
4. [清]徐康：《前尘梦影录》，20页，商务印书馆，1937年。
5. [清]徐康：《前尘梦影录》，47页，商务印书馆，1937年。

人，多往来于苏杭等地；吴云（1811–1883），归安人，曾任苏州知府，寓居苏州；徐康（1814–1889），苏州人，贩书为业。诸人皆与李锦鸿处于同时代、同地域，相互颇多交集。

程庭鹭《梦盦居士年谱》、吴云《两罍轩尺牍》，均为第一手材料。徐康贩书鬻古为生，阅历极富，交游亦极广，故所记李锦鸿的全形拓技艺"得之六舟"足可征信；而其记许梿、韩崇"邀李锦鸿在舍椎拓"事，另有吴大澂1861年1月9日日记为旁证："……李锦鸿手拓本，向为吾外祖（韩崇）宝铁斋所集，汇装小册。城陷后，姚紫垣于厕涸间得之，出赠子晋（徐康）者。"[1]

以程庭鹭、吴云、徐康三人所记文献观之，可知：

（一）李锦鸿曾于1839年为程庭鹭传拓虎丘等地碑刻，当时的身份是一个镌刻石碑的工匠；

（二）李锦鸿卒于1874年以前；

（三）李锦鸿1860年以前曾至韩崇宅邸为许梿、韩崇传拓古砖；

（四）李锦鸿曾问全形拓技艺于达受，还曾为吴式芬、刘喜海、吴荣光、吴云等传拓古器物且有较好口碑。

以李锦鸿1839年受雇于程庭鹭时不小于20岁推断，李锦鸿当生于1819年以前，刻碑为业，后师从达受学习古器物全形拓，开始为当地各大收藏家传拓古器物，并以之成名。

二、阳湖李墨香

"阳湖李墨香"见诸文献最早为叶铭《广印人传》。

《广印人传》卷十五：

> 孙锦，字织云，山阴人，山阴吴石潜隐继室。工篆刻，尤精小印。善拓旁款，又能拓古彝器款识及全形，可与阳湖李墨香齐名。[2]

由此可知，李墨香为阳湖籍，于清末以传拓古器物铭文及全形闻名。

另，孙锦生于1883年，卒于1941年。据叶铭称赞孙锦传拓之技"可与阳湖李墨香齐名"，或可推断李墨香于叶铭撰《广印人传》时仍然在世。

1.上海人民出版社：《清代日记汇抄》，277页，《上海史料丛刊》，上海人民出版社，1982年。

2.叶铭：《广印人传》，西泠印社，清宣统三年（1911）。

民国以后，李墨香之名湮没无闻，未见有其他文献述及。迄今博物馆、图书馆公开发表之拓片作品，亦未见"李墨香"钤印或题跋者。

有"李墨香"钤印拓片作品进入公众视野，见于 1996 年以后：

（一）中国嘉德国际拍卖有限公司 1996 年春季拍卖会拍品"叶媛真造像拓片"，钤"阳湖李墨香拓"印。

（二）北京瀚海拍卖有限公司 1996 年春季拍卖会拍品"商/汉铜器铭文拓片册"，钤"墨香拓""李墨香女史手拓金石""阳湖李墨香拓""阳湖李墨香女史七十四岁拓"等印。

（三）上海朵云轩拍卖有限公司 1997 年秋季拍卖会拍品"冯超然《海棠图》"，绘于史宬簠全形拓上，钤"墨香拓"印，另有冯超然 1930 年自跋"此器为吾乡李墨香女史手拓，余戏补海棠⋯⋯"

（四）西泠印社拍卖有限公司 2012 年春季拍卖会拍品"富贵吉金博古图"，无传拓印，有王大炘 1903 年题跋"是器李墨香女史手拓⋯⋯"

若诸拓皆可征信，则又可勾廓出李墨香有多种钤印，享年超过 74 岁。

三、李锦鸿非李墨香

如上所述，李锦鸿与李墨香同籍阳湖，李锦鸿早于李墨香。二者或有某种联系，亦未可知。

近年有以李锦鸿、李墨香为同一人者，如前述西泠印社拍卖有限公司 2012 年春季拍卖会拍品"富贵吉金博古图"，虽仅有王大炘"是器李墨香女史手拓⋯⋯"题跋，而拍品说明却直书"李锦鸿［清］，江苏阳湖人，好钟鼎文字，善椎拓金石，尽得达受之传。东南藏家法物，多延其手拓，见重于吴平斋、刘燕庭、吴大澄诸公。"考其所本，则出自童衍方《百炼工纯得壶形神 —— 李锦鸿全形拓曼生壶》[1]一文。

童文所记"李锦鸿全形拓曼生壶"有邹安[2]题跋，谓李墨香又名锦鸿（或李锦

---

1. 童衍方：《百炼工纯得壶形神 —— 李锦鸿全形拓曼生壶》，《新民晚报》2010 年 10 月 27 日第 B05 版。此外，笔者于互联网上搜"李锦鸿"，查得另有一条同样记述李锦鸿为女子的材料，称"六月小拍有一张俞原所作《锦鸿拓墨图》，题识云：'孔鼎汤盘述作，咒诅约剂遗文。衣钵亲传毡蜡，绿天庵里红裙。己未腊八听雨作此遣兴沉闷为消。语霜。'又有任堇长题：'锦鸿李姓，常州女子，从西湖诗僧达受学拓金石文字，造诣甚深，得应珍珙璧。余家犹有其拓本也。小绿天，达受所居庵名，盖以怀素自期，著有小绿天庵诗草。昭阳大渊献阳月奉逸民先生大方家雅令，嫩凉尊者任堇题于须曼陀室。'"见 http://blog.sina.com.cn/s/blog_5c7d77fe0102e21l.html

2. 邹安（1864—1940），字寿祺，号适庐，浙江杭县人。博览古器，考订精详，所作题跋多精审，向为学界所重。

鸿又名墨香）：

> 阳湖李墨香女士锦鸿，不事女红，好钟鼎彝器文字，见六舟僧所拓全形，竭力仿效，尽得其秘，东南收藏家法物，多延女士手拓，从侄李慎观师之，亦得微名，见重于吴平斋、李眉生、吴愙斋诸公，余至吴门稍晚，尝于茶寮见慎观目近盲，偶谈十余年前事，娓娓不倦也……丁卯（1927）长至日适庐邹寿祺跋。

同样的"阳湖"籍，同样的学全形拓于达受，则邹安题跋所言之"阳湖李墨香女士锦鸿"似与徐康《前尘梦影录》所述之"阳湖李锦鸿"为同一人。

读《广印人传》，除前引"孙锦"条述及李墨香外，卷六另有"何昆玉"条述及李锦鸿：

> 何昆玉……篆刻宗浙派，尤善抚拓彝器，与吴中李锦鸿并称。

叶铭以何昆玉（1828–1896）比李锦鸿，认为二者可"并称"；以孙锦（1883–1941）比李墨香，认为二者可"齐名"。足证叶铭认为李锦鸿与李墨香是两个人，时代各有先后，且有男女之别。

《广印人传》印行于1911年，编撰早于邹跋应不少于二十年，当较邹跋为可信。邹安之跋写于1927年，直陈"至吴门稍晚"，道听李慎观"偶谈十余年前事"。1927年上溯十余年，约在1910年前后，而李锦鸿卒于1874年以前，距1910年则有约四十年之久，或李慎观追述往事有误。

晚清民国间拓片之收藏，以中国国家图书馆、北京大学图书馆、上海图书馆为宏富。札询三馆同仁李锦鸿、李墨香相关署款、钤印拓片，中国国家图书馆目前已编目青铜器拓片尚未见；北京大学图书馆藏有"钟鼎拓片：九种，李锦鸿拓"，钤"阳湖李锦鸿手拓金石、李锦鸿揭、锦鸿所揭、李锦鸿、锦鸿"朱文印五种；上海图书馆并藏有钤李锦鸿、李墨香印之拓片（均未公开发表），然未见有于同一幅作品而二名并列者。

以目前所知拓片论，李锦鸿、李墨香二人皆有多方名印及传拓印，于所作拓片钤印各有章序可循，而未见有组合钤盖于同一拓片者。参之以文献相考，窃以为程庭鹭、徐康、吴云、叶铭所述之"李锦鸿"与叶铭所述之"阳湖李墨香"当非一人。至于邹安所述之"阳湖李墨香女士锦鸿"或即叶铭所述之"阳湖李墨香"，抑或另有其人欤？尚乞就教于同仁。

海盐金石家陈克明考

本文曾发表于《文津学志》第十四辑，
国家图书馆出版社，2020年，收入
本书时有修订。

　　清嘉庆、道光间金石学家以刘喜海为巨擘，所辑《金石苑》《古泉苑》对晚清金石学人的收藏与研究有巨大影响。约清嘉庆二十三年（1818）至清道光十六年（1836），也就是刘喜海 26 岁至 43 岁间，聘海盐陈克明为西宾，"居其第鉴定鼎彝书画，兼课其女，凡十年"[1]，可知陈克明在刘喜海的金石收藏、著录中应当扮演了重要的角色。

　　陈克明，字南叔，浙江海盐武原人。有关陈克明史料，以周凯所撰《海盐布衣陈南叔墓志铭》（以下简称《墓志》，志文附于文末）最为集中。然通篇无年月，读如传奇故事。兹参校周凯年谱[2]、刘喜海年谱[3]，并其他金石文献，对陈氏生平、交游、收藏等试作考证勾廓，以追慕前贤。

一、生　平

　　陈克明约生于清乾隆三十年（1765），卒于清道光十六年（1836）。

　　周凯《墓志》首称陈克明"海盐世家子。少孤，育于嫂，事嫂如母。……少长，以其艺养嫂及二侄。不娶，为二侄娶妇竟，乃出游，年已四十余矣。居京师，落落无所合，与凯交，因识袁少迁，为写真，遂相契。时凯寓董文恭宅"。周凯与陈克明交往时寓居董诰宅，在清嘉庆十四年（1809）或清嘉庆十六年（1811）[4]，若陈克明此时初入京，则约生于清乾隆三十年前后，长周凯十余岁。《墓志》末称"凯方分巡兴泉永道，致书招之，不复。未既，闻南叔死矣。悲哉！与刘君谋归其丧，为立石墓侧"。据刘喜海《苍玉洞宋人题名》序称清道光十四年（1834）"属海盐陈南叔写图兼注其勒名处"[5]，及戴熙清道光十七年（1837）著《古泉丛话》称"南叔已归道山"[6]，则陈克明卒年必在此之间。据周凯年谱，周凯于清道光十三年"十二月初一日抵厦门，初四日任兴泉永道事"，其后军政繁忙，至清道光十五年重修玉屏书院，"禀请大宪，延光泽高雨农舍人澍然主讲"，清

1.[清]周凯：《内自讼斋文集·海盐布衣陈南叔墓志铭》，清道光二十年（1840）刻本。

2.[清]周凯：《内自讼斋文集·芸皋先生自纂年谱》，清道光二十年（1840）刻本。

3.胡昌健：《刘喜海年谱》，《文献》2000年第 2 期。

4.[清]周凯：《内自讼斋文集·芸皋先生自纂年谱》，清道光二十年（1840）刻本。按，周凯年谱载寓居董诰宅两次，一为清嘉庆十四年（1809）上半年，"五月，与扶雅出都"；一为清嘉庆十五年（1810）十二月至次年三月春，"阗后移寓沟沿上陈晴岩夫子传经寓所"。

5.[清]刘喜海：《苍玉洞宋人题名》，《石刻史料新编》第三辑第二册，111 页，新文丰出版公司，1986 年。

6.[清]戴熙：《古泉丛话》卷二，清同治十一年（1872）滂喜斋刻本。

道光十六年"方于公余之暇治古文",同年五月高澍然"携其夫人及弟子高炳坤偕来,于是岛上弟子能古文者吕孝廉世宜、西村庄中正诚甫、林焜燧巽夫、林鹗腾荐秋及好学之士皆居于书院,游宴皆有所作,为诸生评削制艺,绝去时径,俾人真理,一时称极盛焉"[1]。故周凯"致书招"陈克明,亦应在此时。以周凯清道光十五年至十六年间致信陈克明未得回复,"未既,闻南叔死",且"与刘君谋归其丧,为立石墓侧",则可推断陈克明当卒于清道光十六年,享年约70岁。

据《墓志》,陈克明诸艺皆能,"画自山水、人物、花卉、翎毛之属,无不工。书则篆籀、八分,皆有法。又工雕刻制造,有巧思。精鉴别,爱古鼎彝款识,摹为缩本。善洞箫、琴瑟……若无不能也",能诗,"五言古尤高旷清越",且善射——"凯尝要之射,三发三中",文武兼备。考其事迹,则有金石鉴定、绘画、雕刻、勾摹、传拓、装裱等。

金石鉴定。《墓志》称陈克明"精鉴别,爱古鼎彝款识",而受聘刘喜海西宾最重要的工作也是"居其第鉴定鼎彝书画"。

绘画。《墓志》叙陈克明绘画之艺,一为结识袁沛"为写真,遂相契",二为绘董诰写真。尤以董诰卒后绘其遗像"如生,遂知名"。

雕刻。《墓志》中有"于黄州适得桐柏木,欲制为桃,南叔斫削磨刻成之,又为反正二图[2]。自得聚贤山怪石九方,制木座及铭,皆精绝"。

勾摹。世传汉《西岳华山庙碑》诸本中,有陈克明勾本颇著名。杨守敬跋西岳华山碑道:"同治丁卯(1867),敬得武原陈南叔克明双钩本于诸城刘氏,盖长垣本,道光中归刘燕庭方伯,此本即燕庭倩南叔手钩者,故精审出诸本上。"[3]

传拓。陈介祺清道光二十六年(1846)跋僧达受铜器拓本道:"吉金绘图古已有之,从器上拓出而形象曲和绘事,制作不差毫厘,足资考定之真,更浑描摹之迹者,则海盐吾宗南叔先生克明始擅其长,诚前人所未有,极今日之能事矣。"[4]鲍康《为石查题刘燕庭泉册》道:"乾嘉时老辈拓泉,但取写意,往往不

1.[清]周凯:《内自讼斋文集·芸皋先生自纂年谱》,清道光二十年(1840)刻本。
2.此事时人记述稍异,兹并录之以备查考。杨庆琛《桐柏木桃歌为芸皋观察作》序:"桐柏县南神禹庙后古木道光丙戌(1826)秋被风吹落一片,形如桃,有异香,香庄老人徐大伦得之,镌曰桐柏木桃,以祝观察太夫人寿,观察作记,嘱陈南叔绘图征诗。"吴曾绶《桐柏木桃图为周芸皋观察凯作》序:"桐柏县大禹庙有古木,相传夏以前物,一日大风折其木尺许,形如桃,香庄徐君得之,以赠观察,发棣异香满室,命工斲成之,并绘图属题。"《清代诗文集汇编542》,424页,《清代诗文集续编644》,14页,上海古籍出版社,2010年。
3.容媛辑录,胡海帆整理:《秦汉石刻题跋辑录》(上),750页,上海古籍出版社,2009年。
4.陕西省博物馆编:《木鸡室藏历代金石名拓展览》,2页,陕西旅游出版社,1992年。

致，自陈南叔、粟园辈出，乃日臻精审。燕庭诸拓，率出粟园手也。钟鼎款识皆阴文，泉币独阳文，有瘦劲如丝者，拓出则波磔毕具，神采焕发，若新书于纸上者，视款识之枣木传刻过之远矣。"[1]

装裱。故宫博物院藏《鋆藏寺碑》陈克明题记有"己丑（1829）夏日手装成册因志，南叔克明"语[2]。

陈克明为人事亲孝友，处世猛勇倨傲。《墓志》描绘其形象云："貌颀而癯，寡言语，爱闭门坐。""少孤，育于嫂，事嫂如母…… 少长，以其艺养嫂及二侄。不娶，为二侄娶妇竟，乃出游。""遇盗不能劫，有醉者欲侮之，叱不敢动。"

陈克明的后半生主要游幕于周凯、刘喜海。陈克明性不趋附，与周凯、刘喜海相交相契，皆于彼等未发达时，虽终生布衣，而凡所为皆凭个人喜好，不受半点促迫。[3]

《墓志》记陈克明在黄州时，"有达官过黄州，求为图，曰：'是面亦宜画乎？'终不画。"但稍后又写道："平日不作画，临行人一幅。"足见其率性自然。

清道光十二年（1832）三月王筠致翟文泉书札谈及《西岳华山庙碑》拓本道："自去冬与方赤同渎燕庭，乃许假月汀双钩。近见燕庭，又言南叔自钩之，然须俟其高兴，不受促迫，谆言年内当寄上也。"[4]则从另外一个侧面记录了陈克明在与刘喜海的关系上，虽"相得如一人"，也仍不肯稍屈个性。

二、交　游

据周凯《墓志》所记，陈克明醉心艺术，不轻与人交往，"其于艺也，凡一艺中诸家之所能，皆能之，而别其高下、清浊，所以尚、不可尚之故。虽所造有浅深，非犹夫人之能也。人叩之，虚然若无知，言亦不尽，必知之者乃尽，尽亦有分。""居京师，落落无所合。"目前所见文献中直接述及与陈克明有交往者仅张廷济、周凯、袁沛、刘喜海、王乃斌、戴熙，以及朝鲜贡使金山泉（名命喜）、李藕船（名尚迪）等数人而已。

---

1. [清]鲍康：《观古阁丛稿·为石壶题刘燕庭泉册》，《丛书集成续编》第140册，43页，上海书店出版社，1994年。

2. 朱翼盦：《欧斋石墨题跋》，110页，书目文献出版社，1990年。

3. 清代学人游幕，高自标置，与幕主地位平等，亦是时代使然。参见尚小明：《学人游幕与清代学术》，社会科学文献出版社，1999年。

4. [清]王筠著，屈万里、郑时辑校：《清诒堂文集》，139页，齐鲁书社，1987年。

陈克明与张廷济的交往在其40岁以前，以所居地域相近，且同好古物，即所谓金石之契。张廷济晚年序严福基《严氏古砖存》追忆道："瓴甋谓之甓，致顽物也，而求古者厕诸古彝鼎碑碣之列，文字洵足重哉！余少时于海盐海滨渔舍得永宁、元康、太康等砖，是时同此好者文鱼、蓬园、季勤诸昆弟众，钱柞溪、钱寄坤、李一征、吴侃叔、陈南叔、黄椒升、郭绅垂、徐籥庄，他无闻焉。"[1]

40岁后陈克明北上京师谋生，结识周凯、袁沛，陈克明精写真，周凯擅花卉，袁沛工山水，遂为至交。其后于清嘉庆二十三年（1818）结识刘喜海，相契终生。

陈克明与周凯的密切交往，一为清嘉庆十四年（1809）或清嘉庆十六年

图一　陈克明题《红蝠山房诗钞》书名页

（1811）周凯居董诰宅时期，一为清道光二年至清道光七年（1822–1827）周凯任职襄阳、黄州时期。

在黄州时，陈克明结识王乃斌。清道光七年周凯为王乃斌刊刻《红蝠山房诗钞》，其书名即陈克明题篆（图一）。

王乃斌《红蝠山房诗钞》卷八《全太古斋五咏为陈南叔克明作》小序称："客有举谭用之赠陈山人'珍重先生全太古'句名吾友陈南叔斋。南叔有古人风，而性又嗜古，名之宜矣。斋有楼，有馆，有轩、堂、书屋，聚古人名迹其中，无一耳目近玩。交南叔如见羲皇上人，入斯斋亦觉琅环福地犹在人间也。各系一诗。"五咏分别题为《古欢楼》《花影馆》《琳荫书屋》《咸宜堂》《花香墨韵之轩》。此外，另有《送陈南叔入都》二首并录陈克明赠诗《留别王香雪》。王乃斌诗其

1.[清]严福基：《严氏古砖存》，清道光十九年（1839）刻本。

一曰："近家归未得，江水怨同深。增我别离感，怜君去住心。高怀淡秋菊，幽意托瑶琴。借问燕台客，谁听越鸟吟。"其二曰："书已兼秦汉，余情金石披。盛名辽海播，中隐故园期。白首坚同约，青灯各系思。他年招近局，终办买山资。"陈克明诗曰："此别难为别，相看鬓有丝。白头兄弟梦，黄卷古人思。客路怜知己，秋风感后期。从来弹绿绮，珍重赏音时。"[1]

陈克明与刘喜海相遇及第一阶段交往为清嘉庆二十三年（1818）至清道光二年（1822）。陈克明精为人物写真，《墓志》称董诰卒后，"比老发白而秃，图皆不似。情南叔为之，如生，遂知名。……后遇刘君喜海，相得如一人，居其第鉴定鼎彝书画，兼课其女，凡十年。"其间，于清道光元年（1821）作《朱为弼五十像》（今藏平湖县博物馆）[2]，于道光二年结识朝鲜贡使随员金山泉[3]。

关于陈克明入刘喜海幕的确切时间，以董诰卒于清嘉庆二十三年十月[4]，及刘喜海《自记小忽雷》所述"余属南叔拓其形，装池为帧。并补书原序一通于帧端，且以诗志之，属同好和焉，时嘉庆庚辰（1820）七月中元日也"[5]，可知其相识当在清嘉庆二十三年岁末或稍后，而至清嘉庆二十五年七月前刘喜海当已经延聘陈克明为西宾。此时刘喜海 26 岁至 28 岁，陈克明已年过半百。

陈克明与刘喜海的第一段主宾之谊止于清道光二年（1822）。是年，刘喜海"奉讳旋里"[6]，周凯补襄阳知府缺，即《墓志》所称"刘君丁外艰出都，南叔访凯"。

陈克明与刘喜海第二阶段交往为清道光七年至清道光十六年。据故宫博物院藏《鋆藏寺碑》陈克明跋"道光丁亥（1827）冬日余自楚复来京师，燕庭农部出朝鲜金山泉书并所寄鋆藏寺碑墨本"[7]语（图二），可知《墓志》所称"刘君还后，入都依之"的确切时间在清道光七年岁末。此后陈克明一直幕于刘喜海。

其间较可记述的事迹有清道光九年夏日，为刘喜海将所藏《鋆藏寺碑》装裱

1. [清]王乃斌：《红蝠山房诗钞》，《清代诗文集汇编》589 册，65—66 页、69 页，上海古籍出版社，2010 年。
2. 杨仁恺：《中国古代书画鉴定笔记》，2080 页，辽宁人民出版社，2015 年。据《清史稿》，朱为弼"道光元年授御史，迁给事中"。《清史稿》，11575 页，中华书局，1977 年。
3. 朱杰勤：《十八、十九世纪中朝学者的友好合作关系》，《史学论文集》，100 页，广东人民出版社，1980 年。
4. 《清史稿》，11090 页，中华书局，1977 年。
5. 瞿兑之著，张继红点校：《人物风俗制度丛谈》，182 页，山西古籍出版社，1997 年。
6. 据《刘喜海年谱》引《古泉汇考》刘喜海按语"道光壬午春二月，余奉讳旋里，过益都"，道光壬午即清道光二年（1822）。参见胡昌健：《刘喜海年谱》，《文献》2000 年第 2 期。
7. 朱翼盦：《欧斋石墨题跋》，110 页，书目文献出版社，1990 年。

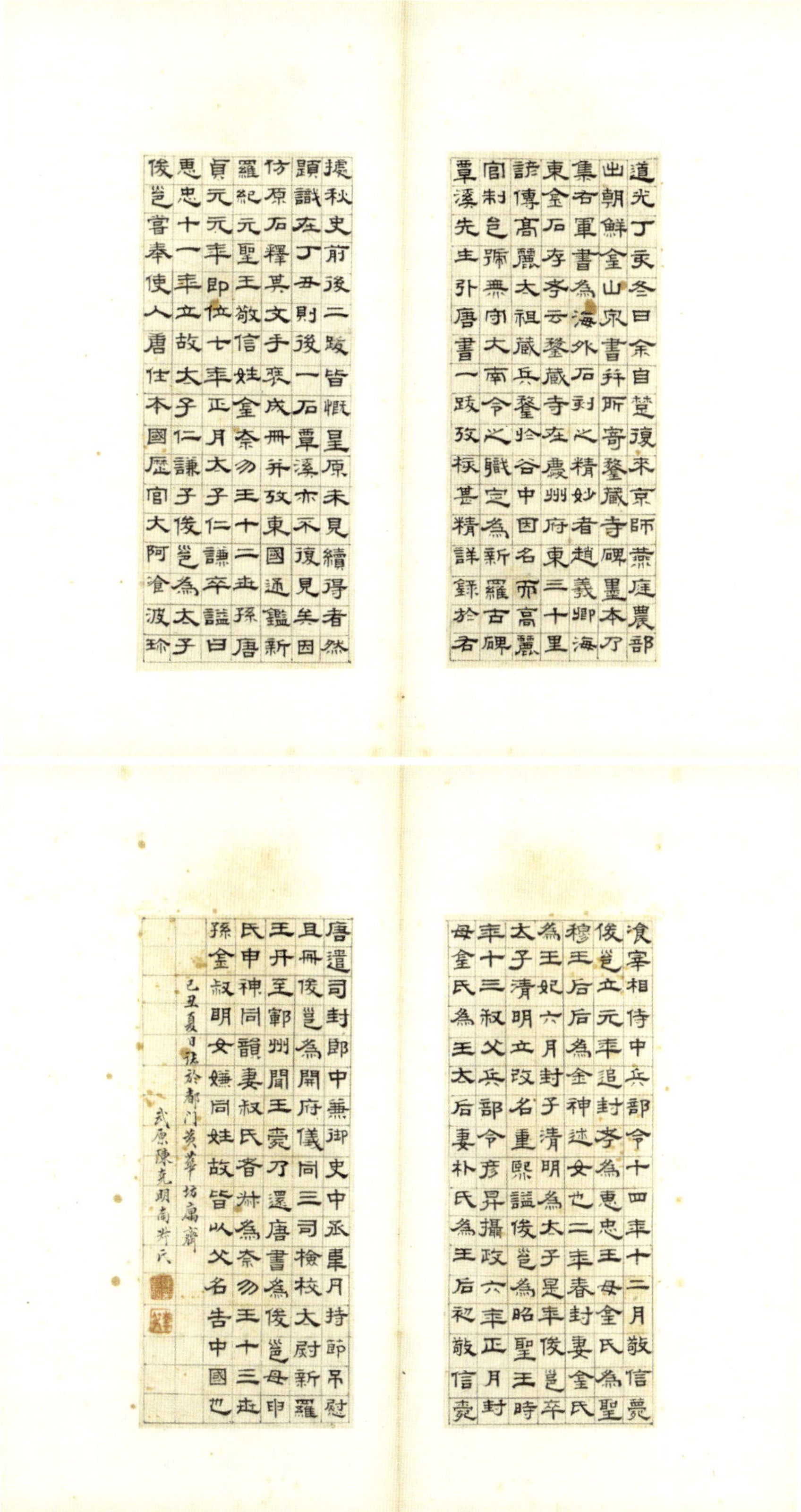

道光丁亥冬日余自楚復來京師蕭庭農部出朝鮮金山泉書拜所寄贈鑿妙藏寺碑墨本乃集右軍書為海外墨石之精者趙義卿為海東金石孝云鑿石在農州府東三十里諸傳高麗太祖藏兵令之職定為新羅古碑官制邑彌無守大南令名新市高麗覃溪先生升唐書一跋攷枚甚精詳錄於右

據秋史前後二跋皆慨星原未見續得者然顯識在丁丑則後一石覃溪亦不復見矣因仿原石釋其文手戊戌并攷東國通鑑新唐羅紀元聖王敬信娃金柰勿王十一亖孫貞元十一亖即位七亖正月太子仁謙卒諡曰惠忠元聖王即位七亖故太子仁謙子俊邕為太子俊邕宮奉使人唐仕本國歷官大阿飡波珍

飡宰相侍中兵部令十四亖十二月敬信薨俊邕立元亖追封考為惠忠王母金氏為聖穆王后立六月立封妻金氏為王妃改名重熙諡俊邕為昭聖王時太子清明為太子是亖春正月俊邕卒諡母金氏為王太后妻朴氏為王后神亖十三叔父兵部令彥昇攝政六亖正月敬信薨

唐遣司封郎中兼御史中丞車月持節弔慰且冊俊邕為開府儀同三司檢校太尉新羅王開至鄆州聞王薨乃還唐書為俊邕母印氏申神同韽妻叔氏者卅為柰勿王十三亖孫金叔明女娣同娃故皆以父名告中國也

己丑夏日攷於都門黃葉盦拓扁齋

武原陳克明並識高梓氏

图二　陈克明跋《鍪藏寺碑》，故宫博物院藏（新 45755）

成册、与黄足民合绘《宜园读书图合册》（今藏重庆市博物馆）[1]；清道光十一年，结识朝鲜贡使李藕船[2]；清道光十二年，勾摹《西岳华山庙碑》（长垣本）；清道光十三年刘喜海出守汀州，随之任。

刘喜海在所著书籍中记述陈克明对自己的帮助道："喜海自嘉庆辛未（1811）年十八时始搜金石，每有所得，必于是录记朱圈，迄庚辰（1820），十年于兹矣。因于是岁醉司命日属南叔、密甫助余将所藏碑刻详加编辑录目，至除夕卒业。"[3]"今夏（1834）偶假，偕从侄密甫作竟日游，访得宋人题诗、题名，始庆历讫宝庆，及无年月者共三十有七种，手拓墨本，著录于编……复属海盐陈南叔写图兼注其勒名处。"[4]"余癖金石，曾积五千通，录为金石苑，海盐陈南叔克明布衣，尝为余手拓泉苑。"[5]等等。

陈克明与戴熙的交往只见于戴熙《古泉丛话》，具体时间失载。

三、收　藏

陈克明有"精鉴别"之誉，其于晚清古砖收藏开风气之先，至京师后复酷嗜古泉，所得亦足以惊世。

钱泳《履园丛话》道："嘉庆六年（1801），浙中陈南叔得一砖，文曰'太康三年七月廿日蜀师所作'。"[6]

王维朴《诸城王氏金石丛书提要》道："匋文十一册……收存各氏如黄椒升、张芑堂、陈南叔、吴康甫、何梦华、张叔未、徐籀庄、俞丙斋、赵石侣诸家，俱鉴赏专门，收蓄巨擘，媲美欧赵，蔚为国光者。"[7]

陈克明古泉收藏屡为晚清金石家及今之钱币研究者记述者，为清道光二年（1822）所得之唐铸龟兹五铢和大历、建中钱。《古泉汇考》刘喜海按语称："道光壬午（1822）二月三日，陈南叔偶得古泉百数十枚于齐化门小市，土花锈蚀，青绿烂然。询系近畿新出土者。审视之，五铢、开元、乾元最多，而五铢皆不清晰，

1. 杨仁恺：《中国古代书画鉴定笔记》，3435 页，辽宁人民出版社，2015 年。
2. 朱杰勤：《十八、十九世纪中朝学者的友好合作关系》，《史学论文集》，69 页，广东人民出版社，1980 年。
3. 王雨著，王书燕编纂：《王子霖古籍版本学文集·古籍善本经眼录》，44 页，上海古籍出版社，2006 年。
4. [清] 刘喜海：《苍玉洞宋人题名》，《石刻史料新编》第三辑第二册，111 页，新文丰出版公司，1986 年。
5. [清] 刘喜海：《嘉荫簃论泉绝句》卷下，《丛书集成续编》第 73 辑，242 页，上海书店出版社，1994 年。
6. [清] 钱泳著，张伟点校：《履园丛话》，47 页，中华书局，1979 年。
7. 王维朴：《诸城王氏金石丛书提要》，4 页，1930 年。

轮郭亦不完具，且或正或幕，穿之上下有圈画，不类文字。是唐时亦曾铸五铢，与开元并行，而前人未经言及也。就中检得大历七、八枚，建中一枚，已如获拱璧。又检得'中'字泉一枚，'元'一枚，更为创见，洵奇逢也。"[1]戴熙《古泉丛话》记此事道："大历、建中，唐钱之极少者。余素闻陈南叔癖古泉，一日座客曰：'市上竞观开元钱，云是新出土者。'南叔跃起曰：'有开元，必有大历，必有建中。子少坐，我去矣。'顷之，挟数十枚来。出不精者以与友人。余后见南叔问之而信，分一大历，而建中则不能得矣。今南叔已归道山，拓其钱并记其事云。"[2]

陈克明身故后，侄陈畯克绍箕裘，吴式芬《捃古录》收录陈畯藏品有青铜器2件、青铜器铭文拓片5件、虎符拓片1件、造像拓片3件、古砖41件、古砖拓片22件。[3]陈克明叔侄所藏部分拓片后为章钰购得，《国家图书馆章钰藏拓题跋集录》[4]著录章钰四当斋古刻拓片有陈克明、陈畯旧藏款识印鉴者即逾百件之多。

四、犹 子

周凯《墓志》末铭曰："志之洁，不可识；艺之造，不可测。不娶而娶，以报嫂氏之德；与云无际，与天为适。"可知陈克明孑然一身，直至终老。陈介祺评价陈克明拓艺曾云："先生没，其犹子粟园畯能继之。两世皆馆东武刘燕庭廉访家。"[5]

陈畯，字粟园，金石书画家。据周凯《海盐陈南叔墓志铭》，以陈克明"为二侄娶妇竟，乃出游，年已四十余"推断，陈畯当不小于陈克明30岁，即生于清乾隆六十年（1795）以前，与刘喜海年岁大致相当，长陈介祺约20岁；另僧达受清咸丰六年（1856）跋王冕画有"同观者，武原陈粟园"句[6]，陈介祺清同治四年（1865）《玉印合编序》有"海盐陈粟园畯、吴江翁叔均大年皆作古人"句[7]，可知陈畯卒于1856年至1865年之间，享年约60–70岁。

1.丁福保：《古钱大辞典》一，1340–1341 页，中华书局，1982 年。

2.[清]戴熙：《古泉丛话》卷二，清同治十一年（1872）泺喜斋刻本。按，《清稗类钞·戴文节藏大历元宝》与戴书行文有出入，颇曲解其意，然亦广为今之研究钱币者征引。徐珂：《清稗类钞》第 9 册，4352 页，中华书局，1986 年。

3.[清]吴式芬：《捃古录》，《续修四库全书》895 册，上海古籍出版社，1996 年。

4.冀亚平辑：《国家图书馆章钰藏拓题跋集录》，国家图书馆出版社，2008 年。

5.陕西省博物馆编：《木鸡室藏历代金石名拓展览》，2 页，陕西旅游出版社，1992 年。

6.张岩、钱淑萍编著：《明清名人中国画题跋》，236 页，陕西人民美术出版社，2000 年。

7.陈继揆：《簠斋印谱》，《陈介祺学术思想及成就研讨会论文集》，113 页，西泠印社出版社，2005 年。

陈畯书画并工，有《鹭门纪游图卷》传世，篆书题款："道光戊戌（1838）正月三日，燕庭先生招同人游白鹿、虎溪，欢饮竟日，属余作图以记之。海盐陈畯。"钤"陈畯之印"。（图三）[1]

清道光十七年（1837）后，陈畯行迹数见于刘喜海幕，助其摹绘、编撰《金石苑》，直至清咸丰三年（1853）春刘喜海身故。故宫博物院藏《汉西岳华山庙碑》（长垣本）题跋有："道光十七年小除夕观于燕庭观察厦门官斋。仁和华衮，海盐陈畯、张开福并记。"[2]《徐籀庄年谱》称："道光十七年……二月，海盐张石瓟将之汀州应太守诸城刘燕庭喜海聘修《金石苑》之招，来别……三月，至海盐送张石瓟不及。"[3]以陈克明清道光十六年身故，周凯、刘喜海"谋归其丧"，则张开福受聘刘喜海的时间，与陈克明葬期应十分接近，张开福与陈畯为同乡，二人或同时受聘刘喜海，亦未可知。又据《徐籀庄年谱》："四年甲寅（1854）八十岁……四月至海盐访陈粟园，陈以去秋归里，因挈士燕往过，携示所释宝簠斋藏器稿本，陈复检赠前所未寄并续得诸器款识二十余种，内有毛公鼎文凡四百九十余字。"[4]可证刘喜海卒后，陈畯始离京返浙。

陈畯以金石闻名，与当时诸金石名家如吴式芬、陈介祺、徐同柏、僧达受等多有往来，其古泉收藏则称富于晚清。黎尹聪《古泉书录解题自序》："泉谱肇自顾烜，……余不自揣谫陋，爰举两谱所收者，复又旁采史传府志书目、诗文等书，元元本本，缀拾重编。自晋迄今，为目一百一十五、为卷七百五十有一，厘为三卷，名曰《古泉书录解题》。不敢妄自褒贬，意在存此一编以便观览而已。余若潘伯寅祖荫、吴子苾式芬、陈寿卿介祺、钟丽泉淦、王戟门锡荣、费虹舟开荣、胡安之定生、继幼云振、韩季卿韵海、叶东卿志诜、何镜海福宇、陈式甫模、刘振斋辂、高西园凤翰、张叔未廷济、郭怀堂荫之、张石瓟开福、鲍子远廉、鲍子周庠、陈粟园畯、孙春山汝梅、路子端慎庄、阎丹初敬铭、李古农敦直、郑小圹修常、吴霖宇惠元、马爱林、孙振华；近时同志者，又有龚怀西心钊、杨叔樵锐、易实甫顺鼎、濮瓜农贤懋、戴寿丞锡之，及姊丈张导岷沆，皆好古泉尤笃者也。"[5]所录皆一时名流。

1. 张以国主编：《美国红牡丹亭珍藏中国书画》，160 页，文化艺术出版社，2011 年。
2. 施安昌：《汉华山碑题跋年表》，图版一二二，文物出版社，1997 年。
3. 缪荃孙、邓实编：《古学汇刊》，2303 页，广陵书社，2006 年。
4. 缪荃孙、邓实编：《古学汇刊》，2316 页，广陵书社，2006 年。
5. [清]黎尹聪：《古泉书录解题自序》，黄永堂点校：《贵州通志·艺文志》，443 页，贵州人民出版社，1989 年。

图三 陈畯《鹭门纪游图卷》（局部）

此外，陈峻以传拓精善著称，随刘喜海居京城时，叶志诜、吴式芬、刘喜海、吕佺孙、朱钧、李璋煜、陈官和、陈介祺等集资倩陈峻钤拓《簠斋印集》，为印林盛事。陈介祺晚年屡屡在书札中向同道提及陈峻的为人及传拓，清同治十一年（1872）致鲍康书札中道："尊斋似必须延一能拓字之友，归来每遇此等事，辄追念粟园不置。"清同治十三年致潘祖荫书札道："拓友之难备尝，…… 若陈粟园者，贞不可复得。"清光绪元年（1875）致王懿荣书札中道："人海之大，竟无一工拓者，遨游于诸收藏家，使之各如其意，而大广古文字之传，亦是缺典。…… 若解事而人又稳妥静细，则粟园后无其人矣。"在清同治十二年致吴云书札中述及古器物全形拓时，则并提及陈氏叔侄，而与僧达受相比较："图乃六舟作法，不及陈南叔竹林（陈克明、陈峻）作图以尺寸为主。"[1]陈介祺一生论拓，语多刻薄犀利，唯于陈峻推崇备至，足见其善。

五、结　语

晚清金石学鼎盛，继清中期阮元、毕沅之后，张廷济、刘喜海、戴熙等成为一时金石收藏、传拓、著录、研究的中心文化圈，陈克明适逢其盛，与诸人皆有交集，并以才华学识、见闻收藏为自己赢得一席之地。此外，陈克明的金石传拓技艺，一方面伴随着他所传拓的古器物拓片的流传，一方面由于其侄陈峻的传承，深深地影响着后来学者陈介祺的拓片审美品味，其流风所播，更通过陈介祺的《簠斋传古别录》直至于今。

陈克明一生，孝悌为本，才学立身，狷介自处，不谄不渎，虽古之君子，不过如是耳。

1.[清]陈介祺著，陈继揆整理：《秦前文字之语》，148页、24页、116页、247页，齐鲁书社，1991年。

附　录:

海盐布衣陈南叔墓志铭 [1]

海盐布衣陈南叔墓碣铭

陈南叔讳克明，海盐世家子。少孤，育于嫂，事嫂如母。画自山水、人物、花卉、翎毛之属，无不工。书则篆籀、八分，皆有法。又工雕刻制造，有巧思。精鉴别，爱古鼎彝款识，摹为缩本。善洞箫、琴瑟。其于艺也，凡一艺中诸家之所能，皆能之，而别其高下、清浊，所以尚、不可尚之故。虽所造有浅深，非犹夫人之能也。人叩之，虚然若无知，言亦不尽，必知之者乃尽，尽亦有分。人但知其能，而莫知能几何艺也。揣其意之所之，若无不能也。少长，以其艺养嫂及二侄。不娶，为二侄娶妇竟，乃出游，年已四十余矣。居京师，落落无所合，与凯交，因识袁少迁，为写真，遂相契。时凯寓董文恭宅，公

予告家居，尝至凯所居槐树厅，谈辄移晷，南叔隐窗疏间窥之，归图公貌逼肖，因求作槐厅问字图，绘凯于侧。既，文恭公薨，公丰髯，再图形

紫光阁，比老发白而秃，图皆不似。倩南叔为之，如生，遂知名。然南叔不喜为人写真。后遇刘君喜海，相得如一人，居其第鉴定鼎彝书画，兼课其女，凡十年。刘君丁外艰出都，南叔访凯，于黄州适得桐柏木，欲制为桃，南叔斲削磨刻成之，又为反正二图。自得聚贤山怪石九方，制木座及铭，皆精绝。有达官过黄州，求为图，曰："是面亦宜画乎？"终不画。后其人以事败。南叔貌顺而癯，寡言语，爱闭门坐。凯尝要之射，三发三中，后不复至。遇盗不能劫，有醉者欲侮之，叱不敢动。偶为诗，五言古尤高旷清越。刘君还后，入都依之。平日不作画，临行人一幅。后刘君出守汀州，偕之任。凯方分巡兴泉永道，致书招之，不复。未既，闻南叔死矣。悲哉！与刘君谋归其表，为立石墓侧。铭曰：

志之洁，不可识；艺之造，不可测。不娶而娶，以报嫂氏之德；与云无际，与天为适。呜呼南叔！其公输子之徒欤？墨翟氏之徒欤？圣贤氏之徒欤？吾无以位君于谁氏之列，百世而后视此石。

1.[清]周凯：《内自讼斋文集》，清道光二十年（1840）刻本。按，《内自讼斋文集》中，目录处为"海盐布衣陈南叔墓志铭"，正文处则为"海盐布衣陈南叔墓碣铭"，故本文叙述采录前后亦有差别。

读敦煌唐代拓片四种

本文曾收录于拙著《金石传拓的审美与实践》，故宫出版社，2015年。

传拓工艺的产生，学者颇多推测，有东汉起源说、魏晋起源说、南北朝起源说多种，目前一般仍以隋以前产生为主流观点。至于拓片实物，旧时所谓唐代拓片，多不可证，即北宋拓片，亦寥如晨星。直至 1909 年敦煌藏经洞唐拓《金刚经》《温泉铭》（图一）等重见天日，世人始信有唐拓真迹。[1]

敦煌藏经洞发现之四种唐代拓片，均藏法国国家图书馆[2]，其中尤以唐太宗书《温泉铭》（P.4508）[3] 最为著名。1909 年伯希和在北京六国饭店展示其部分敦煌所得，罗振玉、王仁俊等辨识出伯希和不知其名的唐太宗书《温泉铭》[4]，并以其年代最早、墨拓最精，视为最可宝贵。由是《温泉铭》作为敦煌唐拓的代表，成为金石学者争相寓目的对象。

2011 年 9 月，借主持故宫博物院在卢浮宫举办的"重扉轻启 —— 明清宫廷生活文物展览"布展工作得以远赴巴黎之便，我在法国国家图书馆有幸一睹四本唐拓真迹。兹就所见，以及由之引发的思考，试作分析解读，以就正于同仁。

一、敦煌唐拓保存现状

我在初学传拓技法时，即从前辈著作中习知《温泉铭》的存在，私心窃慕久之。2004 年我第一次到法国，主持故宫博物院在凡尔赛宫博物馆举办的"康熙大帝展览"布展工作，其间虽也曾两次前往法国国家图书馆查阅资料[5]，但终因时间仓促，竟与《温泉铭》擦肩而过，失之交臂。

有鉴于 2004 年的遗憾，我在 2011 年再访巴黎时，出发前数月便不断地请托前辈、同事等联系约看《温泉铭》，但直至临行前，得到的答复都是只能看《金

---

1. 柯昌泗《语石异同评》："敦煌石室温泉铭、化度寺、金刚经发见后，寰宇间始真有唐拓。前人所夸唐宋拓本者，类多无据。……真宋拓者，殊无多也，而况唐拓乎。"[清]叶昌炽撰，柯昌泗评，陈公柔、张明善点校：《〈语石〉〈语石异同评〉》，547 页，中华书局，1994 年。
2. 唯《化度寺邕禅师塔铭》首开藏法国国家图书馆，后十页藏英国大英图书馆。
3. 此号码为法国国家图书馆藏敦煌文书的藏品编号。
4. 伯希和致塞纳尔的信中谈道："所以北宋的一名业余爱好者必然会疯狂地追求谋取我于此发现的漂亮卷子，它系唐代根据著名作家和书法家柳公权写的《般若婆罗蜜多心经》，而制成的拓片。另外一种同样也很美的拓片却不完整，不会使我联想到任何熟悉的东西。我还搜集了一二种较小的残卷。"[法]伯希和：《敦煌藏经洞访书记》，[法]伯希和等著，耿升译：《伯希和西域探险记》，296—297 页，云南人民出版社，2001 年。按，柳书拓本为《金刚经》而非《般若婆罗蜜多心经》；"北宋的一名业余爱好者"则似有未通。
5. 彼时受刘潞先生嘱托，经由索尔本大学高等研究实验学院教授毕梅雪（Michele Pirazzoli-T'serstevens）博士介绍，为中国国家清史编纂委员会考察其馆藏清代纪实性绘画。

刚经》等其他三种，而《温泉铭》因藏品状态堪忧，法国国家图书馆久已将之高
耸庋藏，"不再提供阅览"。

　　在巴黎期间，我两次前往法国国家图书馆，第一次看了欧阳询书《化度寺邕
禅师塔铭》、柳公权书《金刚经》，第二次约看的是无名氏书《佛说大悲陀罗尼
经》，并办理购买《温泉铭》的高清晰数字影像。有趣的是，在我第二次赴图书
馆办理购买《温泉铭》影像手续之后，接待者蒙曦（Nathalif Monnet）博士为我提
取《佛说大悲陀罗尼经》阅看时，竟出乎意料地将《温泉铭》一并放到了我的
面前。

　　与敦煌研究学者及碑帖鉴定专家不同，我看这四本拓片，主要是从传拓工艺
角度来观察的。[1]

（一）《化度寺邕禅师塔铭》（P.4510）

　　《化度寺邕禅师塔铭》装在一个薄薄的小函套内。拓片夹在两张棉纸之间，
手掌大小，割裱装成册页状，只有一开，正反两面。墨色浓黑醇和，富有光泽，
有擦拓留下的墨色痕迹。纸张色黄而粗糙。拓片字迹清晰，边界分明，传拓技法
纯熟，与今天的传拓工艺略无差别。

　　敦煌石室出《化度寺邕禅师塔铭》存十二页，此首开二页，为伯希和所盗；
余十页为斯坦因（Marc Aurel Stein）所盗，初藏英国大英博物馆，20 世纪末转至
大英图书馆收藏。

（二）《金刚经》（P.4503）

　　《金刚经》装在一个长方形的盒子中。卷成一个粗粗的手卷，高度在 30 厘米
左右。全部经文原本刻在十二个刻帖状条石上，传拓后组合装裱成一长卷。

　　《金刚经》不及《化度寺邕禅师塔铭》墨色温润，通体墨色略嫌浅淡，擦墨
痕迹明显，各段之间擦墨痕迹或横或竖，似非一人所拓，或因石嵌壁中，传拓者
工作时身体上下屈伸所致。字迹间纸张有拼接叠压痕迹，知即同一条石亦非整纸

---

1. 施安昌先生在 1991 年、1992 年、1993 年、1996 年连续就敦煌唐拓发表论文，对四本拓片的情况作了十分详细的描
　述，并兼及相关考证研究，富有洞见，是乃学者之观察也。参见施安昌：《〈化度寺邕禅师舍利塔铭〉敦煌本、王
　孟扬本校碑纪事》，《文物》1991 年第 8 期；《唐太宗〈温泉铭〉校碑纪事》，《文物》1992 年第 3 期；《敦煌石室发
　现的四种碑刻古拓——兼谈中国书籍制度的变迁》，《故宫博物院院刊》1993 年第 3 期；《观〈化度寺邕禅师塔
　铭〉敦煌本补记》，《故宫博物院院刊》1996 年第 3 期。

传拓，或当时纸张尺幅过小之故。

拓片纸张粗糙，薄厚不均，色呈姜黄，墨色亦多有脱落处。然笔画间虽有传拓淹墨痕迹，而字字清晰，绝无渤痕，当为新刻新拓之本。拓片保存状态颇为糟糕，整卷迭经潮湿浸透，遍体皴皱，且多裂断。蒙曦博士说拓片自伯希和送入图书馆后从未重新装裱修整，应为最初的保存状态。然细观之，则手卷最初数十厘米裱纸与后段通体裱纸差异明显，其为何时修补，则不能知之耳。

（三）《温泉铭》（P.4508）

《温泉铭》保存在一个十分普通的长方形布面硬纸盒中。展卷观之，拓片通体纸色泛黄，浓墨厚积，熠熠有光泽，如黑漆髹成。其表面皴裂亦如漆纹，墨色温润，字字清朗，笔画边际，平如刀切，且无渤痕、无缺笔，信为即刻即拓之本。

据文献记载，唐代拓片均采用"擦拓法"[1]上墨。观敦煌石室藏本，其所出亦皆有擦墨拓痕迹。较之"扑拓"上墨法，擦拓法欲使拓片厚积浓墨更为困难，《温泉铭》拓片积墨之厚，乃至皴裂如漆，与今天使用扑拓法制成的拓片极精品，毫无逊色之处，足称"擦拓法"拓片巅峰之作。

拓片为裁条装裱本，各条边际多有翘起，拓纸较《金刚经》拓片匀薄细腻，背衬纸色亦年久呈黄色。拓片表面因潮气沁入及反复开卷而遍体皴皱，上下两边亦多裂断处，不过以唐代纸本论，则保存堪属佳善。

（四）《佛说大悲陀罗尼经》（P.4620）

无名氏书《佛说大悲陀罗尼经》是一个小小的细纸卷，装在相应大小的粗布面硬纸匣中。拓片逐字剪作小方片，粘贴于黑色衬纸上。

衬纸粗糙，较平实挺括。拓片内容为汉字梵音经书。纸卷短小，较《温泉铭》《金刚经》之规模，似无足观者，然同为唐拓存世孤本，且装裱形式奇特，尤为特例。乃信伯希和于敦煌石室一瞥之际，识见之高，世所罕见。

1.擦拓法，是使用毛毡捆作硬卷，一端用刀切平，使之蘸墨快速于拓纸上擦掠的上墨方法，至今在陕西一带仍有使用这种方法制作拓片者。擦拓法上墨速度较快，但是容易使字口浸墨，难使拓片精善。扑拓上墨法是使用扑包蘸墨，在拓纸上拍击，扑拓易使墨色匀净、字口清晰，故后世多用之。据施安昌先生所见，故宫博物院所藏各宋拓本，擦拓、扑拓兼而有之，说明宋代已有扑拓上墨之法。

二、文物[1]提看手续比较

对于博物馆工作者而言，不同国家和地区的文物保管制度，总是受到特别关注。

我在法国国家图书馆阅看敦煌唐拓，得到该馆珍本部东方室中文处主任蒙曦博士的接待。初次见面时，她先是与我交流了半个多小时各自的研究内容，在询问过我关于拓片、传拓等各类问题的看法之后，才从另外一间屋子小心地将拓片取出，并再次强调《温泉铭》不能提看。而在我第二次到图书馆办理完购买图片的手续后，《温泉铭》戏剧般地出现，当时不仅令我既惊且喜，亦甚为不解。因为在故宫博物院，各类文物的保管制度十分严格乃至苛刻，提看更需经过复杂的行政管理审批手续，不可能由某个保管人员自行将藏品取出。

2011年10月，蒙曦博士因参加敦煌学术会议至中国甘肃，事毕经北京逗留，在故宫博物院接待她时，我将我的疑问十分直白地当面提出，蒙曦博士做了如下回答：

第一，《温泉铭》的珍贵举世皆知，要求观看者络绎不绝，如果每一个要求观看者都得到满足的话，"大约每个星期都会将其开卷展示，那将十分不利于藏品的保护。"

第二，"对于真正从事该类文物（文书）研究的专家，则应该开放阅览。"虽然我不是敦煌文书的研究者，但却是一个金石文物的拓片制作者，这在百年来众多观看《温泉铭》的记录中，也算是第一次。蒙曦博士同时补充道，我在第一次观看《金刚经》拓片时的舒卷操作手法给她留下深刻印象。其后在卢浮宫，她也曾观看我与卢浮宫同行清点交接书画文物的过程，因而认为展看《温泉铭》的文物（文书）安全可资保证。

第三，在法国国家图书馆，文物（文书）保管专业人员"有全权决定珍贵文物（文书）的提看与否"。专业人员通过与来访者进行学术交流来确认对方的资质，无须呈报馆长审批。

其后，刘潞、施安昌先生等也谈到西方博物馆、图书馆对于文物的管理没有

---

1. 敦煌藏经洞所出纸质文本习惯称为"敦煌文书""敦煌文献"，但在故宫博物院，所有登记在账的各类历史文化遗存如雕塑、绘画、器物、经卷、古籍等，都叫做"文物"，所以，作为文物保管人员，我看待"敦煌文书"，仍是"文物"。

过多的行政干预，"充分尊重专业人员的学术信誉"，是一种长期形成的以学者为中心的信誉机制，也是学术独立的表现。此前我在美国办展览的时候，也曾参观那里博物馆的库房，同样只由一个专业人员带领，而且明确表示我们可以随意开柜取看库藏文物。

西方的这种管理模式基于的是一种个人收藏最终流向公共机构中的传统。斯坦因、伯希和等西方探险家的盗运活动固然是对亚洲地区古代遗存的掠夺，但是他们所得到的古物遗存，却全部毫无保留地依照资助协议交到了博物馆、图书馆，充分体现了他们对本国利益的忠诚和学术为公的精神。学者们的专业自觉维护了各文化机构的正常运转，也相应地使学者自身对文物管理研究的权利得到充分保障。

而在中国，公共的图书馆、博物馆直到近代才开始出现，在私人收藏、买卖文物仍为主流的时代，刚刚诞生的公共机构必须从制度入手，以保证藏品安全。以故宫博物院为例，在 1925 年成立之初，为了清点刚刚接收的清宫遗存，制定了严格详细的"出组制度"，每次"出组"点查，必有军警陪同，这种监视制度在民国时期一直保持下来。在 1949 年以后，继续不断完善各项管理措施，虽然取消了警卫监视，但仍严格执行库房管理双人进库和文物提用的三级审批制度，这些都有效地保证了文物安全和专业人员责任明确。

比较两种管理、提看手续的差异，可以看出，西方是以专业人员为中心[1]，而中国则是以制度约束为保障，貌有所异，而殊途同归，都是以保证文物安全为前提的学术活动。

三、敦煌之盗的新思考

研究敦煌石室文物（文书），首先必须面对的问题就是敦煌文物（文书）之盗。在阅看敦煌唐代拓片时，我同蒙曦博士亦对此作过诸多交流。

关于敦煌文物（文书）之盗，我国学者的谴责之声一直没有停止过，公众则更是义愤填膺。然考诸史实，敦煌文物（文书）的失散，绝非简单的偷盗与被盗

---

1. 尽管在法国文物的提取可以由专业人员决定，但是仍有着严密的保卫措施。我在凡尔赛宫、卢浮宫的布展过程中，每个独立展室自始至终都会有数个保安人员值班，负责安全监护与启闭大门工作，并对所有进入展室的工作人员进行详细登记，其布展安全管理与故宫博物院同样细致到位。

过程。

19世纪末至20世纪初，西方殖民者在全世界范围内的武力侵略、经济搜括，无不充满了血腥与残酷，其在强权支持下的探险考古活动，也充斥着间谍、破坏性发掘和毫无廉耻的掠夺行为。[1]在那个时代大背景下，探险者的道德观、价值观都与今天相去甚远。斯坦因与伯希和两人在笔记中都记录了同王道士交易成功时的喜悦，记录了各自在文物（文书）运出时的小心谨慎和自得之情，而且同样都丝毫不觉得自己的行为有多么龌龊。斯坦因写道："到最后他（王圆箓）得到很多马蹄银，在他忠厚的良心以及所爱的寺院的利益上，都觉得十分满足，这也足以见出我们之公平交易了。"[2]伯希和则写道："假如这些书写下来是为了让人读的，那么它们在我们那里肯定会比在这千佛洞的藏经洞里得到更加狂热的崇拜。"[3]

广被指责为卖国的王圆箓，在敦煌石室文物（文书）发现之初，即向甘肃各级官吏赠送经卷，希望以献宝之功换取修庙的香火钱，却屡屡受到冷落。时任甘肃学政的著名金石学家叶昌炽，早在1903年就已经得到过敦煌县令汪宗瀚赠送的敦煌绢画佛像，也没有予以重视。在斯坦因、伯希和到达敦煌前，王圆箓似乎已做了自己所有能做和该做的事情[4]，在其身后所遗《催募经款草丹》一文中，赫然写着："于三十三、四年，有法国游历学士贝大人讳希和、又有阴国教育大臣司大人讳代诺二公至敦煌，亲至千佛洞，请去佛经万卷。"[5]足见盗卖敦煌文物（文书）的行为与他的道德观、价值观并不相悖。

当时中国收藏家们所承袭的传统，几乎都是将文物（文书）作为"玩意儿"来收藏欣赏的。这些"玩意儿"落入任何人之手，都是私有财产，可以随意赠送、买卖，既不触犯法律，也不违背道德，这从敦煌文物（文书）最初在各级官吏、金石学家手中的流转当中得到了清晰的体现。

伯希和万里跋涉来华，已经是敦煌石室文书发现的第八年，且自进入新疆伊

1.参见张碧波：《是旷世大师，还是文化窃贼？——评〈百年敦煌〉》，《敦煌学辑刊》1999年第2期；倪道善：《近代列强盗窃我国文书、文物纪略》，《档案》2000年第2期；魏延秋：《近代外国势力对我国边疆之文化侵略浅析》，《军事历史研究》2009年第2期；罗四鸰：《大丈夫、小偷与间谍——一九○六至一九○八在中国西部的外国探险家》，《书城》2010年第6期。

2.[英]斯坦因著，向达译：《斯坦因西域考古记》，148页，中华书局，1936年。

3.伯希和1908年4月30日日记。转引自周振鹤、张琳敏：《读伯希和敦煌藏经洞笔记》，《书城》2009年第6期。

4.参见樊光春：《敦煌道士王圆箓评传》，《中国道教》2008年第5期。

5.李正宇：《莫高窟王道士〈催募经款草丹〉小考》，《档案》2010年第2期。

始，就不断从沿途各级官吏的手中获得敦煌石室写经的赠品，而在千佛洞获取大量藏经之后，又能从容盗运出境，且复堂而皇之地在北京六国饭店将部分所得做公开展览，都是今人无法想象的。[1]

伯希和在北京六国饭店的展览，将敦煌石室文书被大量盗运至西方的事实公诸天下，并没有引起清朝政府就此对任何当事人进行追究[2]。对于伯希和的敦煌发现及盗运，罗振玉称为"极可喜可恨可悲之事"，积极敦促政府相关部门将剩余经卷拨款运至北京[3]；叶昌炽则充满了自责："唐宋之间，（敦煌千佛洞）所藏经籍碑版、释氏经典文字无所不有，其精者大半为法人伯希和所得，置巴黎图书馆，英人亦得其畸零。中国守土之吏熟视无睹。鄙人行部至酒泉，虽未出嘉峪关，相距不过千里，已闻石室发见事，亦得画象两轴，写经五卷，而竟不能罄其宝藏。轺轩奉使之为何？愧疚不暇，而敢责人哉！"[4]然而却没有人明确指出伯希和等人的行为是非法盗窃。[5]1923年，中国政府甚至将嘉禾奖章颁发予伯希和。[6]

《易》曰："慢藏诲盗。"当我们谴责殖民主义者盗掘盗运的行为时，必须正视那个时代国家积贫积弱、官吏昏聩无知的历史背景。而且，也不应该回避在剩余经卷运回北京的沿途，何彦升、李盛铎辈雁过拔毛般的监守自盗。[7]还应该记住最为吊诡的一个事件，即1930-1931年斯坦因第四次探险所得文物，在中国学界和公众的抗议下，全部被新疆省政府扣留封存，结果却是"自从1931年11月21日马绍武接受了斯坦因第四次中亚考察所获文物之后，这批文物一直下落不明"[8]。

---

1. 参见桑兵：《伯希和与近代中国学术界》，《历史研究》1997年第5期；耿升：《伯希和西域探险与中国文物的外流》，《西北第二民族学院学报》（哲学社会科学版）2001年第4期；李伟国：《敦煌遗书之厄与学术观点之窒（1900-1915）》，《传统中国研究集刊》第六辑，上海人民出版社，2009年。
2. 其后1912年日本人吉川小一郎和橘瑞超、1914-1915年俄国人奥登堡（S.F.Oldenburg），以及1914年斯坦因再到敦煌等，都一再地重复着敦煌盗宝的故事，中国政府同样没有采取任何措施。
3. 1914年，罗振玉序其《鸣沙石室佚书》时，哀叹清室祚终，竟称："及整比既终，而海天告警，此六七千卷者，等于伦脊，回忆当时，自海多事。"罗振玉：《鸣沙石室佚书正续编》，2页，北京图书馆出版社，2004年。
4. 清宣统元年十二月十三日（1910年1月23日）日记。[清]叶昌炽：《缘督庐日记》，481页，台湾学生书局，1964年。
5. 直至1930年陈垣编《敦煌劫余录》，始称"劫余"，而亦有不以为然者。
6. 中华民国十二年（1923）五月十二日星期六第二千五百七十四号《政府公报》：大总统令"伯希和给予二等大绶嘉禾章。此令。大总统盖印。国务总理张绍曾"。见中国第二历史档案馆整理编辑：《政府公报》（影印本）第200册，255页，上海书店，1988年。嘉禾奖章设于1912年7月，共九等，授予"一、有勋劳于国家者；二、有功绩于学问及事业者。"见陈瑞芳、王会娟：《天津市历史博物馆馆藏北洋军阀史料·袁世凯卷·二》，427-429页，天津古籍出版社，1996年。
7. 何彦升、李盛铎盗取敦煌经卷始末，参见姜洪源：《劫余敦煌文献运京的前前后后》，《档案》2002年第6期。
8. 王冀青：《中英关于斯坦因第四次中亚考察所获文物的交涉内幕》，《近代史研究》1994年第4期。另可参见孙波辛：《斯坦因第四次来新之经过及所获古物考》，《中国边疆史地研究》2003年第1期。

图一 温泉铭拓片，唐拓，法国国家图书馆藏（P.4508）

前事不忘，后事之师。敦煌石室文物（文书）的流散被盗，留给后人的有伤心、有愤懑，还有更多的尴尬和沉思。

四、敦煌唐拓的价值与意义

前往法国国家图书馆展读《温泉铭》等唐拓真迹，于我而言，是一种"朝圣"之旅。

我曾直率地向蒙曦博士谈到，我是一个制作拓片的手艺人，看《温泉铭》仅仅是"朝圣"，对我的拓片制作技术或研究，并无实际意义。没想到最终竟获慨允，亦奇矣！敦煌唐拓尘封千载，幽闭石室，复辗转万里，庋藏异域，其间颠沛曲折，不可胜言；而我二赴巴黎，终得一见，又何幸如之。

敦煌文物（文书）研究自 1909 年开始，不数十年而形成一门显学，敦煌唐代拓片也被一再地著录出版。相关学者从文字、版本、考据、书法、美学，甚至童蒙习字等各个角度进行广泛的论述，取得了十分丰硕的成果。

从一个金石传拓手工艺者的角度来看，我以为，敦煌唐拓的价值在于，它们是这一工艺产品的最早实物遗存。通过敦煌唐代拓片，我们不仅可以看到拓片制作工艺在唐代的完善程度、拓片作品的后期装帧形式，也可以充分印证韦应物《石鼓歌》中叙述的真实和贴切。敦煌唐拓的发现，使世人得以一睹唐代拓片的真面貌，使数百年关于唐拓存否的争论一朝决疑。

　　敦煌唐拓存在本身就是它最大的价值所在。它们是金石传拓艺术的时代见证，是目前传拓工艺可以追溯的最早可见作品，由之也可以推见在它们之前，这一工艺必定经历过漫长的产生和发展过程。通过对《温泉铭》等四本唐代拓片的仔细观察，可以直观地领略初唐时期传拓工艺的高度完善水平。

　　今人不见古时月，今月曾经照古人。敦煌石室唐拓犹如一轮皎洁的明月，穿越时空而来，它凝聚的是传统，是往昔的时光，如同各式各样神圣的纪念碑[1]一样，它是我们赖以凭吊古人的寂静陈迹。

1.巫鸿语。参见[美]巫鸿著，李清泉、郑岩等译：《中国古代艺术与建筑中的"纪念碑性"》，上海人民出版社，2009 年。

传拓技艺的传承与弘扬

本文曾刊载于第四届"中国文字发展论坛暨历史与传统知识国际研讨会"论文集，中国·安阳，2013年10月，收入本书时有修订。我认为，传统工艺技术的保护至少应该包括三个方面的共同努力，即：传承者个人修养的提高、政府及相关机构的政策扶持、公众审美重塑后的反馈力量。而后两者往往还扮演着更加重要的角色。但是，一个手工艺者能够对后两者产生的影响微乎其微，因此本文仅就"拓工个人修养的提高"这一点展开，所谓修身而已，至于全面的讨论，仍有待于来者。

人类对于纯粹的生存、繁衍以外事物的思考和记录，形成了人类文化积累。这种记录最初是通过口耳相传的诗歌说唱形式传承的，其后则相继出现了绘画和文字。远古时期的岩画、古埃及的楔形文字、中国的殷墟契刻、商周金文，都向我们展现了古人丰富多彩的精神世界。

文明的传承依赖于教育。先秦的庠序建立起了颇为完备的学校机制，图书全凭口授手抄，至汉代镌刻熹平石经，则开创了典籍的官方定本，"及碑始立，其观视及摹写者，车乘日千余两，填塞街陌"[1]。石经的刻立，对于纠正传抄讹误，以及俗儒穿凿附会、臆造别字，起到了十分积极的作用，更直接催生了传拓工艺的出现。

作为对石刻文献的复制手段，传拓比抄录优越的地方在于，它是对碑石的原物影像复制，是"图画"，而非"文本"，不会出现对经籍文献内容的传抄笔误。最初的拓片拓自官刻石经，客观上承载着标准文本印刷品的功能。而当雕版印刷出现之后，传拓工艺并未随之消失，反而应用范围更广，至晚从唐代初年开始，人们重视拓片的图像功能，已经胜过了文本功能，拓片不再仅仅是文献，更是画卷。[2]

金石传拓技艺属于工艺美术的范畴，同其他所有手工艺一样，在其一千余年的发展过程中，主要是由工匠来传承的。传拓是一项艰苦繁重的体力劳动，但正是通过这种劳动，创造并形成了中国独有的拓片艺术。一个专业的传拓者对于这项技艺的传承与弘扬，必须首先立足于做一名优秀的"工匠"，谨守法则，忠实传统，务求尽可能真实地再现传拓对象的风貌，同时还要具备主观的对于作品完善的追求，然后才有可能通过长期不懈的积累，最终形成自己的作品风格[3]。

1.《后汉书·蔡邕传》："邕以经籍去圣久远，文字多谬，俗儒穿凿，疑误后学，熹平四年（175），乃与五官中郎将堂谿典、光禄大夫杨赐、谏议大夫马日磾、议郎张驯、韩说、太史令单飏等，奏求正定六经文字。灵帝许之，邕乃自书（丹）于碑，使工镌刻立于太学门外。于是后儒晚学，咸取正焉。及碑始立，其观视及摹写者，车乘日千余两，填塞街陌。"《后汉书》，1990页，中华书局，1965年。

2.南宋赵孟坚遭遇翻船落水，手持所藏《定武兰亭》拓片说：《兰亭》在此，余不足问。"《兰亭序》作为文章，人皆可以背诵，赵孟坚所重视的显然是拓片本身而非其内容。将拓片视为古人书法影像供临池学习，当早于唐代。唐封演《封氏闻见记》述"绎山"刻石道："始皇刻石纪功，其文李斯小篆。后魏太武帝登山，使人排倒之，然而历代摹拓以为楷则，邑人疲于供命。"此外，敦煌所出唐拓《温泉铭》拓本下的空白处，有对照拓片书写的习字，更形象而直白地告诉我们，在一千多年前，这卷拓本确曾充当过某位习书者的字帖而被置诸案头。蔡渊迪《敦煌经典书法及相关习字研究》一文中，甚至对其中的一个"索"字，发挥了充分的想象："因为在敦煌，索氏是世家大姓。也许，这件《温泉铭》拓本地脚上的习字正是索家子弟所为。"蔡渊迪：《敦煌经典书法及相关习字研究》，浙江大学硕士学位论文，2010年。

3.拓片从来不是大众文化，它所具有的风格往往十分细腻，只有业内专家才能体会分辨，这也是它的特殊之处。

一、严守传统 力求形似

首先，拓片的基本要求，是对铭刻、器物的文字、纹饰原貌的真切再现，因为有传拓对象的限制，所以拓片制作的创作空间十分狭小。这就要求金石传拓技艺的传承者，必须严守传统，一丝不苟。日本民艺学者柳宗悦写道："传统在技术的领域里起着特别重大的作用，技术是工作不可或缺的力量，掌握技术的程度直接关系到器物之优劣，这样的传统把技术的秘诀传授给了匠人。……传统是一种法则，……在有法可循时，工作的安全便有了保障。匠人要正确地完成工作，通常不是依靠一个人的力量，对传统的顺从使他们能够良好地完成工作。"[1]

其次，应当尽力追求技艺与工艺的完美，摒弃那种视精益求精为"慢吞吞""浪费人力和时间"的看法。[2] 这种看法的流行曾极大地损害了传拓技艺的正常发展与传承。虽然拓片制作的创作空间狭小，但是不同人制作的拓片作品，在工艺上的高下依然差距极大。传拓精善的作品令人赏心悦目，传拓粗劣的产品则每每令人扼腕叹息。慢功出来的不一定都是"细活"，但是片面求快、求多的产品，却一定是以牺牲美的追求、降低质的标准为代价的。

第三，任何一门传统技艺的传承者，在没有对本行业工艺程序完全彻底地掌握和研究之前，即试图以浅尝辄止的"经验"对传统进行改良、创造、发明，以期一鸣惊人的做法，都是狂妄无稽的。[3] 因此，尽管历代金石学家在碑帖拓片的题跋中，屡屡论及拓片的"神韵""意境"，但是金石传拓技艺的传承者，特别是初学者，却不可轻易陷此窠臼之中，"神韵""意境"是抽象的概念，雕刻的字画边界才是真实的存在，"形似"是拓片作品成功与否的先决条件，离开了对传拓对象的忠实反映去奢求"神韵""意境"，无异于缘木求鱼。

---

1. [日]柳宗悦著，徐艺乙译：《工艺文化》，62—63页，广西师范大学出版社，2006年。
2. 董自海《简易传拓法介绍》："在目前说，旧的传拓法在艺术表现上是比较好的，但由于今天考古发掘及文物调查工作大规模地飞速地进展着，在传拓上不许可我们仍然是按旧方式慢吞吞地来进行工作，浪费着大量的人力和时间；作为研究资料说我们也没有必要化很多时间把每一件东西都传拓得具有很高的艺术性（当然，要是使传拓能用最快的时间取得最好的艺术效果那就更好了）；因此，我个人认为应推广这一方法，其意义不只是节约经济和人力、时间，更重要的是要在文物工作部门里展开一个技术革新运动，鼓励创造发明，反对保守，把我们的各项工作提高到适应社会主义社会建设的水平。"董自海：《简易传拓法介绍》，《文物参考资料》1955年第6期。
3. 业师纪宏章先生曾讲述，20世纪50年代，有人向马子云先生学习金石传拓技艺，不一二月，即"发明"出使用油印机辊子制作拓片的"创新技术"，且洋洋自得，四处讲解，成一时笑谈。

二、心怀诚敬 抱朴守一

良渚文化的玉器、商周时期的铜器，以及北魏以迄隋唐的佛像雕塑、经变绘画，在今天看来都是绝美的艺术品。但是，在产生它们的那个时代，所有的器物制作者恐怕都不会有张扬个性的"艺术"自觉。

远古的玉器以及青铜礼器，在功用上都是交通上天祖先的媒介，所有的工艺技巧都必须遵循着既定的法则、围绕着奉献的主题而展开，制作者是在从事着一项神圣的事业，却不会自认为是在创造，至于"华美""狞厉"之类的描绘词语，都是今天的学者强加给它的，古人或许从来就没有想到过这些。不过有一点是可以肯定的，那就是先民们在制作这些器物时，必定抱着无比虔诚的敬畏之心。同样，开凿各地石窟并遗留下来大量珍贵的佛像雕塑、经变绘画的人们，也大多是名不见经传的僧侣信众和食不果腹的乡间工匠。正是信仰的力量使得他们永恒和不朽。

因此，一个手艺人——雕塑、绘画、篆刻、摄影，以及传拓等的从业者都首先是手艺人——在对待自己的工作怀抱着宗教般的虔诚的时候，在对待自己的作品怀抱着赤子般的澄明的时候，当他将自己的工作作为一项事业来看待的时候，当他完成一件作品时首先想到的是主观追求的完美而不是交付差事换取稻粱菽麦的时候，他的技法必定日益成熟完善，此时他无需费尽心思地追求自己作品的"艺术"性，而"艺术"的品位却自会追踵而至。

简而言之，就是要在内心深处，时刻怀着使自己今天的文物拓片作品，成为明天的人类文化积累的态度进行工作。用"心"制作、为了追求完美，并期望流传永远的产物是"艺术作品"；而用"手"制作、为了完成任务，只想着换取柴米的产物是"劳动产品"。"产品"与"作品"间的距离，既是一步之遥，也是千里之远。

三、广见博闻 聚沙成塔

要成为一个优秀的传拓技艺传人，除了工艺技法的掌握、内心世界的修养，还必须有大量的学术积累和广博的金石见闻。

同旧时所有的手工艺一样，金石传拓技艺门槛很低。民国以前，职业的传拓者大多是没有受过教育的乡间工匠，通过三年甚至更长的学徒生涯，学得技艺，糊口四方。这样的工匠人数颇众，金石传拓是他们谋生的手段，售卖拓片是他们衣食的来源，他们的作品大多并不讲究，今天在各博物馆、图书馆，以及其他公私收藏的大量晚清民国时期的粗劣石刻拓片，多半出自他们之手[1]。他们的工作是自为的，而不是自觉的，他们的劳动为今天留下众多的文化财富，也留下众多的遗憾不足。他们大多湮没在历史的长河之中，即令偶为文人记述，也只一鳞半爪[2]，这就是旧时传拓艺人的生活状态。

不过，尽管这种状态构成了传拓技艺的主要传承方式，但却并不甚有益于传拓技艺的弘扬与发展。晚清民国以来，还有一种更为积极的传承方式。即达受将绘画的审美情趣融入于拓片作品之中、陈介祺对于金石传拓的实践与理论总结、周康元在民国时期所做的大量全形拓作品，以及马子云先生以私淑陈介祺为始、以集各类传拓技艺之大成为终的艰苦探索。

一个手工艺者，在没有全面掌握基础的工艺技巧和完成大量的重复作品之前，而去奢谈创作的"艺术"，是最不明智的选择。"艺术"的品位需要手工艺者在反复实践的摸索中体会出来。一切个人工作中成功失败的教训，以及同行的经验总结，历代文人学者的碑帖题跋、金石著录，都是有助于提高传拓水平的养分，只有通过无数遍的实践 — 学习 — 再实践的不断进取，突破自我，才有可能使技艺最终走向完善。道进乎技，止于至善，应该成为每一个手工艺者毕生追求的境界。

四、结　语

传拓是一种"复制"的工艺，但绝非工业时代的机械刷印。每一幅拓片作品都是唯一的，都包含着传拓者对于传拓对象、纸墨材料的理解和认识，包含着传拓者的手法技巧及审美体验。一个优秀的传拓者，在他的工作中，要具有使工艺升华为艺术的才能。

---

1. 晚清民国时期流传下来的粗劣拓片数量巨大，并不说明这一时期传拓水平较以往更低，而是因为时代较近，从业者多且收藏集中的缘故。唐宋古人所拓，亦当以劣品居多，只是经过数百上千年时间的筛选淘汰，只有其中最优者流传下来而已。

2. 如[清]况周颐《选巷丛谈》："小东门卖书人刘髯、平山堂打碑人方髯与汤柏蘇为扬城三绝。方髯无家室，打碑得钱，辄市饮尽醉。时来谭论古迹，在若有若无间，如五云楼阁，政复引人入胜。"髯，就是胡子，方髯即"方胡子"，有姓而无名。[清]况周颐：《选巷丛谈》，《丛书集成续编》第二十四册，684 页，新文丰出版公司，1988 年。

拓片本身具有天然的艺术内涵，传拓技艺也因此具有艺术追求的空间。古人的书法（绘画）作品，在经过镌刻、传拓的辗转复制过程中，一再地以新的面貌出现，形成新的艺术作品。书法（绘画）— 石刻 — 拓片的过程，每一次都不是简单的后者对前者的再现，石刻使书画由平面变为立体，由柔软脆弱变为坚硬永久，拓片则使石刻黑白分明，不胫而可走。每一种记录，记录的每一个角度，都经过了记录者有意识或无意识的认识、理解，和加工，加入了记录者的审美情趣，都是新的创作。书法（绘画）、石刻、拓片，三者相互之间，既有难以分割的内在联系，同时又都是各自独立的艺术形式。这个过程如同凤凰浴火，焕发出的是"新生"，而非"重生"。

一千余年来，无数前辈和金石学家一起，使拓片成为中华民族传统文化与艺术的有机体，成为中国人精神生活的组成部分。因此，作为专业的传拓者，我们当下的工作非常重要且意义深远，我们所足以自豪的，不仅仅是我们能够制作出一些文物拓片，给博物馆、图书馆的库房增添几件收藏，更重要的是，我们正在充当着人类文明薪火相传中的一根木柴，肩负着传拓技艺传承与弘扬的使命，我们是民族文化传统的守望者。

附　记：

2010 年于马玉贤师弟处偶见第一届"全国文物传拓训练班"毕业纪念照，马子云先生、纪宏章先生并与焉，诚金石传拓技艺传承之珍贵物证，敬录于此，以志纪念。（图一）

此照片人名、单位系据照片背后马子云先生亲笔标注移录。经核对，照片上姓名俱在者，皆毕生服务于文博考古事业，所记各人所在具体单位或稍有出入，而省份无误。

据夏桐郁《书法碑拓知识讲座》记述，第一届"全国文物传拓训练班"共有学员 20 人[1]，此照片中只见张万坤、王传勋、冯天成、崔汉林、戴福森、姚尚杰、张学考，以及业师纪宏章先生 8 人，其他人或另有工作安排而未在现场。

---

1. 夏桐郁：《书法碑拓知识讲座》，《东南文化》1994 年第 4 期。

图一　第一届"全国文物传拓训练班"毕业纪念照，摄于 1964 年

后排左起：王同志（陕西文化局）、张万坤（陕博）、王传勋（山西博物馆[侯马]）、冯天成（河南文工队）、崔汉林（陕博文管会）、戴福森（四川博物馆）、姚尚杰（山西博物馆[五台]）、张学考（河北博物馆）、纪宏章（北京故宫[学员]）、王涛（陕博办公室秘书）、范文藻（陕博复制部副主任）

前排左起：李长庆（陕博、保管主任）、赵敏生（陕博、掌握传拓）、张明善（北京、文博）、程秘书（陕西文化局）、张局长（陕西文化局）、马子云（故宫、训练班总领导）、段绍嘉（陕博、保管副主任）、陈主任（陕博、办公室主任）、贺秘书（陕博、文管领导）、王勋（陕博、复制主任）

历代金石传拓人物简表

本简表曾收录于拙著《金石传拓的审美与实践》，故宫出版社，2015年，收入本书时有修订。

自南北朝传拓工艺发明以降，职业传拓者固当以万计，而留下姓名的区区不足百人，非职业传拓者则反过之。究其缘由，手工劳作乃佣仆厮役之属，故鲜有记之。不过，虽然体力劳动受人轻视，但因为传拓者是拓片的直接制造者，而金石收藏、著录、考证总是围绕拓片展开的，所以历代金石学家叙述拓片源流掌故之时，不免偶有论及，虽一鳞半爪，原出无心，在今天却成为研究传拓历史沿革的珍贵资料。

旧时职业传拓者只为谋生，师徒口手相传，即或形诸文字，因没有图书留存，大多湮没无闻。清雍正至乾隆年间，合阳褚峻以平生所拓著为《金石经眼录》，开创职业传拓者著书之例，其后二百余年，始复有职业传拓者自撰生平见闻传世。金石学家收集拓片，因爱成癖，乐在其中，以至"每逢阴崖古洞，破庙故城，怀笔舐墨，详悉纪录，或手自椎拓，虽及危险之境，甘之如饴"[1]。历来学者自叙拓碑故事，多极言其艰难以为夸耀，而考诸史实，即官员幕僚访碑，亦往往并有仆从随行，非独立完成。[2] 至于古器物、泉货、玉器之属，虽众多收藏家皆能亲手制作拓片，然编定图书，亦多聘工，非自为之，盖术各有专耳。

古人叙事，以言辞过简，有时竟难经推敲。本表辑录北宋李梦征、文勋二人事，所据皆是孤证，如《金石录》"秦琅邪台刻石"跋："熙宁中，苏翰林守密，令庐江文勋摹拓刻石"，然则文勋亲手"摹拓刻石"乎，抑或仅摹写文字而另有工匠为之乎？[3]《语石》记"宋勃兴颂后有摄太常寺太祝李梦征传本十一字"，是李梦征笔传乎、拓传乎，抑或命人传乎？前人惜墨如金，语焉不详，深辩难免为之气短。尽管如此，本表仍予收录，实因传拓史料稀如星凤，卒不忍弃。

表格作四栏，分别为姓名 / 年代、身份、生平 / 传拓事迹、文献出处，收录人物生年以清宣统三年（1911）为限，其后者不录。"姓名 / 年代"，依生年先后排序，生年不详者参照卒年估算，生卒年皆不详者参照交游人物年代或传拓事迹时期估算，孤证文献述多人且内容完全一致者则并于一栏，以孤陋，其舛误错置，当不在少数。"生平 / 传拓事迹"，依籍贯、别号、斋号、交游、著述、传拓经历次序叙述，于

---

1. 缪荃孙：《艺风堂金石文字目》自序，《石刻史料新编》第一辑第二十六册，19521 页，新文丰出版公司，1982 年。
2.《益都金石记》朱文藻序中先说："（段松苓）酷嗜金石，等于性命，无论穷碑巨制，即残碣断崖，有数笔可仿佛者，必手锥而目谛之。"但是，接下来却又说："余初未至济南时，赤亭先偕一拓工，随一童，橐被过走山左诸郡。"[清]段松苓：《益都金石记》，《石刻史料新编》第一辑第二十册，14806 页，新文丰出版公司，1982 年。
3. 苏轼《刻秦篆记》但云："熙宁九年（1076）丙辰……庐江文勋造以事至密。勋好古善篆，得李斯用笔意，乃摹诸石，置之超然台上。"孔凡礼点校：《苏轼文集》，409 页，中华书局，1986 年。

所征引文献前后内容或稍作移动，然皆有所本，非敢妄自杜撰。[1]引文内容必目验图书校对，征引文献版本及论文所刊杂志信息，详见"参考书目"。

此表之作，只为引玉，挂一岂止漏万，尤待好学深思者补正之。

一、唐以来职业传拓者简表

姓名/年代	身　份	生平/传拓事迹	文献出处
朱　吉 （唐）	拓工	万年人。叶昌炽《语石》："汉仓颉碑，宋人题名后，有万年朱吉打碑记。"柯昌泗《语石异同评》："汉仓颉庙碑，额有万年朱吉打碑题记。著录以为宋刻。万年，唐县名，与长安俱为京兆尹附郭之县，唐以后无此县名。打碑人之见于石刻，当始于唐也。"	《〈语石〉〈语石异同评〉》
王　辛 （宋）	拓工	云峰山郑道昭《论经书诗》刻后宋人题名"打碑王辛到此"	《云峰刻石调查与研究》
褚　峻 （康熙－乾隆）	碑估	陕西合阳人。字千峰。与牛运震金石游。著有《金石经眼录》。褚峻《金石图说》序："峻性颛愚，生而好古，然好之而无力，虽冯翊、华岳、韦曲、昭陵诸碑刻，乃家居最近而易得者，尚不能致之而有，于是遗世绝俗，冥搜孤讨，常裹粮襆被，萧然跋涉，周游四海九州，名山大泽，遇峭崖深谷，荒林败冢，凡有周秦汉魏晋唐诸家之遗文单画，残碑断碣，风霜于墟莽榛棘之中，而兵燹厄矼础墙几之际者，手翻目追，摹拓殆遍。憾余生晚，捃摭垂三十年，凡得碑千余种矣，计前诸君子所未见与见之未悉者，余皆一一默识详考，能名其地而道其所出。然余不敢以是自足也……余厕其侧，罄其心目所及，亦将稍补金石之万一。然则余守是图，俛俛容与以玩而老焉，其亦可矣。"刘世珩《金石图说序》："经眼录一书为合阳褚千峰编辑，盖其人尝足历方州，躬涉退阻，一切可骇可愕之区，如徐霞客一流人物，乃得手揭别本，萃诸灵文奥刻而归。"	《金石图说》

1.如曾在"百度百科"搜索查得："李月庭(1870－1940)，又名李月亭。京兆北平大兴人士。据《北平市工商业概况》（1932年）记载：'北平人李月庭，琉璃厂西口翰茂斋镌碑处，年已愈六旬。现为北平研究院集揭北平市属各庙宇碑文，规模颇大。'"按，此条引文部分稍有出入，校核原书当为：北平人李月庭"琉璃厂西口翰茂斋，为月庭之镌碑处……年已逾六旬。现为北平研究院集揭北平市属各庙宇碑文，规模颇大。"池泽汇等：《北平市工商业概况》，31页，北平社会局，1932年。引文前之"李月庭(1870－1940)，又名李月亭。京兆北平大兴人士"句则于各公开出版物中未能查证核实，遍询诸友亦未有所获，故虽明知有此，而不敢径自列入表格。

续表

姓名/年代	身份	生平/传拓事迹	文献出处
车永昭 （乾隆）	碑估	陕西合阳人。叶昌炽《语石》："书估如宋睦亲坊陈氏、金平水刘氏皆千古矣。即石工安民，亦与党人碑不朽。惟碑估传者绝少。毕秋帆抚陕时有合阳车某以精拓擅场（牛空山金石图有车永昭，当即此），至今关中犹重车拓本。"	《语石》 （万有文库版）
李锦鸿 （嘉庆-咸丰 以后）	刻工	江苏阳湖人。陆和九《中国金石学》附录之"传拓金石者"。拓片钤"阳湖李锦鸿手拓金石""李锦鸿拓""李锦鸿搨""锦鸿所搨""李锦鸿""锦鸿"等印。程庭鹭《梦盦居士年谱》："十九年（1839）己亥……三月，与印川、西屏、调生携刻工李锦鸿时至虎邱搨宋人题名。"徐康《前尘梦影录》卷下："吴门椎拓金石，向不解作全形，迨道光初年，浙禾马傅岩能之。……阳湖李锦鸿亦善是技，乃得之六舟者。曾为吴子苾、刘燕庭、吴荷屋、吴平斋诸老辈所赏识。"	《中国金石学》 《梦盦居士年谱》 《前尘梦影录》
刘长春 （晚清）	碑估	山东莱州人。传拓云峰山石刻	《云峰刻石调查与研究》
张子达 （晚清）	拓工	受聘于陈介祺。技颇出众，今所见之浓淡墨曹望憘画像拓片，拓法即其所创。陈介祺致潘祖荫书札道："张子达（衍聪）之拓法，却胜东省他人。"致王懿荣书札道："曹石乃张子达所拓，工而未雅，爱之则属子振试仿之。子达聋悖无可医，然拓墨则他人皆不及"，"张子达者，拓佳而耳聋悖，且恐损器……"	《秦前文字之语》
吕守业 （晚清）	拓工	陆和九《中国金石学》附录之"传拓金石者"。受聘于陈介祺。初名刘守业，后改归本宗吕姓，仍名守业。人谨细稳重，技亦佳，颇受陈介祺称道	《中国金石学》 《秦前文字之语》
徐凤岐 （晚清）	拓工	受聘于陈介祺	《簠斋研究》
姚公符 （晚清）	拓工	受聘于陈介祺	《簠斋研究》
谭朴 （晚清）	拓工	受聘于陈介祺	《簠斋研究》
苏亿年 （晚清）	古董商	陕西西安人。又名苏七。与兄苏兆年（苏六）合伙经营永和斋古董铺，与陈介祺、鲍康等收藏家过从甚密，以发现毛公鼎闻名	《金石传拓技法》
田镕睿 （晚清）	拓工	山东潍县人。号两帆。受聘于陈介祺。善毡腊，亦能裁治书籍。子子正、子由（智缙），皆以治嵌银丝漆器闻名	《中国美术家人名辞典》

姓名/年代	身　份	生平/传拓事迹	文献出处
李宝台 （晚清）	古董商	宝坻人。杨守敬《古泉薮》序："此宝坻李宝台手拓。宝台毕生好古泉，得小泉直一一窖，京市古泉家称为李小泉，其家人无不精拓古泉者。当时刘燕庭、叶东卿、陈寿卿、鲍子年家所藏古泉，皆倩小泉拓，厥后诸老凋谢，宝台亦贫不得食。光绪初年，余从其家得拓本数册，顾小泉虽以卖古钱为业，亦自爱其拓本，不轻以予人。"	《古泉薮》
张懋功 （晚清）	碑估	陕西汉中人。秀才。世居褒谷口，祖辈以拓售石门摩崖刻石为业。清同治至光绪年间陕甘学政吴大澂往石门访碑，即聘张懋功为之精拓鄐君开通褒斜道题字，两人由此交厚。后张氏一门专拓石门铭刻，至20世纪末，业已传至五代	《浅谈石门摩崖石刻的传播》
李贻功 李泽庚 （晚清）	拓工	山东利津人。受聘于陈介祺。陈育丞《簠斋轶事》："助簠斋拓墨之人，能发挥艺术上之能事者，在京则陈畯，在潍则李贻功（字书勋，利津人，为李佐贤之侄）及其侄泽庚（字星符）。李泽庚客簠斋最久，金文拓本多出其手。王国维《毛公厝鼎跋》中曾云：'此鼎器小而字多，故拓墨不易，余见秦中旧拓与端氏新拓此鼎皆不佳，惟陈氏拓最精，陈氏所拓又有四块与二块两种。初拓四块，后拓乃易为二块，故二块者尤精，皆出利津李某手，而李君已老……'所谓李君即指李泽庚。"	《簠斋轶事》
王幼泉 （晚清）	拓工	王石经子。受聘于陈介祺	《簠斋研究》
王松甫 （晚清）	拓工	王石经侄。受聘于陈介祺	《簠斋研究》
方髯 （晚清）	拓工	江苏扬州人。况周颐《选巷丛谈》："小东门卖书人刘髯、平山堂打碑人方髯、与汤柏龢为扬城三绝。方髯无家室，打碑得钱，辄市饮尽醉。时来谭论古迹，在若有若无间，如五云楼阁，政复引人入胜。"	《选巷丛谈》
方可中 （晚清）	拓工	江苏江阴人。与沈霞西、赵之谦金石游。叶昌炽《语石》："赵㧑叔补寰宇访碑录，搜访石本，皆得之江阴拓工方可中。"	《〈语石〉〈语石异同评〉》
聂明山 （晚清）	碑估	江苏江宁人。陆和九《中国金石学》附录之"传拓金石者"。柯昌泗《语石异同评》："缪艺风掌教金陵，曾令拓工聂明山往拓长江上下游石刻，多前人所未见者。"	《中国金石学》 《〈语石〉〈语石异同评〉》

续表

姓名/年代	身 份	生平/传拓事迹	文献出处
黄士林 （晚清）	拓 工	山东泰安人。陆和九《中国金石学》附录之"传拓金石者"。缪荃孙《艺风堂金石文字目》自序："山东张勤果中丞曜延主滦源讲席，门人尹竹午副贡彭寿为觅泰安黄士林，尽拓泰安、肥城、汶上、东阿、济宁、兰山、沂水、蒙阴数十县。"	《中国金石学》《艺风堂金石文字目》
沙士瓒 （晚清）	拓 工	江苏江阴人。一名镇藩。清同治年间会同缪荃孙传拓乾明广福寺罗汉名号残碑。缪荃孙《艺风堂文集》："余拓《建炎牒》，打碑人沙君士瓒为言碑阴亦有文字，因薙榛莽，发瓦石，出而视之，则绍兴牒也。"	《艺风堂文集》
袁裕文 （晚清）	拓 工	柯昌泗《语石异同评》："缪艺风掌教金陵……宣统间，江苏脩志，聘编金石志一门。又令拓工袁裕文率人遍至诸县搜访。"	《〈语石〉〈语石异同评〉》
魏韵林 （晚清）	拓 工	陆和九《中国金石学》附录之"传拓金石者"	《中国金石学》
张青玙 （晚清）	拓 工	陆和九《中国金石学》附录之"传拓金石者"	《中国金石学》
莫远湖 （晚清）	拓 工	陆和九《中国金石学》附录之"传拓金石者"	《中国金石学》
李景春 （晚清）	拓 工	陆和九《中国金石学》附录之"传拓金石者"	《中国金石学》
王和群 （晚清）	拓 工	河北南宫人。张彦生《善本碑帖录》："北齐兰陵忠武王高肃碑……旧拓只上截，碑甚漫漶，碑出全后，王和群拓最清晰。"马子云《金石传拓技法》："清末与民初，南宫人王合群擅长拓碑，他的传拓墨浓而精，但是黑而不亮。研究拓本者，看见拓本，即知为王合群所拓，为收藏者所重视。"	《善本碑帖录》《金石传拓技法》
张 茂 （晚清）	拓 工	直隶人。刘鹗《铁云藏陶》序："陶之为器虽微，而古人作之正之者，皆圣贤之资，宜其文字之足重也。海内名家尚未显诸著录，于是选择散藏，属直隶张茂细心精拓，得五百余片。"	《铁云藏陶》
王瑞卿 （晚清）	拓 工	直隶人。刘鹗《铁云藏龟》序："龟板文字极浅细，又脆薄易碎，拓墨极难。友人闻予获此异品，多向索拓本，苦无以应。然斯实三代真古文，亟当广谋其传，故竭半载之力，精拓千片，付诸石印，以公同好。任是役者，直隶王瑞卿也。"	《铁云藏龟》

姓名/年代	身 份	生平/传拓事迹	文献出处
初天富 （1847-1918）	守碑人	山东文登人。与子初均德（1867 以后 -1946）以传拓好大王碑为业	《好太王碑研究》
薛学珍 （晚清 - 民国）	拓 工	河北冀县人。字锡钧。曾在陈介祺家学习传拓。孙殿起《琉璃厂小志》："光绪二十八年（1902）充京师大学堂藏书楼装订科科员。湛深于摹搨。"后供职北京大学考古学会。故宫博物院成立之初，应马衡聘至古物馆传拓青铜器，有弟子薛平、刘永贵等。刘永贵再传郑世文	《琉璃厂小志》《前生造定故宫缘》《七十年所见所闻》《金石传拓技法》
李云从 （1858-1894）	碑 估	河北衡水人。陆和九《中国金石学》附录之"传拓金石者"。张延厚《辽东文献征略》中所述之李大龙、陆和九《好大王碑题跋》所述之李龙，亦即李云从。铺号宜古斋。精鉴定，善传拓，与缪荃孙、王懿荣、潘祖荫、盛昱、端方等交往甚密。叶昌炽《语石》："碑估李云从，每拓一碑，必于纸背书某村、某寺、或某家、距某县城若干里，可谓有心人也。"李云从一生传拓搜访古碑，耐劳苦，不避艰辛，好声色，挥金如土，三十六岁时终以贫困而死。现在所传《好大王碑》拓本，以李云从传拓本最为著名	《中国金石学》《〈语石〉〈语石异同评〉》《好太王碑研究》《鉴赏述往事》
杨肠子 （晚清 - 民国）	碑 估	陕西合阳伏六乡灵井村人。名不传。清光绪年间在西琉璃厂开设庆云堂碑帖铺，李鸿章为之书匾额。孙殿起《琉璃厂小志·贩书传薪记》："庆云堂：杨□□，陕西合阳县人，外号杨肠子，民初曹子芳继其业。"	《北京琉璃厂》《琉璃厂小志》
宗怀璞 （晚清 - 民国）	拓 工	山东泰安人。关百益《伊阙石刻图表》序："沙畹旅行中国，在清光绪三十年（1904），同行者有俄国阿里克，任摄影者为北京裕泰照相馆周子华，任捶拓者为泰安宗怀璞。怀璞见充河南金石处访拓员。"	《伊阙石刻图表》
刘洪儒 刘震声 （晚清 - 民国）	碑 估	山东莱州人。传拓云峰山石刻	《云峰刻石调查与研究》
黑云尚 黑明堂 （晚清 - 民国）	碑 估	山东莱州人。传拓云峰山石刻	《云峰刻石调查与研究》
王新烈 高永环 （晚清 - 民国）	碑 估	山东曲阜人。传拓云峰山石刻	《云峰刻石调查与研究》
张松亭 （晚清 - 民国）	碑 估	山东德州人。传拓云峰山石刻	《云峰刻石调查与研究》

续表

姓名/年代	身份	生平/传拓事迹	文献出处
李克宽 （晚清-民国）	碑估	山东聊城人。传拓云峰山石刻	《云峰刻石调查与研究》
李永福 （晚清-民国）	碑估	山东泰安人。传拓云峰山石刻	《云峰刻石调查与研究》
谢秀峰 赵澄城 （晚清-民国）	碑估	陕西人。民国七年（1918）访得、传拓《晖福寺碑》	《清末民初至建国前西安的文物市场》
曹子芳 （晚清-民国）	碑估	山西人。孙殿起《琉璃厂小志·贩书传薪记》："庆云堂：杨□□，陕西合阳县人，外号杨肠子，民初曹子芳继其业；徒，薛敬铭。"马子云先生1919年至北京庆云堂学徒，称"经理"为曹子芳	《琉璃厂小志》、马子云先生个人人事档案
黄吉园 （晚清-民国）	碑估	铺号征赏斋。辑有《征赏斋古铜印存》。据苏州《平江区志》："清末民初……碑刻名手黄凤仪开设'唐仁斋'和'汉贞阁'……弟黄吉园、黄石涛在护龙街开设'征古斋'。三兄弟对碑刻书法都有钻研。黄石涛在装裱碑帖上工夫精深，而黄吉园出自'养竹居'钱邦铭门下，并得兄凤仪指点，对刻拓工艺颇有建树。"	《平江区志》
李月溪 （1881-1946）	碑估	陕西长安人。字士恒。陆和九《中国金石学》附录之"传拓金石者"。拓片钤"长安李氏拓古印记""长安市隐李月溪手拓金石章""长安李月溪同子友松摹拓古铜器章"等印。诸生。精绘画，摹拓青铜器、碑石为生，以融绘画技法传拓昭陵六骏闻名	《中国金石学》《君子馆类稿》《昭陵六骏拓片浅说》
朱春塘 （晚清-民国）	碑估	马子云《金石传拓技法》："北京朱春塘拓的铜器，铭文墨色淡，拓的器型，有的地方不准。他给张广健拓过《秦公簋》，又给袁克文拓过许多铜器。"	《金石传拓技法》
彭寿祺 （1886-1948）	碑估	四川彭州人。彭祖德子。承父业经营昆明文古堂。父子两代皆以传拓、售卖两爨碑（爨宝子碑、爨龙颜碑）闻名	《文古堂与二爨碑》《老字号》
杨彝尊 （晚清-民国）	碑估	陕西合阳人。民国年间，长期在苏、杭、沪一带传拓古碑。与于右任交往密切，凭于右任介绍前往各寺庙拓碑，凡所得名刻拓片亦皆送于右任收藏	《合阳碑帖映华夏》

姓名/年代	身 份	生平/传拓事迹	文献出处
郭玉堂 （1888–1957）	碑 估	河南孟津人。字翰臣。居号十石经斋，铺号墨景堂。拓片钤"郭玉堂摹拓金石文字印"印。著有《洛阳出土石刻时地记》。民国初年邙洛古墓被大量发掘之时，每亲赴现场调查，所藏金石碑刻拓片为中州第一。曾受聘为北平图书馆名誉调查员、故宫博物院考古采访员。初以贩卖拓片、碑志为业，后与马衡、徐森玉、于右任、容庚，以及罗振玉、顾燮光、周季木、李根源等人为文字交，学问日增。1941年出版之《国立北平图书馆藏碑目》所收世俗墓志和释氏塔铭凡3481种，据袁同礼跋，"皆本馆历年征集购置所得。前京师图书馆及福山王氏之藏约十之一，余皆近世邙下邙洛所出，赖郭君玉堂之力得以入藏。"	《郭玉堂与〈洛阳出土石刻时地记〉》《国立北平图书馆藏碑目》
茹茂贵 （晚清–民国）	拓 工	陕西人。马子云《石刻见闻录》：开母庙石阙，"拓铭文而带全部画像者，只有1923至1924年间，陕人茹茂贵拓十余份，现故宫博物院尚存其一。"	《碑帖鉴定》
谭荣九 （晚清–民国）	拓 工	山东潍县人。马子云《石刻见闻录》：左元异造庐舍石柱，"1921年后，潍县范金波将此二石柱并数画像石贩运北京，卖于美国商人。在将要运走时，孙伯恒闻之，要求拓数份拓本。范云：字内有朱砂红色，保证墨不透到石柱上即可。后由范之同乡谭荣九传拓较淡墨者十份，当时代价六十元一份。"	《碑帖鉴定》
行知省 （晚清–民国）	碑 估	陕西合阳人。铺号辑古堂。1943年前，为陕西省金石采访员。抗日战争期间，受陕西省合阳县政府命，在合阳文庙内用土构筑窑洞，保护《曹全碑》	《合阳碑帖映华夏》
董引之 （晚清–民国）	碑 估	陕西合阳人。铺号信中斋。清末以贩卖碑帖为业。在北京、苏州、南京、安庆居留时间较长。精碑帖鉴别、工刻印章，擅长篆隶书法，并刊有《述古阁印谱》。晚年倦游，先在苏州开一碑帖店，清光绪末年，在安庆吕八街开信中斋碑帖店，落籍安庆。常远行各地，寻访摩崖石刻，拓出汉唐名碑二千余份，并据此写成《访碑见闻录》，其手稿现存于合阳县博物馆	《合阳碑帖映华夏》
俞廷镕 （晚清–民国）	刻 工	浙江杭州人。善刻碑版，并能精拓碑文，所刻书、画，精爽湛然，与真迹不爽毫厘。杭州西湖西泠印社内佛说阿弥陀经石幢，弘厂法师书，为其于1923年与人合刻	《中国美术家人名辞典》

续表

姓名/年代	身份	生平/传拓事迹	文献出处
张文蔚 （晚清-民国）	拓工	顾燮光《梦碧簃石言》："三老碑椎凿而成，锋从中下，不似他碑双刀，故每作一画，石肤坼裂如松皮，非细审原石不能定为某处字画某处泐痕。佳手精拓，非用小墨团加扑数四，其凹陷之笔亦都不显。方出土时，周君命工拓百余纸，但具形模，自余拓后，转语碑工张文蔚，渠如法为之，近拓乃朗晰胜前矣。"	《梦碧簃石言》
李寿山 （晚清-民国）	拓工	山东泰安人。陆和九《中国金石学》附录之"传拓金石者"。20世纪30年代左右，在山东专拓汉魏、北朝墓志，尤善拓云峰山、经石峪、水牛山等摩崖，后曾为鸳鸯七志斋传拓墓志	《中国金石学》 《碑帖鉴定》
胡秉信 （晚清-民国）	拓工	字子征。梁上椿《岩窟吉金图录》序："本书……整理器物，拓制铭文，全赖胡子征氏秉信及次子缤武。"	《岩窟吉金图录》
王秀仁 （晚清-民国）	拓工	浙江绍兴人。拓片钤"王秀仁手拓金石文字""秀仁手拓""王秀仁精拓"等印。辑有《听雨楼印谱》。1907年为丁仁钤拓《西泠八家印选》三十册，"墨彩特佳"；毛公鼎经叶恭绰、陈咏仁递藏时，皆尝请王秀仁传拓墨本	《北京图书馆藏青铜器铭文拓本选编》《北京图书馆藏青铜器全形拓片集》《西泠印社百年史料长编》《中华艺术图录》
周康元 （1891-1961）	古董商	祖籍江西临川，世居北京。原名家瑞，字希丁、西丁，晚年别署墨盒、墨庵。斋号石言馆。铺号古光阁。拓片钤"希丁手拓""希丁手拓金石文字""希丁手拓散盘""希丁手拓彝器""希丁拓""康元传古""康元手拓""康元手拓楚器""金溪周康元所拓吉金文字印""甲子孟冬希丁拓于闽县嬴江""临川周康元手拓顾刻石鼓砚"等印。有《石言馆印存》传世。1900年学徒于北京琉璃厂富润轩古玩店，1918年在琉璃厂开设古光阁古玩铺。精篆刻，擅传拓，曾手拓故宫博物院宝蕴楼、武英殿藏器，以及上虞罗振玉、闽县陈宝琛、胶西柯昌泗、大兴冯恕、萧山陆芝荣藏器数千件，居徐世章家传拓古砚长达七年之久。曾研习西方素描技法，并在北京师范大学讲授炭画，故所作青铜器全形拓尤精	《北京图书馆藏青铜器全形拓片集》《北京大学图书馆藏历代金石拓本菁华》《周希丁和青铜器全形拓》
黄慰萱 （1891-1977）	碑估	江苏无锡人。黄吉园弟子。铺号金石山房。自幼至苏州学艺，有刻石拓碑、装裱鉴别等多种技艺，名闻江浙沪，先后在常熟、南京、奉化乃至日本东京刻石拓碑。清末金石家吴大澂家藏器物均由黄慰萱传拓，后由吴湖帆编印成集	《苏州和中国博物馆事业》

姓名/年代	身　份	生平/传拓事迹	文献出处
张彦生 （1901–1982）	碑　估	河北吴桥人。原名国材。铺号庆云堂。与朱翼盦、马衡、徐森玉等金石游。著有《善本碑帖录》。1915年在北京琉璃厂隶古斋碑帖文玩店当学徒，1931年起用旧庆云堂碑帖铺字号，独立经营碑帖文物。1956年以后，历任北京市文物商店碑帖、砚、墨门市部业务主任、文物商店采购主任、中国历史博物馆顾问等。孙殿起《琉璃厂小志·贩书传薪记》："庆云堂：……庆云堂：张国材，字彦生，吴桥县人，于民国十九年（1930）开设。"	《中华文化名人录》《琉璃厂小志》
魏善臣 王文林 （民国–当代）	拓　工	中央研究院历史语言研究所技工，曾参加安阳甲骨发掘工作。董作宾《殷虚文字甲编》序："我对于细心传拓的魏善臣君，王文林君；……同时也敬致谢意。"按，据《夏鼐日记》，1949年以后，魏善臣任职中国科学院考古研究所，1970年因胃癌辞世；王文林任职南京博物院。二人皆为我国第一代田野考古技工，20世纪30年代参加安阳考古发掘，抗战期间随历史语言研究所辗转四川李庄，20世纪50年代以后分别参加过多项重大考古发掘项目	《殷虚文字甲编》《夏鼐日记》《中国科学考古学的兴起：1928–1949年历史语言研究所考古史》
李炳章 （民国–当代）	拓　工	四川人。"西北艺术文物考察团"拓工，1942年任技术员。主要从事碑石拓印工作，曾椎拓西安碑林名碑及关中唐陵石刻多种	《抗战中的文化责任："西北艺术文物考察团"六十周年纪念图集》
李友松 （1903–？）	拓　工	陕西西安人。李月溪子。字松如。1941年3月经西京筹委会夏子欣介绍参加"西北艺术文物考察团"，任技术员，负责拓印工作。曾拓印霍去病墓前石刻、景云铜钟等大型器物并参加汉唐陵墓石刻之调查、拓印	《抗战中的文化责任："西北艺术文物考察团"六十周年纪念图集》
马子云 （1903–1986）	拓　工	陕西合阳伏六乡灵井村人。拓片钤"子云所拓"印。与马衡等为金石交。著有《金石传拓技法》《碑帖鉴定浅说》《石刻见闻录》等。1919年到北京琉璃厂庆云堂碑帖铺学徒，1947年应马衡之聘到故宫博物院，从事金石传拓、鉴定和研究。故宫博物院研究馆员，国家文物鉴定委员会委员。毕生从事碑帖及青铜器的传拓、鉴定工作。1933年秋曾只身裹粮，拓得霍去病墓前十一个巨型神兽之全形，为传拓史上不能有二之举。对于晚清民国时期流行的青铜器立体拓片制作工艺，在投师无门的情况下，独自钻研二年，悟出其中关窍，终成一代宗师。在青铜器立体拓片作品中，运用碑碣施墨法，墨色浓重雄浑，其金石味深厚，迈越古人，1950年，费时二月，拓得西周青铜重器虢季子白盘全形拓，观者为之瞠目	《马子云先生传拓及其〈金石传拓技法〉》

续表

姓名/年代	身 份	生平/传拓事迹	文献出处
黄怀觉 （1904–1988）	碑 估	江苏无锡人。黄吉园弟子。铺号保学斋。1929-1938 年在常熟经营保学斋碑帖店，曾应刘体智之聘，为之传拓彝器全形。以刻碑闻名，所做多传世精品。施蛰存《北山谈艺录》："石师黄怀觉，年十三入吴门，从名师习金石刻，秉父之遗命也。弱冠而业成，勒字镌碑，独步江表，视邵建初茅绍之无愧，模拓古器，传真肖形。尝久主吴湖帆家，凡愙斋暨倩庵新得诸古器，墨本多出怀觉手，世称精好，又李锦鸿、王西泉之亚也。"	《文苑花絮》《北山谈艺录》
赵敏生 （1904–1998）	碑 估	陕西蓝田人。铺号敏古堂。编辑出版《陕西历代碑石选辑》《西安碑林书法艺术》等。1921 年起在西安从事碑帖工作，长于拓本鉴别。工书，初习唐楷，继而北魏、秦篆及至汉隶，旁及"二王"，尤擅楷书。中国书法家协会会员，陕西省书法家协会理事，陕西省历史博物馆副研究员	《清末民初至建国前西安的文物市场》
马宝山 （1911–2004）	古董商	河北衡水南谢漳村人。著有《书画碑帖见闻录》。十六岁到北京琉璃厂墨宝斋学徒，二十余岁即出任墨宝斋掌柜。1949 年以后，先后供职于北京市文物商店、北京市文物管理处、北京市文物局、首都博物馆。首都博物馆鉴定委员，中国文物学会顾问。精碑帖书画鉴别，过手名品极富。工书画，亦长于金石传拓	《敢吃"黑老虎"的马宝山》《爷是玩家》

二、北宋以来非职业传拓者简表

姓名/年代	身份	生平/传拓事迹	文献出处
李梦征 （北宋）	太常寺太祝	叶昌炽《语石》："宋勃兴颂，后有摄太常寺太祝李梦征传本十一字。"	《〈语石〉〈语石异同评〉》
文 勋 （？－1101）	官至太府寺丞。书画家	安徽庐江人。字安国。善论难、剧谈。工篆书，其用笔方严劲正，雄伟劲净，意在隶前。南岳镇南门有其篆书南岳二字，为世所珍。善山水。苏轼跋其画扇云："道子画西方变相，观者如堵，作佛圆光，风落电转，一挥而成。尝疑其不然，今观安国作界方，略不抒思，乃知传者之不谬。"赵明诚《金石录》卷十三"秦琅邪台刻石"跋："右秦琅邪台刻石，今在密州……熙宁中，苏翰林守密，令庐江文勋摹拓刻石，即此碑也。"	《中国美术家人名辞典》《金石录》
刘 跂 （？－1117）	进士。官至知县。金石学家	山东东平人。刘挚子。字斯立。著有《学易集》。与弟蹈同登元丰二年（1079）进士。初选亳州教授。元祐初，除曹州州学教授。以雄州防御推官，知江州彭泽县。其后改管城、蕲水，所至有政声。工文章，与孙复、石介齐名。晚作学易堂，乡人称学易先生。政和末，以朝奉郎卒。刘跂《泰山秦篆录序》："大观二年（1108）春，从二三乡人登泰山，宿绝顶，首访秦篆，徘徊碑下……试令摹以纸墨，渐若可辨，自此益使加工摹之，然终意其未也。政和三年（1113）秋，复宿岳上，亲以毡椎从事，校之他本，始为完善。"	《钦定四库全书总目》《学易集》
都 穆 （1458－1525）	进士。官至礼部主客司郎中。金石学家、藏书家	江苏苏州人。字玄敬。著有《周易考异》《史补类抄》《寓意编》《铁网珊瑚》《吴下冢墓遗文》。七岁能诗文，及长，泛滥群籍，奉使至秦中，搜访金石遗文，摹拓缮写，作《金薤琳琅录》	《中国美术家人名辞典》
王肯堂 （1549－1613）	进士。官至福建参政	江苏金坛人。字宇泰，别号损庵。书法深入晋人堂室。辑"郁冈斋帖"数十卷，手自钩摭，为一时石刻冠	《中国美术家人名辞典》
郭天中 （明末－清初）	书法家、诗人	先世福建莆田人，徙秣陵（今南京）。字圣仆。与程嘉燧（1565－1643）友善。专精篆、隶之学，穷崖断碑，搜访模拓，寝食都废	《中国美术家人名辞典》

续表

姓名/年代	身份	生平/传拓事迹	文献出处
郑簠 （1622-1693）	书法家	江苏南京（金陵）人。字汝器，号谷口、谷口农、谷口惸农、谷口农民、谷口老农等。与李渔、盛斯杜、孙茂叔、刘体仁、朱彝尊、叶奕苞等友善。工书法，精医术。叶奕苞《金石录补》称郑簠："酷好金石文字，东岱、西华、孔庙诸碑，皆策蹇身至其下，手自摹拓，构灌木楼以藏之。"	《中国书法史·清代卷》《金石录补》
张弨 （1625-1694 以后）	官至鸿胪寺丞。金石学家	江苏山阳（淮安）人。字力臣，号亟斋。父致中，字性符，崇祯中拔贡生，学术淹贯百家，诗、古文酝藉醇厚。家故贫，而所藏鼎、盉、碑版文甚富。著有《瘗鹤铭辨》等。张弨《瘗鹤铭辨》："次日复往拓之，遂有如晤故人之意。第仆石之下，仰拓为难，仆之两手，又不兼理拓具，予乃取其旁之红紫落叶，敷藉于地，亲仰卧以助之，墨水反落，污面不顾也。及拿舟而返，予之周旋于石隙者，已三日矣。手足不宁，上下如猿蟹状，衣履皆穿，始各得四纸。所幸者，凑其裂痕，详其文字，皆历历可睹，所少者无几尔。"	《淮安古今人物》《瘗鹤铭辨》
丁敬 （1695-1765）	举博学鸿词不就。篆刻家、书画家	浙江杭州（钱塘）人。字敬身，号龙泓山人，又号钝丁、砚林、孤云、石叟、胜怠老人。著有《砚林诗集》《龙泓山馆集》等。好金石文字，穷岩绝壁，手自摹拓，证以志传，著《武林金石录》。印谱冠西泠八大家之首，分隶皆入古而于篆尤笃嗜，篆刻直追秦汉，善写梅兼工兰竹水仙，诗与金农齐名。赵一清《叙武林金石录遗事》："城内隐君丁敬敬身氏，某所师事，博学嗜古，朋侪交让，芒鞋策杖，凌历幽邃，访求唐宋以来金石刻文，大小几三百通，亲率徒役，伸纸渍墨，轻摹响搨。"	《中国美术家人名辞典》《武林金石记》
聂鈫 （1716-1796 以后）	金石学家	山东泰安人。字剑光。曾参与编纂《泰山县志》。著有《泰山道里记》，钱大昕、姚鼐为之序，皆盛赞之。《泰安县志》载唐仲冕赠聂鈫长诗有"剑光老人金石癖，毡椎常随几两屐。年望耆期目几耆，岱下碑版手不释"句。叶昌炽《语石》："（褚）千峰与聂剑光虽文士，亦以毡椎镌刻，糊口四方。"	《〈泰山道里记〉的作者聂鈫——〈泰山道里记〉研究之二》《泰山道里记》《泰安县志》《〈语石〉〈语石异同评·〉》
韩氏 （乾隆）	女性传拓者	翁方纲（1733-1818）夫人。为翁方纲搜剔传拓广州学使厅后"九曜石"上书刻，拓得南宋淳祐年间顾瓓珍、元朝至正年间韦德安、明朝成化年间萧子鹏留下的三条行楷石刻	《翁方纲的金石考察活动》

姓名／年代	身　份	生平／传拓事迹	文献出处
吴　骞 （1733–1813）	贡生。 藏书家、 金石学 家	浙江海宁人。字槎客，号揆礼，一作葵里，又号兔床山人。著有《拜经楼集》《阳羡名陶录》等。山水仿倪瓒，少有印癖，间亦治印，尤喜搜罗金石及宋元椠本。工诗词。吴骞《国山碑考》后序："封禅碑在吴兴阳羡县国山，实今常州府荆溪县西南五十里，地既荒僻，人迹罕至，拓者亦甚少……予揭来荆南道中，恒登山巅，披荆榛，剗落藓，亲以毡椎从事者，无虑数四……"陈鲅跋："吴封禅国山碑……同里吴槎客先生，尝于岁暮风雪中，驾扁舟，泊山下，具纸墨毡搨之具，摄衣而上，剪其荆棘，剔其落藓，天寒大冻，不能和墨，又山高风烈，纸著之辄散，凡三日，拓得数纸，一时诧为狂。"	《中国美术家人名辞典》《国山碑考》
张燕昌 (1738–1814)	贡生。 篆刻家、 书画家、 金石学 家	浙江海盐武原镇人。字芑堂，号文鱼，又号金粟山人。擅篆、隶、飞白、行、楷书，精金石篆刻、勒石，工画兰竹，兼善山水、人物、花卉，亦精竹木雕刻，皆攸然越俗，别有意趣。善鉴别，凡商周铜器、汉唐石刻碑拓，潜心搜剔，不遗余力，著述亦丰。《金石契》朱琰序："芑堂张子，博雅好古，搜奇剔隐，有出于前人所未及者，录成一帙，名之曰《金石契》。置巾箱中，行住与俱。偶有所见，剥苔剔藓，依形肖质，搨而存之。往往于荒榛朽壤之间，踯躅呼啸，鸣其得意。又或知己好友，临窗坐对，各出其所藏弄者，奇字相质，必手搨以归。"	《中国美术家人名辞典》《印人轶事》《金石契》
巴慰祖 （1744–1793）	官至候 补中书。 篆刻家、 书画家	安徽歙县人。字予藉，一字子安，号晋堂，一作隽堂，又号莲舫。与程邃、胡唐、汪肇龙并称"歙四子"。少读书，无所不好，亦无所不能。弄藏法书、名画、钟鼎、尊彝甚夥。时伪作古器，脱手如数百年物，虽精鉴者莫能辨。所画山水、花鸟皆工，然不耐皴染，成幅者绝少。人得其残稿，独珍重爱惜之。刻印宗穆倩（程邃），务穷其学。工隶书，劲险飞动，有建宁、延熹遗意。怡亭铭李阳冰摩崖石刻下，有巴慰祖隶书题名："歙巴慰祖，著舟于此，遍览旧迹，得元次山题名于郎亭山下岛中，水落始见，留连十有七日，手拓诸摩崖而去，同游苏门陶石，即时则乾隆五十一年（1786）之孟春也。"	《中国美术家人名辞典》《歙县志》

续表

姓名/年代	身 份	生平/传拓事迹	文献出处
段松苓 （1744-1800）	金石学家	山东益都人。字劲伯，一字赤亭。阮元幕客。著有《益都金石记》《赤亭金石跋》《山左碑目》《益都诗纪补订》《李文藻尧陵考》等。《益都金石记》武亿序："今岁（1795）春二月，山东督学使者仪征阮公编录此方金石遗文，属益都段君赤亭为之搜采。君既任其事，由泰安抵济宁，又折而南至于临朐沂镇，往返千有余里。所至披榛棘，携拓工，手拓数百纸，及获前人所未及收者又数十本，辇致以归。已而，自出平日所缉乡邦遗刻，录有成书，上之阮公。公悉命采撷，不没其实。噫！君之于斯道也，信所谓性而好之者与！"	《论清代以幕府为中心的碑刻搜集及著录——以毕沅、阮元、端方幕府为例》《益都金石记》
武 亿 （1745-1799）	进士。官至县令。金石学家	河南偃师人。字虚谷，号授堂。著有《授堂诗文钞》《偃师金石记》《授堂金石跋》《安阳金石录》等。《授堂金石跋》自序："亿往在京师，尝因童时所好金石遗文，益为收募，其间出资力售而置之者，十不二三焉，时历荒崖废墟，人迹之所不至，数往返以手为寻撅者，反十之四五。"	《中国文学大辞典》《湖海文传》
孙星衍 （1753-1818）	进士。官至布政使。金石学家	江苏阳湖（常州）人。字伯渊，一字季逑，号渊如。著有《平津馆读碑记》《寰宇访碑录》《续古文苑》等。精诗文，名著海外，与洪亮吉齐名，称孙洪。深究经史文字音训之学，精研金石碑版，工篆、隶、刻印。校刻古书最精。中国国家图书馆藏《道兴造像并治疾方》拓片后有孙星衍题跋："洛阳伊阙多魏、齐刻石，此佛龛药方在龛左右，字甚佳妙，方在千金方之前。予尝亲至其下拓本以归。此刻止存其半，以归剑萍，俟再补充。甲戌岁（1814）正月十二日伯渊病中记。"	《中国美术家人名辞典》《顾广圻石刻题跋选录》
严 观 （乾隆）	太学生。金石学家	江苏江宁人。严长明（1731-1787）子。字子进。好金石文字，辑有《江宁金石记》。严观《江宁金石记》凡例："乾隆甲午（1774）季秋，侍家君于归求草堂，语及乡邦文献，因言金石文字亦可资考证，汝当搜罗以补乘志之阙，观谨识之。自是蜡屐寻山，策蹇访友，所见残碑断碣，无不摩挲椎拓，凡阅三年，辑成此帙。"钱大昕序："子进为侍读之长子，擩染家学，深造自得，其于金石刻殆废寝忘食以求之，尤以金陵桑梓之地，旧刻之湮没者，既不可考，乃访其见在者拓而藏之……凡百数十种，穷乡僻巷，古庙荒坟，无不策蹇裹粮，手自椎揭。"	《二十五史人名大辞典》《江宁金石记》

姓名/年代	身　份	生平/传拓事迹	文献出处
陈豫钟 （1762–1806）	廪生。篆刻家、书画家	浙江杭州（钱塘）人。字濬仪，号秋堂。《瓯钵罗室书画过目考》作钟豫。斋号求是斋。辑有《古今画人传》等。深于小学篆籀，皆得古法。摹印尤精。与黄易、陈鸿寿、奚冈齐名，称浙派。专宗丁敬，兼及秦汉。嗜金石文字，毡蜡椎拓，积数百本	《中国美术家人名辞典》
马邦玉 （？ –1826）	举人。官至登州府教授	山东鱼台人。字荆石，号寄园。清乾隆五十四年（1789）举人。斋号宝汉斋。辑有《汉碑录文》《金石寓目记》《金石随笔》。子马星翼跋《汉碑录文》："先君子生平恬淡自守，于外物无所好，顾嗜古人碑版文字，行四方访求古迹，闻辄往观，观辄手拓其文，以翼所逮见，三十余年如一日。"	《齐鲁文化大辞典》《汉碑录文》
张开福 （1763–？ ）	诸生。金石学家、书画篆刻家	浙江嘉兴（海盐）人。张燕昌子。字质民，号石瓿，晚号太华归云叟。著有《山樵书外纪》。家贫，常游吴会，所至搜访残阙于荒烟丛棘中，偶有所获，必手拓以返，故其学亦以考证金石为深。少工韵语，颇为前辈激赏，画兰刻印，克传家法	《中国篆刻大辞典》
陈克明 （约1765–1836）	金石书画家	浙江海盐人。字南叔。布衣，刘喜海西宾。性高洁，好吟咏，画山水、仕女，无不精妙。刘喜海尝记述："余癖金石，曾积五千通，录为《金石苑》，海盐陈南叔克明布衣，尝为余手拓泉苑。"	《浙江古今人物大辞典》《续东武诗存》
张廷济 （1768–1848）	解元。金石学家、书法家	浙江嘉兴人。原名汝林，字顺安，号叔未，一字说舟，又字作田，又号海岳庵门下弟子，晚号眉寿老人。斋号清仪阁。阮元督学浙江时极推重，订为金石交。著有《清仪阁题跋》《清仪阁印谱及诗钞》《眉寿堂集》《桂馨堂集》等。工诗词，精金石考据之学，收藏鼎彝、碑版及书、画甚夥。能篆隶，精行楷，初规摹钟王，五十后出入颜欧间，晚年兼法米芾。于传拓之技独有研究，创用白芨水上纸法，陈介祺以后传拓者多对此奉为不二法门	《中国美术家人名辞典》《簠斋传古别录》
李宗瀚 （1770–1832）	进士。官至左副都御史。金石收藏家	江西临川人。字公博，一字春湖。嗜癖金石文字，所藏多名拓，筑湖东楼门贮之。桂林山水奇秀，岩壁间多唐宋人手迹。登椒穷邃，摩蹉挐玩，手拓殆遍。又尝得元康里氏所藏唐拓庙堂碑，及唐拓化度寺碑，皆亲自钩摹上石，均极神妙	《清稗类钞》

续表

姓名/年代	身　份	生平/传拓事迹	文献出处
朱为弼 （1770–1840）	进士。官至漕运总督。金石学家	浙江平湖人。字右甫，号椒堂，又号颐斋。工诗文、篆隶、刻印，能画山水，尤好考释古器名物。著有《椒声馆诗文集》《续纂积古斋彝器款识》等。清嘉庆二年(1797)，阮元督学浙江，聘为幕府，协助修书。《积古斋钟鼎彝器款识》跋尾中，屡有"据朱右甫手搨本摹入"语	《中国近代文学辞典》《积古斋钟鼎彝器款识》
盛大士 （1771–1836）	举人。曾为山东阳县教谕。画家、诗人	镇洋（今江苏太仓）人。字子履，号逸云，又号兰簃道人，又作兰畦道人。学问渊雅，诗、画俱佳。其山水以娄东王氏为宗，而加脱略，落落有大家风格。著有《蕴素阁集》等。盛大士《泉史序目》："余爱蓄古泉……道光壬辰（1832），重为勘校，阅半载，始有成书。凡所图者，皆目之所睹，手之所搨。"	《中国美术家人名辞典》《泉史》
姚之麟 （乾隆以后）	书画家	浙江杭州人。字虎臣，号南溪。阮元（1764–1849）幕客。工书法。善画人物，法陈洪绶。好藏金石、书画，又能精拓钟鼎、古泉，尝临吴道子天龙八部图，灵风飒然起纸上。陆增祥《八琼室金石札记》卷三："阳嘉洗……有虎臣手搨小印。"	《中国美术家人名辞典》《八琼室金石札记》
马起凤 （乾隆以后）	金石收藏家	浙江嘉兴人。一名宗默，字傅岩。徐康《前尘梦影录》卷下："吴门椎拓金石，向不解作全形，迨道光初年，浙禾马傅岩能之。"容庚、张维持《殷周青铜器通论》："彝器全形拓始于嘉庆年间马起凤所拓的汉洗（金石屑一：三三）……今马氏拓本，除金石屑所载外未见他器。"	《前尘梦影录》《殷周青铜器通论》
古　涵 （乾隆以后）	僧人	黄易《嵩洛访碑日记》："二十五日，视工人拓龙门诸刻。山僧古涵精摹搨，亦来助力。僧知伊阙洞顶小龛有开元刻字，猱升而上，得一纸，乃邱悦赞利涉书，向所未见，非此僧莫能致也。"	《嵩洛访碑日记》
赵　钺 （1778–1849）	进士。官至泰州知州	浙江仁和人。字星甫，号春沂。《唐御史台精舍题名考》吴骞序："予友钱塘赵君洛生，笃嗜金石，雅有欧赵之癖。往游关中，蒐汉唐诸碑碣，虽单行只字，不肯放过，经数年始归，箧中之富，浙东西收藏家莫之能过也。间以所录二刻本见视，乃其手拓之全碑。予反覆谛视，所列姓名，较子函、亭林、竹垞辈所见多十三四，盖诸家所据以考证者，大抵皆工人拓本，故往往遗漏不全，安能如洛生亲至碑下，手摹其文而一字不遗者乎？"	《浙江古今人物大辞典　》《唐御史台精舍题名考》
陈　均 （1779–1828）	举人。官至县令。书画家、篆刻家	浙江海宁人。初名大均，字敬安，号受笙。斋号十三镜斋。与何兰士、伊秉绶、张船山交谊颇深，曾为陕甘学政马履泰幕僚。著有《松籁阁诗集》等。工诗，善篆、隶、铁笔，又嗜金石文字，所至搜访，手自椎拓，尤精山水，旁及花卉。画在董其昌、王原祁之间	《中国美术家人名辞典》

姓名/年代	身份	生平/传拓事迹	文献出处
李宗昉 （1779-1846）	进士。官至礼部尚书。金石学家、学者	江苏山阳人。字静远，号芝龄。著有《闻妙香室诗集》《闻妙香室文集》《经进集》《闻妙香室词》《黔记》《唐律赋程》《致用丛书》等。工诗文，亦能词。清嘉庆二十四年（1819）任浙江学政期间，曾校刻吴玉搢《金石存》十五卷。《山阳艺文志》载李宗昉《校刻金石存序》："宗昉尝阅扬州所刻赵氏《金石录》采长洲何氏、钱塘丁氏校勘本，又搜辑诸家增附案语，颇为详核，窃心慕焉。……壮游京师，使关中及黔南，来往兖、豫、燕、赵、吴、楚间，遇古碑搨，时时求访，置之箧笥。暨官国子祭酒，太学石鼓，手拓其文，与大兴翁氏所得略同，虽囊于金石之学，未尝窥其涯涘，而辄思有所发明。"	《淮安古今人物》《续纂山阳县志》
程洪溥 （乾隆以后）	制墨家。金石收藏家	安徽歙县人，侨居吴中。程振甲（1759-1826）子。字木庵、丽仲。斋号铜鼓斋。广富收藏，亦一时之金石名家。北京图书馆藏《潘乾碑》拓片，顾千里题跋："程君丽仲精拓十副，以其一见惠，书此识良友之意。元和顾广圻。"	《凌廷堪传》《李汝珍师友年谱》《清代名墨谈丛》《北京图书馆藏石刻叙录》
韩崇 （1783-1860）	官至山东洛口批验所大使。金石学家	江苏苏州（元和）人。韩是升子，韩尌弟。字元芝，号履卿，别称南阳学子。室名宝铁斋、宝鼎山房。著有《宝铁斋诗录》。拓片钤"履卿手拓"印。外孙吴大澂、汪鸣銮幼时均曾饱览宝铁斋收藏。叶昌炽《语石》："吾吴虎丘半塘寺，有梁龙德间经幢。咸丰庚申（1860）以前，韩履卿先生犹手拓之，见宝铁斋跋尾。余劫后往访，已为寺僧磨刻七如来矣，犹存经文一二字磨之未尽。古刻之亡，于吾生亲见之，宁不痛哉！"	《〈语石〉〈语石异同评〉》《语石校注》《苏州名门望族》
许槤 （1787-1862）	进士。官至江苏粮储道。学者、藏书家	浙江海宁人。初名映涟，字叔夏，号珊林。博通古文字学、医学。工篆隶。著有《说文解字疏笺》《六朝文絜》等。许槤《古均阁宝刻录》自序："余弱冠即喜金石文字……于吏牍之余，访北齐郑述祖天柱山铭，攀藤缘葛，危至不能容足，于风日中毡拓一纸以归。"	《中国藏书家通典》《中国大百科全书·中国文学》《古均阁宝刻录》
阮常生 （1788-1833）	荫生。官至按察使。书法家、篆刻家	江苏仪征人。阮元嗣子。一作长生，字彬甫、寿昌，号小云。著有《后汉洛阳宫室图考》《团云书屋诗钞》。精钟鼎大小诸篆，工楷法，尤精擘窠书，得柳公权笔意。隶书浑厚，铁笔古雅，在三桥（文彭）、修能（朱简）伯仲之间。另著《团云书屋藏印谱》传世。陆增祥《八琼室金石札记》卷三："准提镜……有常生手搨印章，或藏阮氏。"	《阮元年谱》《八琼室金石札记》

续表

姓名/年代	身份	生平/传拓事迹	文献出处
方履籛 （1790—1831）	举人。官至知县。金石学家	江苏阳湖（常州）人。字彦闻。博学于文，自天文、地理、氏族、金石、钱帛及六书、九章之法，梵夹之典，靡不综贯。尤嗜金石文字。少壮行万里，所至深山古刹，必携毡椎与俱。遇残缺断碣，隐隐有字，必手自扪拓以归，如获拱璧。足所未到，必属所知代访。所积纸万种，多王氏金石萃编、孙氏访碑录所未载。游伊阙，居山中弥月，遍搜石刻，得唐以前造像题名八百余种	《中国美术家人名辞典》
陈畯 （约1790—1860）	金石书画家	浙江海盐人。陈克明侄。字粟园。精传拓，工画。刘喜海西宾，曾为陈介祺之簠斋传拓器物、古印。陈介祺谓："人海之大，竟无一工拓者，遨游于诸收藏家，使之各如其意，而大广古文字之传，亦是缺典。……若解事而人又稳妥静细，则粟园后无其人矣。"	《秦前文字之语》
达受 （1791—1858）	僧人。书画家、篆刻家	浙江海宁人。字六舟，又字秋楫，自号万峰退叟，俗姓姚氏。斋号小绿天庵。拓片钤"六舟手拓""六舟手拓之印""六舟拓赠"等印。与阮元、程洪溥、何绍基、戴熙、吴式芬等交游。著有《小绿天庵吟草》《山野纪事诗》《宝素室金石书画编年录》《两浙金石志补遗》《白马庙志》等。摹拓彝器精绝。能具各器全形，阴阳虚实无不逼真，时称绝技。又善刷拓古铜器款识。工书画篆刻，精金石鉴定，并能装治字画。治印雅近二京，刻竹亦精。尝刻竹秘阁，乃戴熙画山水，凡皴法深浅，无不以刀传之。又刻一诗简，长仅四寸，上画老梅，密蕊繁枝，秀韵远出，与墨迹无异，竹刻中逸品也。尝游黄山，为程木庵剔竟宁雁足镫。自厉太鸿（鹗）、翁正三（方纲）以来所疑为残蚀漫漶者，一旦轩豁纸上，纤毫毕见，因作剔镫图，征海内诗人歌咏之	《中国美术家人名辞典》《小绿天庵遗诗》《北京大学图书馆藏历代金石拓本菁华》《北京图书馆藏青铜器全形拓片集》
刘喜海 （1793—1853）	举人。官至布政使。金石学家	山东诸城人。刘统勋曾孙，刘镮子。字燕庭。著有《金石苑》等。刘喜海《苍玉洞宋人题名》自序："癸巳（1833）春，出守临汀……今夏偶假，借从侄密甫作竟日游，访得宋人题诗、题名，始庆历讫宝庆，及无年月者共三十有七种，手拓墨本，著录于编。"	《中国大百科全书·考古学》《商周彝器通考》《苍玉洞宋人题名》

姓名/年代	身　份	生平/传拓事迹	文献出处
陈宗彝 （晚清）	诸生。金石收藏家	江苏江宁人。原名秋涛，字雪峰，又自号耆古。拓片钤"耆古手摹"印。与顾广圻（1766-1835）友善。为学不屑于制举业，性嗜金石古籍，所手拓、校刊之书甚多。北京图书馆藏《普惠寺井栏厄字》拓片，陈耆古跋："此井在水西门外普惠寺僧舍，姚未见方志，嘉庆十五年（1810），寺遭火患后锄地得之。井久湮塞，僧复洛开，泉清滋可汲。题泰和，当为唐太和，泰、太二字古本通耳。适涧苹先生见素，分赠一本。匠人字体殊不足观，姑增吾郡唐刻一种，惟先生其鉴之。道光四年（1824）甲申冬十一月十二日，金陵陈耆古手拓并记。"北京图书馆藏《三宿岩残愜名》拓片，顾广圻跋："此三宿岩题名，在《江宁金石记》之外，陈耆古寻得两段，拓以见寄。甲申九月，元和顾千里记。""右三宿岩题名，亦陈雪峰所赠。千翁记。"	《许瀚年谱》《顾广圻石刻题跋选录》
张庆荣 （晚清）	解元。诗人、篆刻家	浙江嘉兴人。张廷济（1768-1848）子。字稚春。拓片钤"嘉兴张庆荣稚春拓"印。清道光二十六年（1846）解元。著有《稻香楼诗稿》《小解元诗稿》等。幼承家学，亦从事拓片制作。施蛰存《北山谈艺录续编》著录"延熹弩机"拓片，钤"嘉兴张庆荣稚春拓"印	《清人诗文集总目提要》《北山谈艺录续编》
葛继常 （晚清）	诸生。篆刻家	浙江海宁人。葛征奇裔孙。字弈祺，号莘甫，一作莘南。辑有《国朝画人录》。好聚书，尤留心乡邦文献，遇前贤著述未曾刊印者，必手自抄录，复详加考订，并跋其后。性嗜金石，见必手拓。书能篆隶，兼工篆刻。画善山水，亦有风致。尤精堪舆之术	《中国画学著作考录》
袁世经 （晚清）	贡生。书画家	浙江桐庐人。字艺圃。山水萧散，兼工花卉。书法瘦劲，好饮嗜奇。桐君山悬崖有唐大历间题名，人罕觏识，尝叙舟梯崖手拓之	《中国美术家人名辞典》
仪克中 （1796-1837）	举人。诗人、书画家	广东番禺人。父埙，官广东盐运使司知事。字协一，号墨农。广东巡抚祁贡幕僚。著有《剑光楼集》。少有奇气，工诗，善画，山水浑厚，取法王恽。清嘉庆二十二年（1817）阮元督粤修广东志，以克中为采访，缒幽跻险，剔苔扪碑，多翁学士（方纲）金石略、两汉记所未著录者	《中国美术家人名辞典》

续表

姓名／年代	身　份	生平／传拓事迹	文献出处
吴式芬 （1796-1856）	进士。官至内阁学士。金石学家	山东无棣海丰镇人。字子苾，号诵孙。齐鲁望族，有"进士世家""尚书门第"之称。著述极富，有《捃古录》等传世。《陶嘉书屋钟鼎彝器款识目录》吴式芬序："余自庚寅（1830）以后游京师，获交当代好古诸家，每遇古器必手自摹拓，而四方同好亦各以所藏拓赠，所获寖多。"陈介祺《十钟山房印举自序》："余自应试至莱，秋试始至历，见三代器、秦汉印即好之。在都见叶东卿世兄所藏，与李方赤外舅所有，吴子苾世兄前辈亲家所拓，每拓必分赠者三十年，遂好之日笃。"	《许瀚年谱》《簠斋研究》《历代印谱序跋汇编》
何绍基 （1799-1873）	进士。官至文渊阁校理、国史馆提调等。书法家、诗人	湖南道县（道州）人。何凌汉子。字子贞，号东洲居士，晚号蝯叟。出入于阮元、程恩泽之门。与达受作金石交。校刊《十三经注疏》，著有《东洲草堂金石跋》《东洲草堂诗钞》。通经史、律算，尤精小学，旁及金石碑版文字。题中兴碑诗中有"归舟十次经浯溪，两番手拓中兴碑"之语	《中国书法史》《东洲草堂诗集》
杨　铎 （晚清）	金石收藏家、书画家	河南商城人。字石卿，自号石道人。拓片钤"石卿所拓金石"印。与许瀚（1797-1866）、何绍基（1799-1873）、吴熙载（1799-1870）友善。《墨林今话续编》："杨石卿铎，自号石道人，河南商城人。天资颖异，酷嗜金石之学。少即遍齐鲁燕赵吴越江汉，寻碑访碣，孜孜不倦。结交多胜流名士，高谭雄辩，征逐于酒旗歌板间，颇有晋人风味。画善花卉，下笔俊爽，迅扫疾驰，数十幅立尽，有李复堂、黄瘿瓢逸趣，同人咸推重之。"施蛰存《北山谈艺录续编》：玄卿镜拓片，钤"石卿所拓金石"印	《墨林今话》《北山谈艺录续编》
方　絜 （1800-1838）	书画家、刻竹家	浙江黄岩人。字矩平，号治庵、治盦。斋号石我师斋。著有《石交集》《石我师斋吟稿》。精于铁笔，刻竹尤为绝技，凡山水、人物、小照，皆自为粉本，于扇骨、臂搁及笔筒上，阴阳坳突，钩勒皴擦，心手相得，运刀如运笔。尝游禾城，每一艺出，则手拓以赠同好，人争宝之	《中国美术家人名辞典》
戴　熙 （1801-1860）	进士。官至兵部侍郎。诗人、书画家	钱塘（今浙江杭州）人。字醇士，号榆庵，又号莼溪、松屏，自称井东居士、鹿床居士。诗、书、画并臻绝诣。《古泉丛话》潘祖荫序："戴文节公《古泉丛话》，道光戊申（1848），季父尝从假观，墨本皆手自椎拓，案语以瘦金体小行书录之，精甚。"	《中国美术家人名辞典》《古泉丛话》

姓名/年代	身　份	生平/传拓事迹	文献出处
吕佺孙 （1806-1859）	进士。官至巡抚。金石学家	江苏阳湖人。字尧仙。蒐辑古砖甚富，何绍基、赵之谦均推为海内藏砖家之冠。著有《运甓轩钱谱》《金石存考》《百砖考》等。《毗陵出孝建四铢拓本》丁福保序：孝建四铢钱"道光末年，南中忽出土一罂，尧仙收得数百……一日，古泉商邱君志强约余至其同道慈亭处阅古泉，忽见毗陵出土孝建四铢拓本赫然在座，其中悉属吕中丞手拓，每泉各有印章，又有亲笔识语。……末有识语两则，乃陈寿卿先生笔也，知此册系咸丰二年（1852）尧仙迁贵州布政使署巡抚时，寄赠陈寿卿先生者。"书内拓片旁钤"佺孙拓赠"印者凡十处	《中国人名大辞典》《毗陵出孝建四铢拓本》
张　辛 （1811-1848）	篆刻家	浙江嘉兴人。张燕昌侄（一说张廷济侄）。字受之。善墨拓与刻碑。精篆刻，宗秦、汉，又取法浙派。早岁刻印受张廷济赏识，于张宅博观数千方汉印，得益颇大。印作刀法以切为主，布局稳妥，工整而无呆板之气。借诸家所藏铜器，墨拓成《丁未销寒集》	《简明篆刻辞典》《中国美术家人名辞典》
陈介祺 （1813-1884）	进士。官至翰林院编修。金石学家、金石收藏家	山东潍县人。陈官俊子。字寿卿，又字酉生，号伯潜、簠斋、海滨病史、十钟主人、齐东陶父。斋号宝簠斋、十钟山房、万印楼、秦铁权斋、千化范室、三代化范之室、三代古陶轩、二百镜斋、二百范斋、宝康瓠室、君子砖馆、古瓦量斋、秦诏量瓦之斋、富贵吉羊之室等。与张廷济、徐同柏、鲍康、吕尧仙、翁大年、何绍基、朱钧、韩履卿、严眉岑、叶东卿、吴云、许珊林、吴我鸥、沈西雍、张小余、甘熙、李方赤、刘燕庭、吴式芬、许印林、翟文泉、李佐贤等金石游。著有《十钟山房印举》《封泥考略》《簠斋藏古目》《簠斋藏古册目并题记》《簠斋吉金录》《簠斋金文考释》《簠斋藏镜》《簠斋藏镜全目抄本》《簠斋藏古玉印谱》《簠斋传古别录》《簠斋访碑拓碑笔札》等。叶昌炽《语石》称赞陈氏拓法道："潍县陈簠斋前辈拓法为古今第一，家藏石刻，皆以拓尊彝之法拓之。定造宣纸，坚薄无比，不用椎拓，但以绵包轻按，曲折坳垤，无微不到，墨淡而有神，非惟不失古人笔意，并不损石，齐鲁之间，皆传其法。"	《〈语石〉〈语石异同评〉》《簠斋研究》
汪　鋆 （1816-?）	书画家	江苏仪征人。字研山。与张春蕃（恩焕）同师李馨门。著有《扬州画苑录》《十二砚斋金石过眼录》《春草堂随笔》等。工诗，邃于金石，善山水花卉，兼能写真。有扬州景物图册，王素为之题。又有岁朝清供图、梅花图，自题研山小照。《北京大学图书馆藏历代金石拓本菁华》：虢叔大林钟全形拓片，题识："虢叔大林钟。阮氏藏器，拓赠均甫三兄大人清玩。砚山弟汪鋆题。"	《中国美术家人名辞典》《北京大学图书馆藏历代金石拓本菁华》

续表

姓名/年代	身份	生平/传拓事迹	文献出处
王尚廉 （晚清）	诸生。 书画家	浙江丽水人。字云舫。著有《续括苍金石志》。性孤高，平居以图史自娱。善书、画，癖嗜断碣残碑，剔苔藓摹之。丽邑向无志，赓独留心采访，钞录甚夥。清道光二十六年（1846）修丽水志，皆其力也	《中国美术家人名辞典》
周世熊 （晚清）	官光禄寺署正。 金石学家	浙江余姚人。字清泉。拓片钤"余姚客星山周清泉手拓"印。清光绪《余姚县志》卷十六金石篇载周世熊文："先君子解组后，卜居邑之客星山下严陵坞，即汉徵士严先生故里也。咸丰壬子（1852）夏五月，村人入山取土，得此石。平正欲以垫墓，见石上有字，归以告余。余往视，碑额断缺，无从辨其姓氏。幸正文完好，共得二百十七字。因卜日设祭，移置山馆，建竹亭覆之。……辛酉（1861）之乱，贼火吾庐，亭相去稍远，得不毁。事平，碑仆于地，旁汉晋砖数十如灶突然，盖贼用以作炊者。石受薰灼，左侧黔黑，而文字无恙。凡物隐显成毁，固有定数。此碑幸免劫灰，先贤遗迹，赖以不坠，知海内好古家同此愉快也。"《增补校碑随笔》三老讳字忌日记：……此石初拓本皆钤有"周世熊"及"余姚客星山周清泉手拓"印记	《梦碧簃石言》 《增补校碑随笔》
傅节子 （晚清）	金石收藏家	直隶大兴人。原名以豫，字茂臣，号节子，以号行。拓片钤"节子手拓"印。曾与魏稼孙同官福建，与赵之谦（1829-1884）交好。施蛰存《北山谈艺录续编》：汉斗检封拓片，钤"节子手拓"印	《福建印人传》 《北山谈艺录续编》
奕志 （1827-1850）	郡王。 金石收藏家	北京人。瑞亲王绵忻子。号西园主人。著有《乐循理斋集》。拓片钤"西园手拓"印。《北京图书馆藏青铜器全形拓片集》建昭雁足镫全形拓片，奕志题跋："丁未（1847）春日，浙僧六舟携以过余，因借摹全形并拓款识数十纸，今奉本以为定邸贤王金石眉寿。"	《晚晴簃诗汇》 《北京图书馆藏青铜器全形拓片集》
丁文蔚 （1827-1890）	官至知县。书画家	浙江萧山人。字豹卿，号韵琴，又号蓝叔。拓片钤"文蔚手拓金石"印。工诗，善书，画花卉师白阳（陈淳）、南田（恽寿平）两家。秀雅古逸。篆、隶深得汉人古拙之趣。又善刻竹。浙江省博物馆藏萧山崇化寺五代金石刻铭拓本，泐缝间钤"文蔚手拓金石"印，左下角钤"丁文蔚"印	《中国美术家人名辞典》《萧山崇化寺五代金石刻铭及拓本》
何昆玉 （1828-1896）	篆刻家	广东高要人。何瑗玉兄。字伯瑜。斋号百举斋、吉金斋、乐石斋。与陈介祺、王石经金石游。辑有《吉金斋古铜印谱》《乐石斋印谱》《端州何昆玉印谱》等。叶铭《广印人传》卷六："精岐黄，篆刻宗浙派，尤善抚拓彝器，与吴中李锦鸿并称。"	《中国美术家人名辞典》《广印人传》

姓名／年代	身　份	生平／传拓事迹	文献出处
阮恩高 （1831-1890）	国学生。官至奉政大夫。金石学家、篆刻家	江苏仪征人。阮元从孙。字景岑。拓片钤"恩高所拓金石"印。有《致爽斋印存》传世。性嗜金石，尤工篆刻，摹拓彝器最细，治印必宗说文小篆，扬州人称为"阮派"。施蛰存《北山谈艺录续编》著录君宜子孙洗拓片，钤"阮氏家庙藏器""恩高所拓金石"二印。陆增祥《八琼室金石札记》卷二："虢叔大林钟。在扬州阮氏。汪砚山寄贻搨本，有阮氏家庙藏器及恩高所搨金石印章。"	《芜城怀旧录》《阮元年谱》《北山谈艺录续编》《八琼室金石札记》
方濬益 （？ -1899）	进士。官至知县。金石学家、书画篆刻家	安徽定远人。字子聪，一作子听。天才不羁，善画花卉，书法六朝，藏弄金石甚富，又工刻印。著吉金录、缀遗斋彝器款识考释。《北京图书馆藏青铜器铭文拓本选编》图版9，方濬益跋："右齐侯钟铭两栾及钲间共二十四字，刻款，器见苏州，据濬益手拓本摹入。"	《中国美术家人名辞典》《北京图书馆藏青铜器铭文拓本选编》
丁　丙 （1832-1899）	藏书家	浙江杭州（钱塘）人。字嘉鱼，号松生。斋号八千卷楼。著《庚辛泣杭录》，辑刻有《武林掌故丛编》，又著录所藏善本书为《善本书室藏书志》。杭州乡贤。太平天国后大力收集、保存杭州文献、文物，其功甚巨。陆增祥《八琼室金石札记》卷四："大使专……有松生手搨、松生所得金石及何瑗玉印章。"	《名人与图书馆》《八琼室金石札记》
王石经 （1833-1918）	武秀才。篆刻家	山东潍县人。字君都，别号西泉。斋号李松刘柏之馆。辑有《甄古斋印谱》《西泉印存》。陆和九《中国金石学》附录之"传拓金石者"。清同治末年，受陈介祺资助，与何昆玉、丁艮善同至诸城琅玡台手拓秦刻石，自篆有"游太学观周鼓，登琅玡拓秦碑"印。平生爱金石文字，精于鉴赏。善书篆隶，尤精篆刻。与陈介祺、郭麟深、王懿荣、盛昱、徐坊以金石交，凡陈介祺所藏商、周、秦、汉之钟、鼎、尊、彝、敦、洗、盘等，皆得朝夕观赏临摹。清同治年间，陈介祺编《十钟山房印举》，王石经与陈介祺次子陈厚滋共事钤拓，"日夜将事，手指磨抑，皮落浮起，有不合者，则替换之，或至再四。"	《中国金石学》《中国美术家人名辞典》《记王石经治印》
陈佩纲 （？ -1879）	篆刻家	山东潍县人。陈介祺（1813-1884）族弟。字子振。陆和九《中国金石学》附录之"传拓金石者"。与李贻功、李泽庚同为陈介祺簠斋的主要拓手，后客吴大澂幕，中年客死于是。丁佛言《说文古籀补补》序："吴侃叔、王石泉、陈子振始用钟鼎入印章，终推陈寿卿为大宗。"	《中国金石学》《说文古籀补补》《簠斋轶事》
高嘉钰 （晚清）	金石收藏家	山东潍县人。高庆龄侄。字式如。拓片钤"高式如手拓本"印。与王石经（1833-1918）友善。辑得《秦汉印简》。北京图书馆《张景晖造像》，章钰旧藏，钤"高式如手拓本""曾为高嘉钰藏"等印	《潍坊文化三百年》《北京图书馆藏石刻叙录》

续表

姓名/年代	身 份	生平/传拓事迹	文献出处
高文翰 （晚清）	金石收藏家	山东潍县人。字薇垣。《印邮》王懿荣序："薇垣与陈簠斋丈论古为最契，尝走数千里为簠老访古，万印楼所收印鉥，多出其手。光绪甲申（1884）长夏，薇垣游大梁及关中，累月不得归，比归，则簠丈先数日老去，薇垣乃遍拓所新得物，和白打钱，旷野无人，寒风萧瑟，哭而焚诸墓上，酹以告之，虽陈氏子弟不知也，其行谊敦笃如是。"	《五镫精舍印话》
施补华 （1835-1890）	举人。诗人	浙江乌程人。字均甫。边塞诗人，文词简洁，气象雄阔，著有《泽雅堂文集》。清光绪初，随西征军驱逐阿古柏，其间，因路过拜城赛里木，在黑英山崖壁上发现东汉桓帝时之刘平国碑。施补华《泽雅堂文集·刘平国碑跋》："此碑在今阿克苏所属赛里木东北二百里山上。五年（1879）夏，有军人过其地，见石壁露残字，漫漶不可识，或以告，余疑为汉刻。秋八月，余请于节帅张公，命总兵王德魁、知县张廷楫具毡椎，裹粮往拓之，得点划完具者九十余字。"罗振玉《西陲石刻录》序："光绪甲午（1894），吴兴施均甫太守补华寄刘平国治关城诵，属为考证，并腾以沙南侯获刻石，乃施君佐张勤果公西征戎幕时所手拓者。"	《西域史地文物丛考》《西陲石刻录》
吴大澂 （1835-1902）	进士。官至巡抚。金石学家、书画篆刻家	江苏吴县（苏州）人。初名大淳，字止敬，又字清卿，号恒轩，又号白云山樵、愙斋、白云病叟。斋号十二金符斋、十六金符斋、千玺斋、三百古玺斋、百二长生馆。著有《说文古籀补》《古字说》《古玉图考》《恒轩吉金录》《愙斋集古录》《愙斋诗文集》《十六金符斋印存》《十二金符斋印存》《千玺斋古玺选》《权衡度量实验考》等。少从陈硕甫学篆书，中年后又参以古籀文，益精工。题跋行楷方正流丽，独树一帜。兼长刻印。作山水、花卉，用笔秀逸，尝仿恽寿平山水花卉册，及临黄易访碑图尤妙。精鉴别，喜收藏，尤能审释古文奇字。与陈介祺交契。陈介祺尝语吴大澂道："拓墨之佳，今未有能及吾兄者，但须有善戤之人代作方可。"	《中国美术家人名辞典》《秦前文字之语》
汪鸣銮 （1839-1907）	进士。官至吏部侍郎。书法家	浙江杭州（钱塘）人。号柳门，一号郎亭。能篆书。日用佳墨罗文纸精拓石鼓饷人，得者以为瑰宝	《吴县志》《皇清书史》

姓名/年代	身 份	生平/传拓事迹	文献出处
杨守敬 （1839-1915）	举人。 金石学家	湖北宜都人。字惺吾，别号邻苏老人。1880-1884年任驻日钦使随员，归国后历任黄冈教谕、两湖书院教习、勤成（后更为存古）学堂总教长。1909年被举为礼部顾问官，次年兼聘为湖北通志局纂修。《杨守敬评碑评帖记》："修太公庙碑……此碑为余手拓，石坚致，椎之铮铮作金铁声。……碑在汲县西北三里太公庙，余于辛未（1871）十月由都赴高平，过之，乃令车先行觅店，自携毡拓之具往拓。碑西向，高约五尺。适风燥，余所持之纸又甚厚，干即起，不能施墨。自日暮至二更向尽，仅得一纸。乃乘夜独持以归，抵店则同行者皆鼾鼻矣。而余犹枵腹伸纸，摩挲不已，不复知其苦。"	《杨守敬评碑评帖记》
鹤 洲 （1839-？）	僧人	江苏镇江焦山寺僧。拓片钤"焦山僧鹤洲手拓金石"印。晚清时期以专拓"瘗鹤铭"闻名。梁启超《瘗鹤铭跋》述及1915年见到鹤洲："鹤洲年既七十有六矣，今方卧病……"	《瘗鹤铭研究》 《梁启超题跋墨迹书法集》
胡 钁 （1840-1910）	秀才。 书画家、篆刻家	浙江石门县人。一名孟安，字菊邻（菊一作匊），号老鞠、废鞠、不枯，又号晚翠亭长、竹外外史，别署不波生。拓片署款"匊邻手拓"。与褚德彝为金石交。著有《晚翠亭诗稿》《不波小泊吟草》《晚翠亭印存》《晚翠亭藏印》等。善书画篆刻，工诗词。又善刻竹木，亦擅石刻。施蛰存《北山谈艺录》著录与天无极瓦，题识："汉未央宫瓦，曼叔得之洛阳，匊邻手拓。"	《桐乡县志》《北山谈艺录》
李宗颢 （晚清）	金石学家	广东广州人。李应鸿子。字煮石。著有《萧堪读碑记》。喜治金石目录之学。随父应鸿宦游陕西。汉唐故都，石墨至富，毡蜡之余，辄辇石以归，嵌置家祠壁间，终日摩挲以自适。……居京师游李文田（1834-1895）之门，与江阴缪荃孙（1844-1919）讨究古籍版片，就所知见以蝇头细书，识于四库简明目录书眉，丹黄烂然，所论有出于邵懿辰、莫友芝之外者	《中国美术家人名辞典》
张德森 （晚清）	金石收藏家	安徽怀宁人。字木三。拓片钤"木三拓赠""张木三所拓金石文字"印。北京图书馆藏《张景略墓志》，曾为古皖张德森（木三）、蓬莱丛澍（丛兰西）等递藏。尾有丛澍题跋（1944）。钤"耐园姚诗志珍秘印""叔言""张德森考藏金石之章""古皖张氏木三珍藏""张木三考藏金石印""曾在张木三处""蓬莱丛氏藏金石刻辞"等印	《北京大学图书馆藏历代金石拓本菁华》《北京图书馆藏青铜器全形拓片集》《北京图书馆藏石刻叙录》

续表

姓名/年代	身份	生平/传拓事迹	文献出处
缪荃孙 （1844-1919）	进士。官至翰林院编修。金石学家、学者	江苏江阴人。字炎之，一字筱珊，晚号艺风，自称艺风老人。斋号艺风堂。著有《艺风堂藏书记》《艺风堂金石文字目》《艺风堂文集》等。先后入崇文勤总督、川东道姚彦士幕。历遍川东北诸郡，搜揭石刻，始为金石之学。张之洞视学，执赘门下，为撰书目答问。既而之洞出任晋抚，纂修顺天府志，所收旧籍、金石、书、画益富。尤工书法。与王懿荣、潘祖荫、叶昌炽、顾燮光等为金石交。缪荃孙《与顾鼎梅书》："荃孙自廿一岁有志金石之学，身自搜访，手自搥揭……访襄城之石门玉盆，山深月黑，夜不能归。蜷宿岩下，与丐为伍。明日出险，与友朋言，无不大笑。"	《中国美术家人名辞典》《〈语石〉〈语石异同评〉》《艺风堂文漫存》
毛凤清 （晚清）	金石收藏家	江苏扬州（广陵）人。斋号寿苏斋。《北京图书馆藏青铜器全形拓片集》邺父叔昌钟全形拓片，题跋有"同治甲戌（1874）小重阳日拓于喜雨亭东之寿苏斋，广陵毛凤清"语	《北京图书馆藏青铜器全形拓片集》
孙诒让 （1848-1908）	官至刑部主事。经学家、古文字学家	浙江瑞安人。字仲容，号籀庼。著有《契文举例》《古籀拾遗》《古籀余论》等。研治古籀古字，专心著述达四十年，晚年曾主温州师范学校，任浙江教育会会长。孙诒让《古籀余论》后序："犹忆同治间，余侍亲江东……壮年气盛，尝乘扁舟，朔江至京口，登金山，访遂启諆大鼎不得。乃至焦山海云堂，观无叀鼎，手拓数十纸以归。"	《中华思想大辞典》《古籀余论》
黄士陵 （1849-1908）	监生。篆刻家、书画家	安徽黟县人。字牧甫，或作穆父，别号倦叟、黟山人。与盛昱、王懿荣、吴大澂、端方金石游。有《黟山人黄牧甫印集》传世。清代印坛一代宗师，突破皖、浙两大流派，创"黟山派"。通六书，工篆刻，兼精绘事。其用西法画彝器图形，尤为艺林珍赏。父已商匦周身刻蚩尤饕餮鱼鸟蛟螭之属，凡三十余事，文镂之精，历来著录家所未有。黄为之图，毫发无憾，且尺寸不爽累黍，诚绝技也。尝客吴大澂幕中，吴辑《十六金符斋古铜印谱》，传集抚拓，皆出士陵与尹伯圜手	《中国美术家人名辞典》
尹肃 （？-1892）	篆刻家	山东诸城人。尹彭寿子。字伯圜。吴大澂（1835-1902）幕客。《十六金符斋古铜印谱》……传集抚拓，皆出士陵（1849-1908）与尹伯圜手	《〈语石〉〈语石异同评〉》
俞旦 （晚清）	金石收藏家	江西婺源人。字伯惠，善画。黄士陵（1849-1908）尝为其刻印章多方，其中即有"俞旦手拓"印	《丘逢甲交往录》《中国篆刻技法全书》《黄牧甫篆刻作品集》

姓名/年代	身 份	生平/传拓事迹	文献出处
傅 栻 （1850-1903）	金石收藏家	直隶大兴人。傅节子子。字子式。斋号华延年室、有万斋。拓片钤"傅栻手拓"。赵之谦弟子。施蛰存《北山谈艺录续编》著录东魏成述祖造像拓片，钤"傅栻手拓"印	《福建印人传》《北山谈艺录续编》
王懿荣 （1854-1900）	进士。官至国子监祭酒。金石学家	山东诸城人。字正儒，一字廉生。辑有《汉石存目》《古泉选》《南北朝存石目》《福山金石志》等。甲骨文发现者与最早断代者。性笃好旧椠本书、古彝器、碑版图画之属，尤潜心于金石之学。为搜求文物古籍，足迹遍及鲁、冀、陕、豫、川等地，凡书籍字画、三代以来之铜器、印章、泉货，以及残石片瓦，无不珍藏而秘玩之。张彦生《善本碑帖录》："汉杨君铭残碑……石在四川荣经县，咸丰中杭州韩小亭访得拓出，拓本少。见拓本三次，俱是王懿荣所拓，有王氏印。"	《纪念王懿荣发现甲骨文一百周年论文集》《善本碑帖录》
黄 氏 （？-1900）	女性传拓者	王懿荣夫人。《清稗类钞》王文敏夫妇好古："夫人善毡蜡法，凡文敏所购彝器、泉印、镜剑、砖瓦等物，每得一种，必手自椎拓，务使纸白如玉，墨光如漆，无丝毫墨渖沁入字口中。乃已，押小印一，志其物名，文字灿然。或拓一造像，必额拜祝之曰'心心相印，此便作亿万化身'云云。纸尾缀小横方印一，文曰'王懿荣妇黄氏一心供养'，盖仿造像文中语也。"	《清稗类钞》
李墨香 （晚清-民国）	女性传拓者	江苏阳湖人。拓片钤"墨香拓""李墨香女史手拓金石""阳湖李墨香拓""阳湖李墨香女史七十四岁拓"等印。《广印人传》孙锦条下，称孙"工篆刻，尤精小印。善拓旁款，又能拓古彝器款识及全形，可与阳湖李墨香齐名。"	《中国碑帖鉴赏与收藏》《广印人传》
孙婉如 （晚清-民国）	女性传拓者	王绪祖（1853-1919）侧室夫人。拓片钤"东武王鄦阁命侍姬孙婉如拓"印。精传拓，亦通古文字，所制拓片精好	《诸城王氏家族藏金石拓片》
罗振玉 （1866-1940）	金石学家、古文字学家	江苏淮安人，祖籍浙江上虞。字叔言、叔蕴，号雪堂，晚年更号贞松老人。20世纪初中国最著名的金石学家、古文字学家。罗振玉《古镜图录》序："每见同好所藏，辄手施毡墨。"《西陲石刻后录》序："夏六月，日本大谷伯光瑞以西陲访古所得，陈于武库郡之别邸，以资学者之流览。予巫冒暑往观，见武周康居士写经功德记残石，不能得打本，爰携毡墨往手拓之。"	《中国史学史辞典》《古镜图录》《西陲石刻后录》

续表

姓名/年代	身 份	生平/传拓事迹	文献出处
叶 铭 (1867-1948)	篆刻家	浙江杭州人，祖籍歙县。字盘新，又字品三，号叶舟。斋号铁华盦。著有《西泠印社小志》《广印人传》《金石家传略》《叶氏印谱存目》《歙县金石志》等。少善篆隶，十余岁即工铁笔，初宗西泠诸家，后溯周秦两汉，于古玺、汉铁印、凿印、玉印及宋元朱文印，皆功力深邃，有手摹《周秦玺印谱》。清光绪三十年（1904），与丁仁、吴隐、王褆于西湖孤山创立西泠印社。北京大学图书馆藏民国十一年（1922）拓《三老讳字忌日记》拓片，钤有"壬戌秋古杭叶舟拓东汉文字"印。《广印人传》鲁宝清序："叶舟善古隶，工铁笔，尤工刻碑。椎摹彝器，得僧六舟及李锦鸿之秘。"	《歙县志》《西泠印社百年史料长编》《北京大学图书馆藏历代金石拓本菁华》《广印人传》
方 若 (1869-1954)	金石收藏家、鉴赏家	浙江定海人，寄居天津。字药雨，号劬园。富收藏，尤好古泉。画工石溪，古朴浑厚。著有《校碑随笔》。北京大学图书馆藏拓中有"方若手拓"等印	《记古泉学家方若先生》《对张仁蠡旧藏柳风堂拓片的一点考察》
姚贵昉 (晚清-民国)	金石收藏家	河北青县人。拓片钤"贵昉手拓"印。或名"蓉镜"。罗振玉《石交录》："予归自海东，寓居津沽，青县姚贵昉大令赠予所藏石刻数种。予往得子游残碑上截，钤姚氏贵昉藏石印，初不忆其人。及相见，知往在鄂渚，姚君为张文襄巡官。国变后，访古河朔，售古物以给朝夕。于时在鄂同乡同僚，多登膴仕者，贵昉未尝与通请谒。席帽芒鞋，独策塞往来大河南北，访求古金石刻，亦振奇人也。……女字湘云，精拓墨，所藏石皆其所拓，亦艺林中一韵事也。" 甘霨《永丰乡人行年录》："东北石刻传世寥寥，乡人……倩青县姚贵昉（蓉镜）往拓之，国内始有传拓。"娱堪老人《印林清话》："青县姚贵昉，以县令需次鄂中，晚年流寓天津，以古玩为生，尤喜古印。尝北走归绥，得吴君子干之助，驱驰塞上，饱载而还，厚值以贾，晚岁生计，赖以不匮。"	《石交录》《永丰乡人行年录》《印林清话》《北京大学图书馆藏历代金石拓本菁华》
华敬孙 (晚清-民国)	书画家	天津人。华长卿（1805-1881）孙，华光鼐子。字竺桥。柯昌泗《语石异同评》："北齐西门豹祠碑，在河南安阳城隍庙，范鼎卿（1870-1921）任安阳令，募工移至文昌宫古迹保存所，建亭护之。于碑左侧见□光族书词，姚元标书，江希遵篆额。右侧见天保五年（554）字，当时匆匆凳之以砖。有华竺桥者，在旁亟拓数纸，其文遂传于世。此碑撰书、篆额、人名年月，皆足以补著录。"	《〈韵籁〉作者考辨》《〈语石〉〈语石异同评〉》

姓名/年代	身 份	生平/传拓事迹	文献出处
俞陛云 （1868—1950）	进士。官至翰林院编修。诗人	浙江德清人。俞樾孙。字阶青，号乐静居士。拓片署款"陛云手拓"。著有《蜀輶诗记》《小竹里馆吟草》《乐静吟》《诗境浅说》《诗境浅说续编》《唐五代两宋词选释》。幼承家学，文学、书法建树颇高，尤精于诗词。施蛰存《北山谈艺录》著录有俞陛云手拓之雷峰塔砖文，署款"陛云手拓"	《德清县志》《北山谈艺录》
陶 湘 （1871—1940）	官至道员。金石学家	江苏武进人。字兰泉，号涉园。斋号涉园、百嘉室、喜咏轩。拓片钤"涉园拓石"印。辑有《明毛氏汲古阁刻书目录》《涉园鉴藏明版目录》《清代殿版书目》《武英殿聚珍版书目》《内府写本书目》《故宫殿本书库现存目》等。清末官至道员。后进入实业界及金融界。民国十八年（1929）应聘为故宫博物院专门委员	《中国图书馆界名人辞典》《北京大学图书馆藏历代金石拓本菁华》
张伯英 （1871—1949）	举人。官至北洋政府临时执政副秘书长。金石学家、书法家	江苏铜山人。张仁广子。原名启让，字勺圃，号云龙山人、东涯老人。与康有为、梁启超、于右任、张学良、林琴南、齐白石、容庚交游。曾任北平市自来水厂及电车公司董事，北平成达中学教师，授历史、古文及书法课。工书，初从颜体，再学魏碑，自成一家。晚年酷嗜碑帖，精鉴别。著《法帖提要》七卷，仿四库提要之例，列举自宋至清帖刻512种，穷源别流，析论优劣，为我国书法碑帖学界权威名著。《北京大学图书馆藏历代金石拓本菁华》宋王佛女卖地券拓片，张伯英题跋："昔罗叔言来乞拓本，因墨数纸，兼奉蔚老同年清赏。戊辰（1928）立春后二日，弟张伯英。"	《古都艺海撷英》《北京大学图书馆藏历代金石拓本菁华》
顾燮光 （1875—1949）	官至度支部主事。金石学家	浙江会稽人。顾家相子。字鼎梅，号崇堪。斋号金佳石好楼。著有《梦碧簃石言》《河朔新碑目》《刘熊碑考》《两浙金石别录》《袁州石刻记》《古志汇目》《比干庙碑录》《伊阙造像目》等。柯昌泗《语石异同评》："当代因地访碑者，推顾鼎梅。鼎梅少随其尊人勴堂太守文宦游江西，刻成袁州石刻记一卷。访拓所得，未著录者甚多。岁甲寅（1914），同邑范鼎卿（寿铭）为河南省河北道尹，聘纂河朔古迹志。乃立志遍访境内金石。挟策裹粮，布衣草履，山颠水涘，古刹荒冢，人迹罕至之处，罔不周历。有所获则剔剥苔藓，手施椎拓。凡汲、武陟、安阳、汤阴、临漳、林、内黄、武安、涉、新乡、获嘉、淇、辉、延津、濬、滑、封丘、沁阳、济原、原武、修武、孟、温、阳武二十四县，金石文字，悉为网罗。……鼎梅随时访获石刻，必广为拓传，与海内同好，互相流通，邮筒投赠无虚日，老而不衰。"	《上海文物博物馆志》《〈语石〉〈语石异同评〉》

续表

姓名／年代	身 份	生平／传拓事迹	文献出处
丁 仁 （1879-1949）	篆刻家、 书画家	浙江杭州（钱塘）人。丁丙从孙，丁立诚次子。原名仁友，字子修、辅之，号鹤庐、鹤丁，晚年别署簠叟。斋号七十二丁厂、守寒巢、百石斋、小龙泓馆。辑有《西泠八家印选》《杭郡印辑》《石刻龙泓遗翰》《袖珍本丁氏秦汉印绪》等。画工梅花果品，工写甲骨文，并以甲骨文为诗联，颇见匠心。清光绪三十年（1904）与吴隐、王禔、叶铭于杭州创立西泠印社。其家以藏书闻海内，所藏西泠八家印尤夥。嗜印成癖，椎拓无虚日	《中国美术家人名辞典》
黄 石 （1879-1953）	篆刻家	安徽黟县人。黄士陵子。一名廷荣，字少牧（少穆），一字问经，又字肖牧。端方幕客。工篆刻，能承家学，刻印功力极深，严正挺拔，不为狂怪之态。摹勒拓器，尤为佳妙。随父游幕京师，绘拓彝器全形，分阴阳向背，逼近六舟。《陶斋吉金录》半出其手	《中国美术家人名辞典》
蔡 守 （1879-1941）	诗人、 书画家	原名珣，字哲夫，别号寒琼。广东顺德人。南社社员，诗人，书画家。曾担任《国粹学报》主笔，1936年受聘于南京博物院。著有《寒琼遗稿》《说文古籀补》《印林闲话》等。北京大学图书馆藏拓中有"蔡守手拓曹溪南华寺北宋木刻造像记"等印	《南社社友图像集》《对张仁蠡旧藏柳风堂拓片的一点考察》
柯莘农 （1883-1945）	金石学家	山东胶县人。柯劭忞侄，柯昌泗堂兄。号半园主人。斋号半园。著有《叶语草堂金石文字存考》。博雅好古，善捶拓，精鉴识，收藏亦富。毛昌杰《君子馆类稿·跋昭陵六骏缩本为柯莘农》："此石……惟打本从来未见……同里李君月溪素通绘事，因仿椎拓钟鼎彝器之法，变立体为平面，用油纸规其外，节节椎打成，与真形无异，怀宁柯莘农亦擅此术，兼能比例尺寸，任意缩小之……不爽累黍，真奇技也。"	《叶语半园》《君子馆类稿》
孙 锦 （1883-1942）	女性传拓者	浙江绍兴人。吴隐继妻。字织云。叶铭《广印人传》："工篆刻，尤精小印。善拓旁款，又能拓古彝器款识及全形，可与阳湖李墨香齐名。"	《广印人传》
姚湘云 （晚清-民国）	女性传拓者	河北青县人。姚贵昉女。拓片钤"姚湘云女史拓""姚氏湘云手拓"等印。罗振玉《石交录》："青县姚贵昉……女字湘云，精拓墨，所藏石皆其所拓，亦艺林中一韵事也。"	《石交录》《中国艺术百科全书》《北京大学图书馆藏历代金石拓本菁华》

姓名/年代	身 份	生平/传拓事迹	文献出处
谈月色 （1891-1976）	女性传拓者	广东顺德人。蔡守妻。原名古溶，又名溶溶，因晏殊诗有"梨花院落溶溶月"句，遂字月色，以字行，晚号珠江老人。工诗，善书画，画梅、瘦金书、篆刻尤著名	《于画书诗三绝外 冶金玉石一炉中——女金石书画家谈月色的生平与成就》
溥 儒 （1896-1963）	学者、书画家	北京人。恭亲王奕訢孙。字心畬，别号西山逸士。拓片钤"心畬手拓金石""寄尘手拓"等印。十九岁赴德国留学，研习生物与天文等西学。曾任中国画学研究会评议。抗日战争期间，鬻书画为生。1949年迁台北。自许生平大业为治理经学，读书由理学入手及至尔雅、说文、训诂，旁涉诸子百家以至诗文古辞，视书画为文人余事。画无师承，全凭观悟，然其画风却由此而高雅洁静，为常人所不及。施蛰存《北山谈艺录续编》著录"盗瓦者死"瓦当，钤"心畬手拓金石"印	《溥心畬传》《北京大学图书馆藏历代金石拓本菁华》《北山谈艺录续编》
柯昌泗 （1899-1952）	金石学家	山东胶县人。柯劭忞长子。字燕舲，号谥斋。拓片钤"柯燕舲手拓本"印。著有《语石异同评》。历任东北大学文学院教授、故宫博物院专门委员、山东省东临道道尹、聊城县知事、察哈尔省政府委员兼教育厅长等。《北京大学图书馆藏历代金石拓本菁华》大保方鼎全形拓片，钤"柯燕舲手拓本"印	《云乡丛稿》《北京大学图书馆藏历代金石拓本菁华》
商承祚 （1902-1991）	古文字学家、书法家、篆刻家	广东番禺人。字锡永，号契斋。中山大学教授。一生著述甚富，书精篆隶，刻宗古玺。1921年师从罗振玉研习古文字，"白天在罗师家学拓铜器铭文，或双钩旧铭文拓本，入夜读罗师的《殷虚书契考释》"。晚年自述："平生治学，自问还是比较严谨的。收集文字资料时，注意鉴别真伪，或摹或拓，或照相，都是自己动手，后因年老，视力差，摹写不得不由助手为之，但传拓之事仍必躬亲。"	《岭南书法史》《商承祚文集》
孙海波 （1909-1972）	古文字学家	河南潢川人。字铭恩。曾任中央研究院历史语言研究所助理研究员，后历任中国大学、云南大学、开封师范学院教授。著有《甲骨文编》《新郑彝器》《濬县彝器》等。《新郑彝器》胡汝麟序："其新郑一编，为民国二十四年（1935）孙君亲至开封所推拓者。"《濬县彝器》孙海波序："凡力之所能致者，爰命海波摄影拓文。"	《中国金文学史》《新郑彝器》《濬县彝器》

参考书目

📖 古 籍

[宋]范晔撰，[唐]李贤等注：《后汉书》，中华书局，1965年。

[唐]封演：《封氏闻见记》，《丛书集成初编》，中华书局，1985年。

[唐]李林甫等纂，陈仲夫点校：《唐六典》，中华书局，1992年。

[唐]李肇：《唐国史补》，《〈唐国史补〉〈因话录〉》，上海古籍出版社，1979年。

[唐]王建：《原上新居十三首之十一》，《全唐诗》，中华书局，1960年。

[唐]韦应物：《石鼓歌》，《全唐诗》，中华书局，1960年。

[唐]魏徵、令狐德棻撰：《隋书》，中华书局，1973年。

[唐]张彦远：《历代名画记》，《丛书集成初编》，中华书局，1985年。

[唐]张彦远辑，洪丕谟点校：《法书要录》，上海书画出版社，1986年。

[北宋]郭若虚：《图画见闻志》，人民美术出版社，1963年。

[北宋]黄伯思：《东观余论》，《宋本东观余论》，中华书局，1988年。

[北宋]李清照：《金石录后序》，金文明：《金石录校证》，上海书画出版社，1985年。

[北宋]刘跂：《学易集》，《丛书集成初编》，中华书局，1985年。

[北宋]欧阳修：《集古录跋尾》，李之亮：《欧阳修集编年笺注》第七册，巴蜀书社，2007年。

[北宋]赵明诚：《金石录》，金文明：《金石录校证》，上海书画出版社，1985年。

[南宋]陈思：《书小史》，《中国书画全书》第二册，上海书画出版社，1993年。

[南宋]邵博撰，刘德权、李剑雄点校：《邵氏闻见后录》，中华书局，2006年。

[南宋]赵希鹄：《洞天清录》，《北京图书馆古籍珍本丛刊》82，子部·丛刊类，书目文献
　　　出版社，1990年。

[南宋]周密：《齐东野语》，扫叶山房，1926年。

[明]杨慎：《墨池琐录》，《丛书集成初编》，中华书局，1991年。

[清]鲍昌熙：《金石屑》，《石刻史料新编》第二辑第六册，新文丰出版公司，1979年。

[清]鲍康：《观古阁丛稿》，《丛书集成续编》第140册，上海书店出版社，1994年。

[清]陈介祺：《簠斋传古别录》，清光绪五年（1879）冬福山王氏校刊本。

[清]陈介祺著，陈继揆整理：《秦前文字之语》，齐鲁书社，1991年。

[清]程庭鹭《梦盦居士年谱》，《丛书集成续编》第37册，上海书店出版社，1994年。

[清]达受：《宝素室金石书画编年录》，《丛书集成续编》第84册，上海书店出版社，1994年。

[清]达受：《小绿天庵遗诗》，海宁姚氏古朴山房，1920年。

[清]戴熙：《古泉丛话》，清同治十一年（1872）滂喜斋刻本。

[清]丁敬：《武林金石记》，《石刻史料新编》第一辑第十五册，新文丰出版公司，1982年。

[清]段松苓：《益都金石记》，《石刻史料新编》第一辑第二十册，新文丰出版公司，1982年。

[清]方若《校碑随笔》，[清]方若原著，王壮弘增补：《增补校碑随笔》，上海书画出版社，1981年。

[清]何绍基著，曹旭校点：《东洲草堂诗集》，上海古籍出版社，2006年。

[清]黄易：《嵩洛访碑日记》，《〈国山碑考〉〈嵩洛访碑日记〉》，《丛书集成初编》，中华书局，1985年。

[清]纪昀等纂，四库全书研究所整理：《钦定四库全书总目》，中华书局，1997年。

[清]蒋宝龄：《墨林今话》，中华书局，1923年。

[清]况周颐：《选巷丛谈》，《丛书集成续编》第二十四册，新文丰出版公司，1988年。

[清]李宝台手拓，[清]杨守敬编：《古泉薮》，上海古籍出版社，1992年。

[清]李放纂录：《皇清书史》，《辽海丛书》第三册，辽沈书社，1985年。

[清]刘鹗：《铁云藏龟》，清光绪三十年（1904）抱残守阙斋版。

[清]刘鹗：《铁云藏陶》，江苏广陵古籍刻印社，1998年。

[清]刘喜海：《苍玉洞宋人题名》，《石刻史料新编》第三辑第二册，新文丰出版公司，1986年。

[清]刘喜海：《嘉荫簃论泉绝句》，《丛书集成续编》第73册，上海书店出版社，1994年。

[清]陆增祥：《八琼室金石札记》，《石刻史料新编》第一辑第八册，新文丰出版公司，1982年。

[清]吕佺孙：《毗陵出孝建四铢拓本》，丁福保据吕佺孙赠陈介祺拓本册珂罗版影印，医学书局，1934年。

[清]马邦玉：《汉碑录文》，《石刻史料新编》第二辑第八册，新文丰出版公司，1979年。

[清]牛运震集说，[清]褚峻摹图：《金石图说》，清光绪二十二年（1896）刘世珩聚学轩编补刊刻。

[清]钱泳著，张伟点校：《履园丛话》，中华书局，1979年。

[清]阮元：《积古斋钟鼎彝器款识》，《丛书集成初编》，中华书局，1985年。

[清]盛大士：《泉史》，《中国钱币文献丛书》之《〈晴韵馆收藏古钱述记〉〈泉史〉》，上海古籍出版社，1993年。

[清]孙诒让：《〈古籀拾遗〉〈古籀余论〉》，中华书局，1989年。

[清]王昶：《金石萃编》，中国书店，1985年。

[清]王筠著，屈万里、郑时辑校：《清诒堂文集》，齐鲁书社，1987年。

[清]王乃斌：《红蝠山房诗钞》，《清代诗文集汇编》589册，上海古籍出版社，2010年。

[清]王士禛：《池北偶谈》，中华书局，1982年。

[清]王澍著，钱人龙订：《竹云题跋》，中华书局，1991年。

[清]吴大澂：《吴愙斋尺牍》，商务印书馆，1919年。

[清]吴骞：《国山碑考》，《〈国山碑考〉〈嵩洛访碑日记〉》，《丛书集成初编》，中华书局，1985年。

[清]吴式芬：《攈古录》，《续修四库全书》895册，上海古籍出版社，1996年。

[清]吴云：《两罍轩尺牍》，《近代中国史料丛刊》第二十七辑，文海出版社，1968年。

[清]武亿：《授堂金石跋序》，[清]王昶：《湖海文传》卷二十九，清道光十七年（1837）经训堂藏版。

[清]徐康：《前尘梦影录》，《丛书集成初编》，中华书局，1985年。

[清]许瀚：《攀古小庐杂著》，日照许氏，清刻本。

[清]许梿：《古均阁宝刻录》，清光绪十四年（1888）刊本。

[清]严福基：《严氏古砖存》，清道光十九年（1839）刻本。

[清]严观：《江宁金石记》，《石刻史料新编》第一辑第十三册，新文丰出版公司，1982年。

[清]杨守敬著，陈上岷整理：《杨守敬评碑评帖记》，文物出版社，1990年。

[清]叶昌炽：《语石》，《万有文库》，商务印书馆，1936年。

[清]叶昌炽：《缘督庐日记》，台湾学生书局，1964年。

[清]叶昌炽撰，柯昌泗评，陈公柔、张明善点校：《〈语石〉〈语石异同评〉》，中华书局，1994年。

[清]叶铭：《广印人传》，西泠印社，清宣统三年（1911）。

[清]叶奕苞：《金石录补》，《丛书集成初编》，中华书局，1985年。

[清]张弨：《瘗鹤铭辨》，《石刻史料新编》第三辑第三十四册，新文丰出版公司，1986年。

[清]张鉴等撰，黄爱平点校：《阮元年谱》，中华书局，1995年。

[清]张穆：《月斋文集》，（民国）山西省文献委员会编：《山右丛书初编》第十一册，山西人民出版社，1986年。

[清]张廷济：《清仪阁金石题识》，《丛书集成续编》第九十二册，新文丰出版公司，1988年。

[清]张燕昌：《金石契》，北京出版社，2000年。

[清]赵钺、劳格撰，张忱石点校：《唐御史台精舍题名考》，中华书局，1997年。

[清]周凯：《内自讼斋文集》，清道光二十年（1840）刻本。

[清]朱彝尊：《曝书亭金石文字跋尾》，《石刻史料新编》第一辑第二十五册，新文丰出版公司，1982年。

[清]邹一桂：《小山画谱》，《美术丛书》初集第九辑，神州国光社，1936年。

📖 图录、专著

《安思远藏善本碑帖选》，文物出版社，1996 年。

《北平故宫博物院古物馆概览》，故宫博物院，1932 年。

《古都艺海撷英》，北京燕山出版社，1996 年。

白冰：《中国金文学史》，学林出版社，2009 年。

白谦慎：《吴大澂和他的拓工》，海豚出版社，2013 年。

北京图书馆编：《北京图书馆藏青铜器全形拓片集》，北京图书馆出版社，1997 年。

北京图书馆金石组编：《北京图书馆藏青铜器铭文拓本选编》，文物出版社，1985 年。

陈炳昶：《中国碑帖鉴赏与收藏》，上海书店出版社，1997 年。

陈洪波：《中国科学考古学的兴起：1928-1949 年历史语言研究所考古史》，广西师范大学
  出版社，2011 年。

陈瑞芳、王会娟：《天津市历史博物馆馆藏北洋军阀史料·袁世凯卷》，天津古籍出版社，
  1996 年。

陈锡岳、林基鸿：《名人与图书馆》，天津人民出版社，1993 年。

陈永正：《岭南书法史》，广东人民出版社，1994 年。

陈垣：《敦煌劫余录》，中央研究院历史语言研究所，1931 年。

陈振濂：《西泠印社百年史料长编》，西泠印社，2003 年。

陈重远：《鉴赏述往事》，北京出版社，1999 年。

池泽汇等：《北平市工商业概况》，北平社会局，1932 年。

戴山青：《黄牧甫篆刻作品集》，广西美术出版社，2000 年。

邓见宽：《茫父颖拓》，贵州人民出版社，2008 年。

邓云乡：《云乡丛稿》，河北教育出版社，2004 年。

丁佛言：《说文古籀补补》，中华书局，1988 年。

董玉书原著，蒋孝达、陈文和校点：《芜城怀旧录》，《扬州地方文献丛刊》之《〈芜城怀旧录〉
  〈扬州风土记略〉》，江苏古籍出版社，2002 年。

董作宾：《殷虚文字甲编》，商务印书馆，1948 年。

范腾端：《国立北平图书馆藏碑目》，开明书店，1941 年。

冯忠莲：《古书画副本摹制技法》，紫禁城出版社，1988 年。

傅振伦：《七十年所见所闻》，华东师范大学出版社，1997 年。

甘孺：《永丰乡人行年录（罗振玉年谱）》，江苏人民出版社，1980 年。

故宫博物院编：《兰亭图典》，紫禁城出版社，2011 年。

顾燮光撰，王其祎校点：《梦碧簃石言》，辽宁教育出版社，2001 年。

关百益：《伊阙石刻图表》，河南博物馆，1935 年。

广东美术馆编：《抗战中的文化责任："西北艺术文物考察团"六十周年纪念图集》，岭南
  美术出版社，2005 年。

韩说：《语石校注》，今日中国出版社，1995 年。

胡海帆、汤燕：《北京大学图书馆藏历代金石拓本菁华》，文物出版社，1998 年。

华人德：《中国书法史·两汉卷》，江苏教育出版社，1999 年。

冀亚平、贾双喜等：《梁启超题跋墨迹书法集》，荣宝斋出版社，1995 年。

冀亚平辑：《国家图书馆章钰藏拓题跋集录》，国家图书馆出版社，2008 年。

江苏省政协文史资料委员会、淮安市政协文史资料委员会编：《淮安古今人物》，《江苏文史资料》第七十二辑，江苏文史资料编辑部，1993 年。

康有为：《广艺舟双楫》，上海广智书局，1916 年。

柯愈春：《清人诗文集总目提要》，北京古籍出版社，2002 年。

孔凡礼点校：《苏轼文集》，中华书局，1986 年。

李刚田：《中国篆刻技法全书》，河南美术出版社，2008 年。

李明友：《李汝珍师友年谱》，凤凰出版社，2011 年。

李玉安、黄正雨：《中国藏书家通典》，中国国际文化出版社，2005 年。

李泽厚：《美的历程》，文物出版社，1981 年。

梁上椿：《岩窟吉金图录》，彩华印刷局，1944 年。

林乾良：《福建印人传》，福建美术出版社，2006 年。

刘爱珠：《薄意大师林清卿》，福建美术出版社，2004 年。

刘恒：《中国书法史·清代卷》，江苏教育出版社，1999 年。

刘江：《印人轶事》，浙江美术学院出版社，1992 年。

刘一达：《爷是玩家》，中国社会出版社，2007 年。

陆和九：《中国金石学》，中国大学，1933 年。

陆明君：《簠斋研究》，荣宝斋出版社，2004 年。

罗勇来：《瘗鹤铭研究》，百家出版社，2006 年。

罗振玉：《古镜图录》，《罗雪堂先生全集·续编》六，大通书局有限公司，1989 年。

罗振玉：《鸣沙石室佚书正续编》，北京图书馆出版社，2004 年。

罗振玉：《石交录》，《贞松老人遗稿甲集》，《民国丛书》第五编，上海书店，1996 年。

罗振玉：《西陲石刻后录》，《石刻史料新编》第二辑第十五册，新文丰出版公司，1979 年。

马雍：《西域史地文物丛考》，文物出版社，1990 年。

马子云、施安昌：《碑帖鉴定》，广西师范大学出版社，1993 年。

马子云：《金石传拓技法》，人民美术出版社，1988 年。

毛昌杰：《君子馆类稿》，《近代中国史料丛刊》第二辑，文海出版社，1966 年。

缪荃孙、邓实编：《古学汇刊》，广陵书社，2006 年。

缪荃孙：《艺风堂金石文字目》，《石刻史料新编》第一辑第二十六册，新文丰出版公司，1982 年。

缪荃孙：《艺风堂文集》，《近代中国史料丛刊》第九十五辑，文海出版社，1973 年。

丘铸昌：《丘逢甲交往录》，华中师范大学出版社，2004 年。

瞿兑之著，张继红点校：《人物风俗制度丛谈》，山西古籍出版社，1997 年。

容庚、张维持：《殷周青铜器通论》，容庚学术著作全集之《殷周青铜器通论》，中华书局，2012 年。

容庚：《商周彝器通考》，哈佛燕京学社，1941 年。

容庚：《武英殿彝器图录》，容庚学术著作全集之《〈宝蕴楼彝器图录〉〈武英殿彝器图录〉》，中华书局，2012 年。

容媛辑录，胡海帆整理：《秦汉石刻题跋辑录》，上海古籍出版社，2009 年。

陕西省博物馆编：《木鸡室藏历代金石名拓展览》，陕西旅游出版社，1992 年。

商承祚：《商承祚文集》，中山大学出版社，2004 年。

上海人民出版社：《清代日记汇抄》，《上海史料丛刊》，上海人民出版社，1982 年。

尚小明：《学人游幕与清代学术》，社会科学文献出版社，1999 年。

施安昌：《汉华山碑题跋年表》，文物出版社，1997 年。

施蛰存：《北山谈艺录》，文汇出版社，1999 年。

施蛰存：《北山谈艺录续编》，文汇出版社，2001 年。

孙殿起：《琉璃厂小志》，北京古籍出版社，1982 年。

孙海波：《新郑彝器》，河南通志馆，1937 年。

孙海波：《濬县彝器》，成文出版社，1968 年。

谭旦冏：《中华艺术图录》，明华书局，1959 年。

王家诚：《溥心畬传》，百花文艺出版社，2007 年。

王建群：《好太王碑研究》，吉林人民出版社，1984 年。

王思礼、焦德森、赖非：《云峰刻石调查与研究》，齐鲁书社，1992 年。

王维朴：《诸城王氏金石丛书提要》，1930 年。

王宪明：《续东武诗存》，西泠印社出版社，2007 年。

王献唐：《五镫精舍印话》，青岛出版社，2009 年。

王雨著，王书燕编纂：《王子霖古籍版本学文集·古籍善本经眼录》，上海古籍出版社，2006 年。

王章涛：《凌廷堪传》，广陵书社，2007 年。

王振民：《潍坊文化三百年》，文化艺术出版社，2002 年。

王壮弘：《增补校碑随笔》（修订本），上海书店出版社，2008 年。

卫聚贤：《中国考古学史》，商务印书馆，1937 年。

西泠印社编著：《吉金留影——青铜器全形摹拓捃存》，上海书画出版社，2014 年。

夏鼐：《夏鼐日记》，华东师范大学出版社，2011 年。

谢巍：《中国画学著作考录》，上海书画出版社，1998 年。

徐寒：《中国艺术百科全书》，人民出版社，2006 年。

徐珂：《清稗类钞》，中华书局，1986 年。

徐世昌：《晚晴簃诗汇》，中国书店，1988 年。

徐自强：《北京图书馆藏石刻叙录》，书目文献出版社，1988 年。

杨伯峻：《论语译注》，中华书局，1980 年。

杨仁恺：《中国古代书画鉴定笔记》，辽宁人民出版社，2015 年。

杨震方：《碑帖叙录》，上海古籍出版社，1982 年。

姚华：《弗堂类稿》，中华书局，1930 年。

叶祖孚：《北京琉璃厂》，北京燕山出版社，1997 年。

郁重今：《历代印谱序跋汇编》，西泠印社出版社，2008 年。

袁行云：《许瀚年谱》，齐鲁书社，1983 年。

月生编，王仲涛译：《中国祥瑞象征图说》，人民美术出版社，2004 年。

云南信息报编著：《老字号》，《昆明往事丛书》，云南人民出版社，2009 年。

张慈生、邢捷：《文物图注》，天津杨柳青画社，1990 年。

张明观、张慎行、张世光：《南社社友图像集》，上海人民出版社，2019 年。

张学群等：《苏州名门望族》，广陵书社，2006 年。

张岩、钱淑萍编著：《明清名人中国画题跋》，陕西人民美术出版社，2000 年。

张彦生：《善本碑帖录》，中华书局，1984 年。

张以国主编：《美国红牡丹亭珍藏中国书画》，文化艺术出版社，2011 年。

张祖翼：《清代野记》，中华书局，2007 年。

赵尔巽等撰：《清史稿》，中华书局，1977 年。

浙江省博物馆编：《六舟———一位金石僧的艺术世界》，西泠印社出版社，2014 年。

郑逸梅：《文苑花絮》，中州书画社，1983 年。

中国大百科全书总编辑委员会编：《中国大百科全书·中国文学》，中国大百科全书出版社，
1988 年。

中国大百科全书总编辑委员会考古学编辑委员会编：《中国大百科全书·考古学》，中国大
百科全书出版社，1986 年。

中国第二历史档案馆整理编辑：《政府公报》（影印本），上海书店，1988 年。

中外名人研究中心著：《中华文化名人录》，中国青年出版社，1993 年。

周进：《居贞草堂汉晋石影》，1929 年。

周佩珠：《传拓技艺概说》，人民美术出版社，2004 年。

周绍良：《清代名墨谈丛》，文物出版社，1982 年。

朱剑心：《金石学》，文物出版社，1981 年。

朱翼盦：《欧斋石墨题跋》，书目文献出版社，1990 年。

朱翼盦：《欧斋石墨题跋》，紫禁城出版社，2006 年。

庄严：《前生造定故宫缘》，紫禁城出版社，2006 年。

📖 外文译著

[法] 伯希和等著，耿升译：《伯希和西域探险记》，云南人民出版社，2001 年。

[美] 费慰梅（Wilma Canon Fairbank）：《武梁祠——中国古代画像艺术的思想性·序》，[美]
巫鸿著，柳扬、岑河译：《武梁祠——中国古代画像艺术的思想性》，生活·读书·新
知三联书店，2006 年。

[美] 巫鸿，李清泉、郑岩等译：《中国古代艺术与建筑中的"纪念碑性"》，上海人民出版社，
2009 年。

[美] 巫鸿，郑岩等译：《礼仪中的美术——巫鸿中国古代美术史文编》，生活·读书·新
知三联书店，2005 年。

[日] 柳宗悦著，徐艺乙译：《工艺文化》，广西师范大学出版社，2006 年。

[英] 斯坦因著，向达译：《斯坦因西域考古记》，中华书局，1936 年。

📖 期刊、论文集

车锡伦：《〈泰山道里记〉的作者聂鈫——〈泰山道里记〉研究之二》，《泰安教育学院学
报岱宗学刊》2000 年第 2 期。

陈光铭：《浅论"三希堂法帖"镌刻艺术及其对京城碑刻艺术的影响》，《文津流觞》2012
年第 4 期。

陈继揆：《簠斋印谱》，《陈介祺学术思想及成就研讨会论文集》，西泠印社出版社，2005 年。

陈育丞：《簠斋轶事》，《文物》1964 年第 4 期。

陈育丞：《记王石经治印》，《文物》1963 年第 10 期。

陈昭荣、黄铭崇、袁国华：《傅斯年图书馆藏青铜器全形拓》，《古今论衡》第三辑，1999 年。

帝子：《谈谈颖拓》，《师大附中校友会会刊》1930 年第 16 期。

董自海：《简易传拓法介绍》，《文物参考资料》1955 年第 6 期。

樊光春：《敦煌道士王圆箓评传》，《中国道教》2008 年第 5 期。

冯贺军：《卖拓片以为生计》，《紫禁城》2009 年第 9 期。

冯志白：《〈韵籁〉作者考辨》，《语言研究论丛》第五辑，南开大学出版社，1988 年。

甘兰经：《苏州和中国博物馆事业》，《苏州博物馆建馆四十周年纪念文集 1960－2000 年》，
    《东南文化》2000 年增刊。

耿升：《伯希和西域探险与中国文物的外流》，《西北第二民族学院学报》（哲学社会科学版）
    2001 年第 4 期。

胡昌健：《刘喜海年谱》，《文献》2000 年第 2 期。

胡海帆：《对张仁蠡旧藏柳风堂拓片的一点考察》，《文献》2021 年第 4 期。

贾双喜：《从〈北凉沮渠安周造像记〉拓片谈谈响揭》，《文献》2005 年第 1 期。

贾双喜：《周希丁和青铜器全形拓》，《收藏家》2008 年第 7 期。

姜洪源：《劫余敦煌文献运京的前前后后》，《档案》2002 年第 6 期。

贾文忠：《敢吃"黑老虎"的马宝山》，《文物天地》2006 年第 9 期。

孔令伟：《海派博古图初探》，《海派绘画研究文集》，上海书画出版社，2001 年。

蓝玉琦：《晚清以来的博古、花卉吉祥图绘》，《典藏·古美术》第 257 期，2014 年 2 月。

李凤海：《诸城王氏家族藏金石拓片》，《收藏家》2004 年第 7 期。

李举纲、马骥：《浅说昭陵六骏原石拓本》，《收藏家》2006 年第 8 期。

李伟国：《敦煌遗书之厄与学术观点之窒（1900－1915）》，《传统中国研究集刊》第六辑，
    上海人民出版社，2009 年。

李正宇：《莫高窟王道士〈催募经款草丹〉小考》，《档案》2010 年第 2 期。

刘光裕：《印刷术以前的复制技术——搨书与拓石的产生、发展》，《出版发行研究》2000
    年第 8－10 期。

刘玉苓：《清末民初至建国前西安的文物市场》，《文博》1995 年第 1 期。

罗宏才：《叶语半园》，《收藏家》2009 年第 9 期。

罗四鸰：《大丈夫、小偷与间谍——一九○六至一九○八年在中国西部的外国探险家》，《书
    城》2010 年第 6 期。

吕伟达：《纪念王懿荣发现甲骨文一百周年论文集》，齐鲁书社，2000 年。

南村：《"岁朝图"与近代中国画的嬗变》，《外语艺术教育研究》2007 年第 3 期。

倪道善：《近代列强盗窃我国文书、文物纪略》，《档案》2000 年第 2 期。

桑兵：《伯希和与近代中国学术界》，《历史研究》1997 年第 5 期。

桑椹：《六舟与早期全形拓》，《中国书法》2015 年第 5 期。

桑椹：《青铜器全形拓技术发展的分期研究》，《东方博物》2004 年第 3 期。

桑椹：《全形拓之传承与流变》，《紫禁城》2006 年第 5 期。

盛观熙：《记古钱学家方若先生》，《中国钱币》1993 年第 2 期。

施安昌：《〈化度寺邕禅师舍利塔铭〉敦煌本、王孟扬本校碑纪事》，《文物》1991年第8期。

施安昌：《敦煌石室发现的四种碑刻古拓——兼谈中国书籍制度的变迁》，《故宫博物院院刊》1993年第3期。

施安昌：《观〈化度寺邕禅师塔铭〉敦煌本补记》，《故宫博物院院刊》1996年第3期。

施安昌：《马子云先生传拓及其〈金石传拓技法〉》，《艺术》2006年第1期。

施安昌：《唐太宗〈温泉铭〉校碑纪事》，《文物》1992年第3期。

孙波辛：《斯坦因第四次来新之经过及所获古物考》，《中国边疆史地研究》2003年第1期。

孙太初：《文古堂与二爨碑》，《云南文史丛刊》1991年第1期。

王国维：《宋代之金石学》，《国学论丛》1928年第3期。

王冀青：《中英关于斯坦因第四次中亚考察所获文物的交涉内幕》，《近代史研究》1994年第4期。

王景元：《浅谈石门摩崖石刻的传播》，《成都大学学报》（社会科学版）1989年第1期。

王屹峰：《古砖花供：全形拓艺术及其与六舟之关联》，《中国国家博物馆馆刊》2015年第3期。

王屹峰：《萧山崇化寺五代金石刻铭及拓本》，《东方博物》2005年第4期。

魏延秋：《近代外国势力对我国边疆之文化侵略浅析》，《军事历史研究》2009年第2期。

夏桐郁：《书法碑拓知识讲座》，《东南文化》1994年第4期。

谢彦卯：《昭陵六骏拓片浅说》，《河南图书馆学刊》2002年第1期。

徐畅：《于画书诗三绝外 冶金玉石一炉中——女金石书画家谈月色的生平与成就》，《岭南书学研究论文集》，广东人民出版社，2004年。

徐传法：《颖拓艺术研究》，《南京艺术学院学报》（美术与设计版）2009年第5期。

徐国馨：《古城西安的碑帖拓裱业》，《文史资料选编》第十九辑，北京出版社，1984年。

徐自强、张聪贵：《顾广圻石刻题跋选录》，《文献》1982年第2期。

薛帅杰：《论清代以幕府为中心的碑刻搜集及著录——以毕沅、阮元、端方幕府为例》，《第七届中国书法史论国际研讨会论文集》，文物出版社，2009年。

杨懿：《海派博古图及其收藏》，《艺术市场研究》，首都师范大学出版社，2010年。

余辉：《临摹仿拓举要及其他》，《收藏家》1995年第3期。

娱堪老人：《印林清话》（下），《中和月刊》1940年第10期。

张碧波：《是旷世大师，还是文化窃贼？——评〈百年敦煌〉》，《敦煌学辑刊》1999年第2期。

赵甲信：《合阳碑帖映华夏》，《陕西档案》2003年第4期。

赵力光：《拓印溯源》，《文博》1987年第5期。

赵振华：《郭玉堂与〈洛阳出土石刻时地记〉》，《洛阳师范学院学报》（哲学社会科学版）2007年第3期。

周珏良：《周季木先生传》，《民国人物碑传集》，团结出版社，1995年。

周振鹤、张琳敏：《读伯希和敦煌藏经洞笔记》，《书城》2009年第6期。

朱杰勤：《十八、十九世纪中朝学者的友好合作关系》，《史学论文集》，广东人民出版社，1980年。

朱乐朋：《翁方纲的金石考察活动》，《山东科技大学学报》（社会科学版）2007年第1期。

方志、辞典

[清]徐宗幹修，[清]蒋大庆等纂：《泰安县志》，清道光八年（1828）刻本。

德清县志编纂委员会编：《德清县志》，浙江人民出版社，1992年。

黄永堂点校：《贵州通志》，贵州人民出版社，1989年。

上海文物博物馆志编纂委员会编：《上海文物博物馆志》，上海社会科学院出版社，1997年。

苏州市平江区地方志编纂委员会编：《平江区志》，上海社会科学院出版社，2006年。

桐乡市桐乡县志编纂委员会编：《桐乡县志》，上海书店出版社，1996年。

吴秀之等修，曹允源等纂：《吴县志》，成文出版社，1970年。

歙县地方志编纂委员会编纂：《歙县志》，中华书局，1995年。

周钧、段朝瑞等：《续纂山阳县志》，成文出版社，1983年。

《简明篆刻辞典》，上海书画出版社，2004年。

《中国史学史辞典》，明文书局，1986年。

车吉心、梁自絜、任孚先主编：《齐鲁文化大辞典》，山东教育出版社，1989年。

单锦珩总主编：《浙江古今人物大辞典》，江西人民出版社，1998年。

丁福保：《古钱大辞典》，中华书局，1982年。

黄惠贤主编：《二十五史人名大辞典》，中州古籍出版社，1997年。

李毅峰主编：《中国篆刻大辞典》，河南美术出版社，1997年。

麦群忠、朱育培主编：《中国图书馆界名人辞典》，沈阳出版社，1991年。

钱仲联等总主编：《中国文学大辞典》，上海辞书出版社，1997年。

唐石父：《中国钱币学辞典》，北京出版社，2000年。

魏绍昌等主编：《中国近代文学辞典》，河南教育出版社，1993年。

俞剑华编：《中国美术家人名辞典》，上海人民美术出版社，1981年。

臧励和等编：《中国人名大辞典》，商务印书馆，1980年。

张岱年主编：《中华思想大辞典》，吉林人民出版社，1991年。

法规

《中华人民共和国文物保护法实施条例》，2003年5月13日国务院第8次常务会议通过，2003年
　　7月1日起施行。

报纸

童衍方：《百炼工纯得壶形神——李锦鸿全形拓曼生壶》，《新民晚报》2010年10月27日第B05版。

学位论文

蔡渊迪：《敦煌经典书法及相关习字研究》，浙江大学硕士学位论文，2010年。

后　记

古器物、碑碣铭刻拓片作为金石学研究的重要对象，与金石学密不可分，因此，研究金石传拓，必先尽力追踪金石学家的足迹，贴近金石学的传统。

金石学始自北宋，极盛于乾嘉，至二十世纪五十年代渐无声息，以至学界多以为自现代科学考古确立后，金石学已经被古文字学和古器物学所替代。但是，我认为传统金石学只是由于它的研究主体——士大夫阶层的消失而式微，却不可能"被替代"，因为它的研究领域远较单一学科更加辽阔宽广。

以书斋式考古为特征的传统金石学，自北宋以迄清末民初，始终是一群有文化素养、有闲，且不为稻粱谋的文人士大夫的个人兴趣与爱好，它的最大特点就是非职业和非功利。读历代金石著作，其内容虽与历史学、文献学、古器物学、古文字学、考古学、版本考证、书法嬗变研究等皆有交集，然而又与这些专门学科有着明显的不同。除了文物著录、文字汇编类图书较为系统外，旧式金石学著作多以语录式的跋尾结集或掌故合编见长，直白、脱略、迭宕，不与外人道。

绝大多数金石学家在面对一张拓片的时候，往往首先想到的是拓片及其文字、内容的美感和传统的人文价值观，如朱翼盦先生跋《元次山碑》："宋拓元次山碑，经米仲诏、查映山递藏。纸墨精古，神采静穆，洵可珍爱。辛酉清和五日购诸厂肆隶古斋，展对竟日，如见鲁公正笏垂绅气象，为之肃然。"这种"如见"在今天的学者看来未免缺少注释旁证，但却直抒胸臆、直指本质。金石学家是一群具有鲜明个性的独立个体，和而不同，无所羁绊，他们钟情古物、品鉴拓片的终极目的在于追慕传承往昔的人文精神，因此，金石学的核心内容与其说是古文字古器物之学，倒不如说是关于古代文化遗存的审美之学。

　　看拓片涵养的是品位情操，融贯文化传统；做拓片训练的是手工技巧，臻于心手合一。二者交互影响，提升空间无限，都值得付出终生不懈的努力。我庆幸能够数十年如一日浸润于历代金石重宝的醇和古泽之中，徜徉于看拓片与做拓片的渊玄意韵之间，渐得遥望金石学门墙，虽愚鲁驽钝，难窥堂奥，而私心亦足窃喜。

　　本书承"古文字与中华文明传承发展工程"资助出版，谨致谢忱。

郭玉海

二〇二二年岁末

于紫禁城南三所